知识产权综合运用
赋能地理标志产业发展案例研究

主编◎李备战

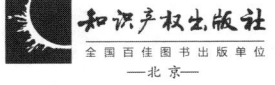

全国百佳图书出版单位
—北京—

图书在版编目（CIP）数据

知识产权综合运用赋能地理标志产业发展案例研究/李备战主编. —北京：知识产权出版社，2023.9

ISBN 978-7-5130-8885-5

Ⅰ.①知… Ⅱ.①李… Ⅲ.①地理—标志—保护—研究—中国 Ⅳ.①D923.434

中国国家版本馆 CIP 数据核字（2023）第 167495 号

内容提要

本书聚焦地理标志产业高质量发展，基于知识产权综合运用的一般理论，选取不同区域、不同品类、不同发展阶段的地理标志产品实例，系统研究探索了地理标志与商标、专利、版权等不同类型知识产权综合运用赋能产业发展的实践、机理和作用，阐释了同类型地理标志产业发展过程中可借鉴的启示。作为地理标志产业发展理论与实践经验的积极探索成果，本书适合地理标志产业主管部门、知识产权管理部门、行业组织及企事业单位相关管理及研究人员阅读参考。

责任编辑：张利萍		责任校对：王　岩	
封面设计：杨杨工作室·张冀		责任印制：孙婷婷	

知识产权综合运用赋能地理标志产业发展案例研究
主　编　李备战

出版发行：知识产权出版社有限责任公司	网　址：http://www.ipph.cn
社　址：北京市海淀区气象路 50 号院	邮　编：100081
责编电话：010-82000860 转 8387	责编邮箱：65109211@qq.com
发行电话：010-82000860 转 8101/8102	发行传真：010-82000893/82005070/82000270
印　刷：三河市国英印务有限公司	经　销：新华书店、各大网上书店及相关专业书店
开　本：720mm×1000mm　1/16	印　张：17.25
版　次：2023 年 9 月第 1 版	印　次：2023 年 9 月第 1 次印刷
字　数：286 千字	定　价：89.00 元
ISBN 978-7-5130-8885-5	

出版权专有　侵权必究
如有印装质量问题，本社负责调换。

编委会

主　编　李备战

副主编　张　勇　陈宇超

编　委　白　艳　宫晓健　陈子立
　　　　　张占婷　张栌月

前 言
FOREWORD

党的十八大以来，以习近平同志为核心的党中央高度重视知识产权工作，把知识产权工作摆在更加突出的位置，党中央、国务院先后印发了《知识产权强国建设纲要（2021—2035年）》和《"十四五"国家知识产权保护和运用规划》等重大政策文件。地理标志是知识产权的重要组成部分，在这两个重要的文件中，都对加强地理标志工作作出了部署安排。大力发展地理标志产业，对于打造区域特色经济、赋能乡村振兴、实现我国社会经济高质量可持续发展具有重要作用。

知识产权综合运用，是立足多种知识产权各自的本质特点，以知识产权高质量保护及运用为基础，根据区域产业特点和实际需求，充分利用商标、专利、版权、地理标志等不同类别知识产权的各自特点和优势，联动发挥综合协同效应，促进产业、企业高质量发展的一种发展实践、发展模式及发展理论创新。

以地理标志为基础，综合运用商标、专利、版权等知识产权，发挥多种知识产权在地理标志产业发展中的作用，有利于地理标志产业的产业链、产品链延展，有利于地理标志个性化品牌的打造，有利于地理标志公共品牌的知名度和价值度不断提升，对于推进做强一个产业、培育一个品牌、造福一方百姓、实现地理标志产业高质量可持续发展具有重要的赋能作用。

在国家知识产权局的指导下，自2018年起，中国专利技术开发公司及其全资子公司华智数创（北京）科技发展有限责任公司（以下简称华智数创）在地理标志方面开展了一系列持续性基础研究工作，特别是在不同类型地理标志产业发展中，如何结合区域及发展阶段特点，综合运用多种知识产权形式，赋能产业实现品牌化发展方面，研究积累了丰富的案例。

本书基于这些研究积累，以探索模式、推广经验为目标，面向新时代产业高质量发展的需求，基于知识产权综合运用的一般理论，着眼于地理标志产业发展，以不同区域、不同类型的地理标志产品为案例，探索研究了地理标志与商标、专利、版权等不同类型知识产权综合运用赋能产业发展的机理、实践、作用和启示。

中国专利技术开发公司党委书记李备战主持了本书的编写，华智数创部分研究人员具体参与了本书编写。编委会具体分工为：李备战确立全书编写大纲，并负责书稿总体审定；张勇负责书稿框架确定及书稿审核，陈宇超负责组织撰写；陈宇超、白艳负责全书统稿；张勇、陈宇超撰写了第一章；白艳撰写了第二章；宫晓健撰写了第三章；陈子立撰写了第四章；陈宇超撰写了第五章；张栌月编纂了附录部分；北京联合大学国际交流合作处张占婷老师为本书的编写提供了资料翻译支持并参与了部分章节编写。我们衷心希望，本书的编纂出版，能够为推动我国地理标志产业高质量发展提供有益的参考，为知识产权强国建设做出应有的贡献！

地理标志产业发展中的知识产权综合运用，是一项立足于实践的探索性工作。在我国地理标志产业发展尚不成熟的现阶段，对知识产权综合运用机制进行系统的理论总结和模式探索，本书仅仅是开启了一次尝试。限于经验的欠缺和研究的欠深，难免挂一漏万，书中不当之处在所难免，还请读者不吝指正！

编委会

2023 年 8 月 14 日

目 录

1 概论 ┄┄┄┄┄┄┄┄┄┄┄┄┄┄┄┄┄┄┄┄┄┄┄┄┄┄┄┄ ▶ 001
  1.1 党中央高度重视地理标志产业发展 ┄┄┄┄┄┄┄┄┄┄ ▶ 001
  1.2 地理标志制度起源与全球产业发展 ┄┄┄┄┄┄┄┄┄┄ ▶ 003
    1.2.1 起始阶段 ┄┄┄┄┄┄┄┄┄┄┄┄┄┄┄┄┄┄┄ ▶ 004
    1.2.2 发展阶段 ┄┄┄┄┄┄┄┄┄┄┄┄┄┄┄┄┄┄┄ ▶ 004
    1.2.3 现存阶段 ┄┄┄┄┄┄┄┄┄┄┄┄┄┄┄┄┄┄┄ ▶ 005
    1.2.4 世界各国地理标志保护与发展现状 ┄┄┄┄┄┄┄ ▶ 006
  1.3 中国地理标志制度及产业发展概况 ┄┄┄┄┄┄┄┄┄┄ ▶ 007
    1.3.1 零星保护 ┄┄┄┄┄┄┄┄┄┄┄┄┄┄┄┄┄┄┄ ▶ 007
    1.3.2 商标法 ┄┄┄┄┄┄┄┄┄┄┄┄┄┄┄┄┄┄┄┄ ▶ 008
    1.3.3 专门保护 ┄┄┄┄┄┄┄┄┄┄┄┄┄┄┄┄┄┄┄ ▶ 008
    1.3.4 我国地理标志产业发展现状 ┄┄┄┄┄┄┄┄┄┄ ▶ 009
    1.3.5 地理标志产业高质量发展的问题及思考 ┄┄┄┄┄ ▶ 010
  1.4 知识产权综合运用赋能地理标志产业发展探索 ┄┄┄┄ ▶ 011
    1.4.1 知识产权综合运用赋能地理标志产业发展的
          国外实践 ┄┄┄┄┄┄┄┄┄┄┄┄┄┄┄┄┄┄┄ ▶ 011
    1.4.2 知识产权综合运用赋能地理标志产业发展的
          政策探索 ┄┄┄┄┄┄┄┄┄┄┄┄┄┄┄┄┄┄┄ ▶ 013

1.4.3　知识产权综合运用赋能地理标志产业发展的
　　　　理论探索 ………………………………………… ▶ 017

2　地理标志与商标的综合运用 ………………………… ▶ 021
2.1　六堡茶产业 ………………………………………… ▶ 021
2.1.1　六堡茶产业基本情况 ………………………… ▶ 022
2.1.2　六堡茶产业发展中的地理标志与商标综合运用 …… ▶ 032
2.2　贺兰山东麓葡萄酒产业 …………………………… ▶ 042
2.2.1　贺兰山东麓葡萄酒产业基本情况 …………… ▶ 042
2.2.2　贺兰山东麓葡萄酒产业发展中的地理标志与
　　　　商标综合运用 ………………………………… ▶ 051
2.3　地理标志与商标综合运用的作用及启示 ………… ▶ 061
2.3.1　地理标志与商标综合运用的作用 …………… ▶ 061
2.3.2　地理标志与商标综合运用的启示 …………… ▶ 062

3　地理标志与专利的综合运用 ………………………… ▶ 064
3.1　浏阳花炮产业 ……………………………………… ▶ 064
3.1.1　浏阳花炮产业基本情况 ……………………… ▶ 065
3.1.2　浏阳花炮产业发展中地理标志与专利的
　　　　综合运用情况 ………………………………… ▶ 073
3.2　新会陈皮产业 ……………………………………… ▶ 080
3.2.1　新会陈皮产业基本情况 ……………………… ▶ 081
3.2.2　新会陈皮产业发展中地理标志与专利的
　　　　综合运用情况 ………………………………… ▶ 087
3.3　地理标志与专利综合运用的作用及启示 ………… ▶ 099
3.3.1　地理标志与专利综合运用的作用 …………… ▶ 099
3.3.2　地理标志与专利综合运用的启示 …………… ▶ 101

4　地理标志与版权的综合运用 ………………………… ▶ 103
4.1　德化白瓷产业 ……………………………………… ▶ 103

		4.1.1 德化白瓷产业基本情况 ················· ▶ 104
		4.1.2 德化白瓷产业发展中的地理标志与版权的综合运用 ················· ▶ 114
	4.2	蕲艾产业 ················· ▶ 129
		4.2.1 蕲艾产业基本情况 ················· ▶ 130
		4.2.2 地理标志与版权的综合运用情况 ················· ▶ 136
	4.3	地理标志与版权综合运用的作用及启示 ················· ▶ 151
		4.3.1 地理标志与版权综合运用的作用 ················· ▶ 151
		4.3.2 地理标志与版权综合运用的启示 ················· ▶ 153
5	地理标志与多类型知识产权的综合运用 ················· ▶ 155
	5.1	郫县豆瓣产业 ················· ▶ 155
		5.1.1 郫县豆瓣产业基本情况 ················· ▶ 156
		5.1.2 郫县豆瓣产业发展中的多种知识产权综合运用 ················· ▶ 163
	5.2	综合运用的产业效果及启示分析 ················· ▶ 196
		5.2.1 知识产权综合运用对地理标志产业发展的作用 ················· ▶ 196
		5.2.2 知识产权综合运用对其他产业发展的启示 ················· ▶ 198
6	附录 ················· ▶ 201
	6.1	地理标志产业发展相关重要文件 ················· ▶ 201
		6.1.1 "十四五"国家知识产权保护和运用规划 ················· ▶ 201
		6.1.2 地理标志产品保护规定 ················· ▶ 221
		6.1.3 地理标志保护和运用"十四五"规划 ················· ▶ 225
		6.1.4 关于进一步加强地理标志保护的指导意见 ················· ▶ 235
		6.1.5 国家知识产权局办公室关于进一步加强地理标志运用促进重点联系指导工作的通知 ················· ▶ 239
		6.1.6 国家知识产权局关于组织开展地理标志助力乡村振兴行动的通知 ················· ▶ 242
	6.2	本书中收入的地理标志相关资料 ················· ▶ 246
		6.2.1 六堡茶地理标志保护情况 ················· ▶ 246

6.2.2　贺兰山东麓葡萄酒地理标志保护情况 …………………… ▶ 250
6.2.3　浏阳花炮地理标志保护情况 ………………………………… ▶ 253
6.2.4　新会陈皮地理标志保护情况 ………………………………… ▶ 254
6.2.5　德化白瓷地理标志保护情况 ………………………………… ▶ 257
6.2.6　蕲艾地理标志保护情况 ……………………………………… ▶ 261
6.2.7　郫县豆瓣地理标志保护情况 ………………………………… ▶ 262

1 概 论

1.1 党中央高度重视地理标志产业发展

我国历史悠久、幅员辽阔，在漫长的发展中创造了灿烂的中华文明，也孕育了丰富多样的地理标志资源。地理标志作为重要的知识产权形式，是促进区域特色经济发展的有效载体，也是推进乡村振兴的有力支撑。

党中央、国务院高度重视地理标志产业发展。进入21世纪以来，随着我国加入世贸组织，在党中央、国务院的高度重视下，我国知识产权与国际全面接轨，地理标志的保护与运用开始快速发展，从制度设计到实践创新，探索形成了一条中国特色的地理标志保护制度与产业发展道路。

进入新时期以来，以习近平同志为核心的党中央高度重视知识产权工作，对地理标志在我国产业发展中的作用也十分关注。2020年11月30日，习近平总书记在第十九届中央政治局第二十五次集体学习时强调，要全面加强知识产权保护工作，加强地理标志等领域立法，为做好地理标志知识产权保护工作提供了根本遵循。2022年在中央农村工作会议上，习近平总书记明确指出，依托农业农村特色资源，向开发农业多种功能、挖掘乡村多元价值要效益，向一、二、三产业融合发展要效益，强龙头、补链条、兴业态、树品牌，推动乡村产业全链条升级，增强市场竞争力和可持续发展能力。2022年10月，党的二十大报告也提出"发展乡村特色产业，拓宽农民增收致富渠道"。

2023年第6期《求是》杂志刊发的习近平总书记重要文章《加快建设农

业强国推进农业农村现代化》中，总书记形象而深刻地指出，各地推动产业振兴，要把"土特产"这3个字琢磨透。"土"讲的是基于一方水土，开发乡土资源。要善于分析新的市场环境、新的技术条件，用好新的营销手段，打开视野来用好当地资源，注重开发农业产业新功能、农村生态新价值，如发展生态旅游、民俗文化、休闲观光等。"特"讲的是突出地域特点，体现当地风情。要跳出本地看本地，打造为广大消费者所认可、能形成竞争优势的特色，如因地制宜打造苹果村、木耳乡、黄花镇等。"产"讲的是真正建成产业、形成集群。

近年来，习近平总书记多次到地方调研，他下田间、看摊位、进车间，了解各地特色"土特产"产业情况，从"柞水木耳"到"广西六堡茶"，为当地特色产业发展"开良方"。

柞水木耳

2020年4月20日，习近平总书记来到陕西省商洛市柞水县小岭镇金米村。金米村地处秦岭深处，近年来依靠发展木耳等产业摆脱了贫困。习近平总书记步行察看村容村貌，走进村培训中心、智能联栋木耳大棚，了解木耳品种和种植流程，询问木耳的价格、销路和村民收入等，夸奖他们把小木耳办成了大产业。

大同黄花

2020年5月11日，习近平总书记在山西大同考察时强调："乡亲们脱贫后，我最关心的是如何巩固脱贫、防止返贫，确保乡亲们持续增收致富。希望把黄花产业保护好、发展好，做成大产业，做成全国知名品牌，让黄花成为乡亲们的'致富花'。"

柳州螺蛳粉

2021年4月26日，习近平总书记视察柳州螺蛳粉生产集聚区并强调："发展产业一定要有特色。螺蛳粉就是特色，抓住了大家的胃，做成了舌尖上的产业。要继续走品牌化道路，同时坚持高质量、把住高标准。我相信，将来螺蛳粉产业会有更大的发展前景。"

青海藏毯

2021年6月7日，习近平总书记来到青海圣源地毯集团有限公司，走进生产车间、设计部门察看产品生产、设计的情况。习近平总书记表示，藏毯是一种特色产业，你们很好把传统工艺和现代工艺结合在一起，契合了个性化、多样化的市场需求。藏毯产业是符合青海实际的产业，有扶贫致富、推进乡村振兴的作用，还有促进民族团结的作用。

广西六堡茶

2022年10月，习近平总书记在参加党的二十大广西代表团讨论时，仔细了解了六堡茶产业的发展情况，明确指出茶产业大有前途，叮嘱要努力把六堡茶做大做强。

"一方水土养一方人，一方水土产一方物。"越来越多的小黄花、小木耳、小米粉成了大产业，从"单打独斗"到"抱团发展"，地理标志产业激活区域发展的"造血"功能，使区域发展的内在动力越来越强，以"土特产"为基础的地理标志产业正在成为地方特色产业品牌化发展的"助推器"。

1.2 地理标志制度起源与全球产业发展

按照我国现行《中华人民共和国商标法》（以下简称《商标法》）的定义，地理标志被界定为："标示某商品来源于某地区，该商品的特定质量、信誉或者其他特征，主要由该地区的自然因素或者人文因素所决定的标志。"原国家质量监督检验检疫总局《地理标志产品保护规定》（第78号）规定："地理标志产品，是指产自特定地域，所具有的质量、声誉或其他特性本质上取决于该产地的自然因素和人文因素，经审核批准以地理名称进行命名的产品。"两部规范性文件的效力层级不同，所给出的定义也不尽相同，一个针对标志，另一个针对产品，但其中反映的地理标志的基本属性是一致的，都是将"产地"信息与特定产品信息结合在一起而形成的一种商业标记，产品或商品的特性或特征由产地的自然因素或人文因素决定。

事实上，地理标志保护制度在国际上已有上百年的历史，地理标志的概念随着历史的变化也在不断地发展。在不同的国际条约或协定中、在不同国家和地区的法律规定中,"地理标志"一词具有不同的含义,即使在地理标志保护发源地的欧洲,不同时期的地理标志保护的范围也不尽相同。❶

1.2.1 起始阶段

国际范围对地理标志的保护,始于 1883 年在巴黎签订的《保护工业产权巴黎公约》(以下简称《巴黎公约》)。《巴黎公约》的第一条第二项规定"工业产权的保护对象有专利、实用新型、工业品外观设计、商标、服务标记、厂商名称、货源标记(Indications of Source)或原产地名称(Appellations of Origin)以及制止不正当竞争"。《巴黎公约》并未直接使用"地理标志"的概念,而是使用了"货源标记或原产地名称"的概念,而且公约中也未就货源标记、原产地名称给出明确的定义,但这已经是国际社会对地理标志保护迈出的第一步。"货源标记或原产地名称"其实就是我们现在所说的地理标志,《巴黎公约》把地理标志与专利、商标等一起列入工业产权保护的范围,为地理标志的国际保护开了先河。

1891 年的《制止商品产地虚假或欺骗性标记马德里协定》(以下简称《马德里协定》)是在《巴黎公约》的框架内制定的。由于《巴黎公约》对于原产地标识保护的范围狭窄且保护规定模糊,为加强对原产地标识的保护,一些国家签订了《马德里协定》并建立了马德里联盟。《马德里协定》要求成员国都要采取有效措施,制止利用虚假或欺骗性产地标志在国际贸易中进行不公平竞争行为。该公约的成员国只有 32 个,我国没有加入该公约。由于数量的限制,《马德里协定》在实际中的效果非常有限。

1.2.2 发展阶段

1958 年,《巴黎公约》部分成员在里斯本缔结了《保护原产地名称及其国际注册里斯本协定》(以下简称《里斯本协定》)。《里斯本协定》第二条第一款第一次对原产地名称作出了定义:"原产地名称是指一个国家、地区或地方的地理名称,用于指示一项产品来源于该地,其质量或特征完全或主要

---

❶ 陈鑫. 欧盟地理标志保护制度研究及对中国的启示 [D]. 上海:上海外国语大学,2020:5-8.

取决于地理环境，包括自然因素和人文因素。"《里斯本协定》对原产地标志给予了极大保护，它大大超过《巴黎公约》和《马德里协定》，规定了原产地标志的保护及其国际注册。《里斯本协定》指出，原产地名称的构成具有三个关键因素，首先该标识必须是国家、地区或地方的地理名称，其次用于指示来源于该地的产品，最后产品和地理区域之间存在着质量上的联系。《里斯本协定》第三条规定，禁止附加"类""式""样""仿"字样或类似的名称，即禁止"香槟式""香槟风味"等"傍名牌"的行为。

1.2.3 现存阶段

《与贸易有关的知识产权协议》（Agreement on Trade-Related Aspects of Intellectual Property Rights，TRIPs）于1994年与世贸组织及其他协定一并缔结，是迄今为止在知识产权法律和制度上影响最大的国际公约，也是目前保护地理标志的最新国际条约。我国于2001年12月11日加入该协议。该协议第二部分第三节明确采用了"地理标志"这一概念，指出本协议所称地理标志"指识别一货物来源于一成员领土或该领土内一地区或地方的标识，该货物的特定质量、声誉或其他特性主要归因于其地理来源"。这是目前国际上公认的地理标志的概念。❶

该协议第二部分第三节包括三个条款，即第22~24条。第22条规定了地理标志的定义和基本的保护水平；第23条规定了对葡萄酒和烈酒的地理标志的额外保护，也就是一种更高的保护水平；第24条规定了一些地理标志保护的例外以及进一步开展双边谈判的授权。

TRIPs提升了地理标志的法律地位，确立了地理标志在知识产权体系中的独立性，客观上促进和完善了地理标志的国际保护。此外，TRIPs的成员国众多，这是前述协议都无法比拟的。保护范围的广泛性也是TRIPs作为保护地理标志最高水平的原因。

从《巴黎公约》，到《马德里协定》《里斯本协定》，再到TRIPs，有关地理标志国际保护的公约不断出台，国际社会对地理标志的保护经历了从无到有、概念从模糊到清晰、参与国家从少到多的历程，整体反映出国际社会对

---

❶ 卫筱卫. 地理标志国际保护制度研究［D］. 重庆：西南政法大学，2008：10-16.

地理标志保护的意识不断加强，力度不断增大。

1.2.4　世界各国地理标志保护与发展现状

全球地理标志保护与发展的差异双方，并不是国际问题中常见的发达国家和发展中国家，而是以欧盟特别是法国为代表的"旧世界"国家和以美国为代表的"新世界"国家。

以法国或者大多数欧盟国家为代表的"旧世界"国家一般都具有悠久的历史，形成了丰富的历史文化，并且在长时间的农业、手工业发展过程中流传了很多独特的工艺和古老的配方，这就形成了数量庞大的具有历史传统的地理标志。因此，以法国为代表的欧盟国家大都采用专门法的模式，它们一般都具有专门法律体系和管理制度，相比于 TRIPs 的保护，这些国家对地理标志的保护程度是更高的。

地理标志早已成为欧盟的经济资产，是欧盟知识产权体系的重要组成部分。据欧盟知识产权局（EUIPO）和欧洲专利局（EPO）研究，地理标志权密集型产业在欧盟提供了近 40 万个工作岗位，并为欧盟国内生产总值贡献了 200 多亿欧元。此外，欧盟委员会公布的一项研究显示，受地理标志保护的产品每年销售额为 747.6 亿欧元，其中五分之一来自欧盟以外的出口❶。欧盟委员会另一项研究发现，具有受保护名称的产品的销售价值平均是未经认证的类似产品的两倍，证明地理标志和传统特产保护在营销和销售增长方面具有明显的促进作用。

相比之下，以美国为代表的"新世界"国家其历史较短，大多数仅有几百年，与"旧世界"国家的几千年历史相比具有很大的差别。"新世界"国家往往具有注重创新和效率的价值观念，并且其移民国家的性质也决定了其文化的包容性和融合性要远胜于历史传承性，这也就决定了其没有时间和条件产生数量较多的地理标志。正因为如此，地理标志不能给这些国家带来巨大的经济利益，它们在价值观念上也不会给予地理标志特别的重视。美国将地理标志置于商标法中进行保护，没有专门的立法。

---

❶ 我国驻欧盟使团经济商务处. 欧盟地理标志保护产品每年销售额达 747.6 亿欧元［R/OL］.（2022-07-01）［2023-06-01］. http://eu.mofcom.gov.cn/article/jmxw/202207/20220703323918.shtml.

1.3 中国地理标志制度及产业发展概况

中国地理标志保护的历史并不是很长。20 世纪 80 年代开始，我国有了零星的对原产地名称的保护，还未形成规范的系统。《商标法》的数次修改后规定地理标志可以依照法律规定作为证明商标或者集体商标申请注册。原国家质量监督检验检疫总局 2005 年颁布的《地理标志产品保护规定》迄今仍是我国专门保护地理标志产品的依据。

1.3.1 零星保护

1987 年 10 月，原国家工商行政管理局商标局发布《关于保护原产地名称的函》，要求责令北京某食品公司立即停止使用"丹麦牛油曲奇"这一名称，以保护《巴黎公约》缔约国的原产地名称在我国的合法权益。1988 年，在答复山东省工商行政管理局就"龙口"名称能否作为商标问题时，原国家工商行政管理局商标局指出：为了有利于保护山东省的拳头产品，发挥烟台地区名特产品的优势，防止滥用"龙口"名称的现象，在目前国家尚无产地名称或原产地名称保护法的前提下，建议山东局请山东省政府主持，同有关部门进行协调，统一对"龙口"名称的认识，并制定相应的保护产地名称或原产地名称的地方性的暂行规定及相应的保护措施。1989 年，原国家工商行政管理局就"香槟"原产地名称的保护问题专门下达了《关于停止在酒类商品上使用香槟或 Champagne 字样的通知》(工商标字〔1989〕第 296 号文)。该通知指出，"香槟"是法文"Champagne"的译音，指产于法国 Champagne 省的一种起泡白葡萄酒。它不是酒的通用名称，是原产地名称。近年来，我国一些企业将"香槟"或"Champagne"作为酒名使用，这不仅是误用，而且侵犯了他人的原产地名称权。我国是《巴黎公约》的成员国，有保护原产地名称的义务。我国企业单位和个体工商户以及在中国的外国企业（法国除外）不得在酒类商品上使用"Champagne"或"香槟"（包括大香槟、小香槟、女士香槟）字样。在现有商品上使用上述字样的，要限期使用，逾期不得再使用。这实际上是以单行规定的方式，对一个原产地名称给予特殊的明确的保护。

1.3.2 商标法

1982年8月23日,我国通过了第一部《商标法》,1983年3月10日原国家工商行政管理局发布了《商标法实施细则》。这两部法中没有对地理标志保护的规定。1988年修订的《商标法实施细则》中规定了县级以上行政区划的名称和公众知晓的外国地名不得作为商标。1993年2月22日,《商标法》修订后对此作了明确的规定:县级以上行政区划的地名或者公众知晓的外国地名,不得作为商标,但是地名具有其他含义的除外,已经注册的使用地名的商标继续有效。这种规定起到了间接保护地理标志的作用。此次《商标法实施细则》修订增加了集体商标和证明商标注册和保护的规定,次年12月30日原国家工商行政管理局根据《商标法实施细则》公布了《集体商标、证明商标注册和管理办法》,通过证明商标的形式保护原产地名称,此时还未包括集体商标。

为适应我国加入世界贸易组织的进程,履行我国"入世"谈判承诺,结合中国市场经济发展的要求,2001年第九届全国人大常委会采用修改决定的方式对《商标法》进行修改。修订后的《商标法》第16条对地理标志进行了明确定义:"地理标志,是指标示某商品来源于某地区,该商品的特定质量、信誉或者其他特征,主要由该地区的自然因素或者人文因素所决定的标志。"可以看出,《商标法》对地理标志的定义与TRIPs有关地理标志的规定(指识别一货物来源于一成员领土或该领土内一地区或地方的标识,该货物的特定质量、声誉或其他特性主要归因于其地理来源)是一致的。修订后的《商标法》还规定:"商标中有商品的地理标志,而该商品并非来源于该标志所标示的地区,误导公众的,不予注册并禁止使用;但是,已经善意取得注册的继续有效。"随后,在2002年通过的已修订的《商标法实施条例》第6条中,规定地理标志可以依照商标法和本条例的规定,作为证明商标或者集体商标申请注册。❶

1.3.3 专门保护

1999年,原国家质量技术监督局发布了《原产地域产品保护规定》,这

---

❶ 王莲峰. 我国地理标志立法模式的选择 [J]. 法律适用, 2003 (7).

是我国第一部专门规定原产地域产品保护的规定，标志着中国原产地域产品专门保护制度的初步建立。《原产地域产品保护规定》第二条规定："原产地域产品，是指利用产自特定地域的原材料，按照传统工艺在特定地域内所生产的，质量、特色或者声誉在本质上取决于其原产地域地理特征并依照本规定经审核批准以原产地域进行命名的产品。"

2001年4月，在我国即将加入WTO的大背景下，国务院将原国家质量技术监督局与原国家出入境检验检疫局合并，组建了国家质量监督检验检疫总局。2005年7月15日，国家质量监督检验检疫总局制定颁布了《地理标志产品保护规定》。该规定体现了统一名称、统一制度、统一注册程序、统一标志和统一标准的"五个统一"原则，标志着地理标志产品保护制度在我国的进一步完善，有效保护了我国的地理标志产品，规范地理标志产品名称和专用标志的使用，保证了地理标志产品的质量和特色。

《地理标志产品保护规定》的颁布，标志着地理标志在我国获得了专门保护，但其作为国务院有关部门制定的一个部门规章，其法律效力较低，在地位上低于《商标法》，不同位阶出现冲突时优先适用上位法是法律适用的基本原则，出现矛盾时不利于实现地理标志的专门法保护。

2007年12月，原农业部发布《农产品地理标志管理办法》，提出农产品地理标志的概念。至此，我国地理标志在国家层面的行政审批形成原工商总局、原质检总局以及原农业部三个部门并行的格局。

2018年3月，中共中央印发的《深化党和国家机构改革方案》及第十三届全国人民代表大会第一次会议上通过的《国务院机构改革方案》，明确规定由国家知识产权局负责原产地地理标志登记注册和行政裁决，拟定统一认定制度并组织实施，为有效保护地理标志奠定了体制机制基础。国家知识产权局坚决贯彻落实党中央、国务院重要决策部署，积极稳妥推进统一受理渠道、统一专用标志、统一发布公告、统一保护监管、统一对外合作等各项工作。

1.3.4 我国地理标志产业发展现状

我国幅员辽阔，跨越五个温度带、四个干湿地区，多样的自然条件使我国的动植物品种资源非常丰富。而且，我国历史悠久、民族多样性特点明显，在漫长的历史发展过程中积累了丰富的传统知识和民族文化。多样化的自然禀赋、深厚的人文积淀使我国积累下了丰富的地理标志资源，例如茅台酒、龙井茶、五常大米、郫县豆瓣等，这些产品因独特的品质而在当地、全国乃至世界上享有盛名，是我国市场经济以及国际贸易中极富竞争力的民族精品。

截至 2022 年年底，我国累计批准地理标志产品 2495 个，核准地理标志作为集体商标、证明商标注册 7076 件；地理标志专用标志使用市场主体超 2.3 万家，地理标志产品年直接产值超 7000 亿元❶。

1.3.5　地理标志产业高质量发展的问题及思考

总体来看，地理标志的保护和运用有效地促进了区域特色经济发展，有力地推进了乡村振兴，并在外贸外交和文化传承方面发挥了重要作用。但是，客观来看，我国地理标志产业发展水平与法国等国家仍存在较大差距，面临着特性不强、内力不足、招牌不响等诸多共性问题。

特性不强。大树底下好乘凉，地理标志的公共性特点使得自己常常面临乘凉者多、浇水者少的尴尬困境。公共品牌不断被消耗，却缺少相应的企业品牌进行支撑。不同企业生产的产品同质化严重，产品区分度低。常见的发展路径是部分企业通过降低品质和降低生产成本，在市场中获得竞争优势，成本高、质量好的企业被驱逐出市场，成为"劣币驱逐良币"的"柠檬产业"。许多地理标志的管理者知识产权意识不强，从政府、行业协会到农户都缺少使用地理标志专用标志和商标的意识，使得地理标志的品牌价值未能充分挖掘，没有讲好地理标志独特品牌故事，日益泯然众人矣。

内力不足。地理标志产业正面临着现代工业的巨大冲击，传统食品或手工艺品的安全性、效率、吸引力都难以与现代工业产品抗衡，日渐式微，产业规模逐年缩小。国内很多地理标志产业面临着产品单一、产业规模较小、产业链缺乏延展的问题，难以打开局面。究其原因，地理标志产品往往工艺复杂、耗费时间，无法适应当下消费的快节奏。地理标志产品对于生产过程和加工工艺的规范性要求，也导致其不能快速迭代以满足消费者不断变化的需求。而且地理标志对人的活态传承依赖度高，因而也更具有濒危性。再加

---

❶ 国家知识产权局. 国家知识产权局局长申长雨在 2023 年全国知识产权局局长会议上的工作报告（摘编）[R/OL]. （2023-01-06）[2023-06-01]. https://www.cnipa.gov.cn/art/2023/1/6/art_312_182297.html.

上创新受限，使得部分地理标志产业成为内力不足、不能见招拆招的"青铜选手"。

招牌不响。地理标志作为地方经济的"金字招牌"，承载着劳动人民致富增收的殷切希望。但是随着创意短视频、虚拟现实技术等新媒体新技术的兴起，"养在深闺人未识"的地理标志产业在吸引消费者注意、抢占用户心智方面面临着巨大的挑战。酒香也怕巷子深，缺乏必要的营销手段，缺乏产业产品形象塑造，使得部分地理标志产品在市场竞争中处于不利位置，"金字招牌"日益蒙尘。

上述问题的出现，本质上在于地理标志制度的内生影响，即作为一种与自然因素或人文因素高度相关的区域性产业，基于同一种公共品牌的产业，如何实现共性与个性、传承与发展的协同和协调，在地理标志本身制度设计的范畴内，是很难得以解决的。面对地理标志产业的高质量发展，如何从知识产权的角度，破难解忧，助力发展，需要我们知识产权工作者在总结传承的基础上，以融合创新的思维和思路，寻求发展新路径，探索转型新模式。

1.4 知识产权综合运用赋能地理标志产业发展探索

1.4.1 知识产权综合运用赋能地理标志产业发展的国外实践

现代知识产权包含多种类型，多种知识产权对产业发展的作用角度及力度也各不相同。知识产权综合运用赋能地理标志产业发展在国外早有先例，很多成熟的地理标志产业在大力推行地理标志保护的同时，借助商标、专利、版权等多种类型知识产权的协同保护助力产业发展。

例如，干邑作为全球知名的白兰地地理标志，孕育出人头马、马爹利、轩尼诗和拿破仑等著名品牌。风靡全球的"人头马"品牌非常重视知识产权保护，其公司雷米·马丁（REMY MARTIN）在一百余个国家和地区注册了"人头马"图形及"REMY MARTIN"文字的组合商标。在中国，如图1-1、图1-2所示，除注册了"人头马"图形商标、文字商标和组合商标外，还注册了"人头马CLUB""人头马一开好事自然来""人头马金色年代""人头马路易十三"等几十件商标，以预防侵权现象的发生。

人头马

图 1-1　992742 号商标

人头马 CLUB

图 1-2　34537079 号商标

如图 1-3、图 1-4、图 1-5 所示，雷米·马丁公司还对酒瓶、瓶盖、展台、展示架等酒及其附属设施申请了多件外观设计、发明专利，布局范围包括美国、英国、加拿大、澳大利亚、新加坡、中国等数十个国家。

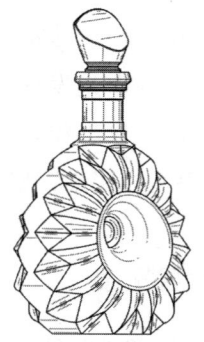 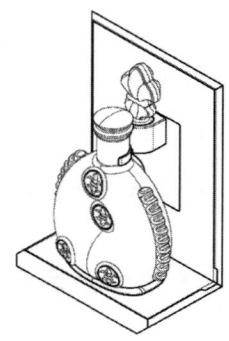

图 1-3　USD981244S1 酒瓶　　　图 1-4　EU0057340430002S 展示架

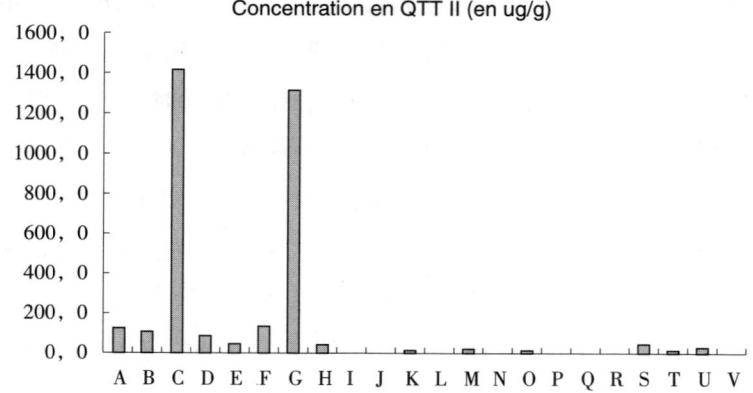

图 1-5　FR3023618B1 橡木样品中橡木种类的鉴定程序

人头马干邑葡萄酒对知识产权的立体保护是地理标志产业发展到成熟阶

段的必然选择,是产业对专有权利维护、对技术更新的内在需求、对品牌影响力提升需求的体现。国外的实践已经表明,地理标志作为一种知识产权形式,其在促进产业发展过程中,与其他形式的知识产权协同运用,具有产业品牌化、规模化、高端化发展的必然性。

1.4.2 知识产权综合运用赋能地理标志产业发展的政策探索

地理标志是区域发展的名片,虽然地理标志具有巨大的发展潜力,但如何将发展潜力转化为发展能力,是需要进一步探索的问题。当前,中国很多地理标志与构建产业群、产业链,形成产业化发展仍有一段距离,其发展过程中还存在很多问题。[1]

如图1-6所示,《知识产权强国建设纲要(2021—2035年)》《"十四五"国家知识产权保护和运用规划》《地理标志保护和运用"十四五"规划》多个文件中,对地理标志保护和运用工作做出了顶层设计和系统部署,从法制、运行、具体实施路径等多个层面为知识产权促进地理标志产业高质量发展做出系统谋划,让知识产权成为乡村振兴的"刚需"。

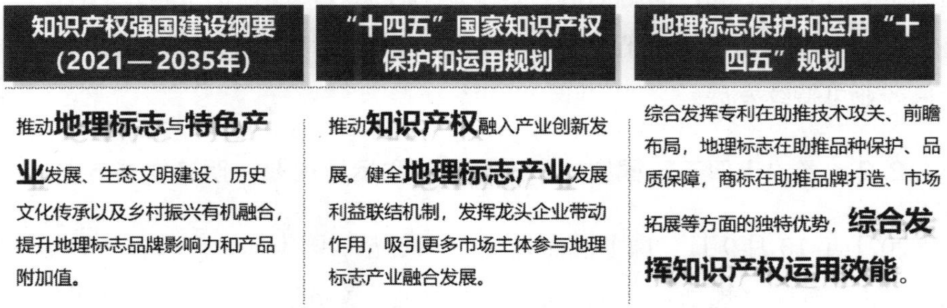

知识产权强国建设纲要 (2021—2035年)	"十四五"国家知识产权 保护和运用规划	地理标志保护和运用"十 四五"规划
推动**地理标志**与**特色产业**发展、生态文明建设、历史文化传承以及乡村振兴有机融合,提升地理标志品牌影响力和产品附加值。	推动**知识产权**融入产业创新发展。健全**地理标志产业**发展利益联结机制,发挥龙头企业带动作用,吸引更多市场主体参与地理标志产业融合发展。	综合发挥专利在助推技术攻关、前瞻布局,地理标志在助推品种保护、品质保障,商标在助推品牌打造、市场拓展等方面的独特优势,**综合发挥知识产权运用效能**。

图1-6 地理标志保护和运用的顶层设计和系统部署

1.4.2.1 《知识产权强国建设纲要(2021—2035年)》提供顶层设计

2021年9月22日,中共中央、国务院印发《知识产权强国建设纲要(2021—2035年)》(以下简称《纲要》),《纲要》是新时代知识产权强国建设的纲

---

[1] 黄佳琦,桂胜. 乡村振兴背景下地理标志产品产业化发展路径及其意义——评陈年友主编的《黄冈市国家地理标志产品产业化研究》一书[J]. 黄冈师范学院学报,2022(5).

领性文件，既是党中央面向知识产权事业未来十五年发展做出的重大顶层设计，也是新时代贯彻执行新依法治国、高质量发展理念的呼唤。

《纲要》为加快推进地理标志的改革发展，深化地理标志领域改革顶层设计，解决地理标志保护与运用过程中的问题，给予了整体考虑。《纲要》在制度层面明确了要探索制定地理标志专门法律法规，建立高效顺畅、价值充分实现的知识产权运用机制，从保护和运用两个层面保证特色产业的高质量发展。

第一，《纲要》扩大知识产权的保护范围，在2008年《国家知识产权战略纲要》的基础上提出了要探索制定地理标志、外观设计等专门法律法规，健全专门保护与商标保护相互协调的统一地理标志保护制度，扩大了保护客体范围。地理标志专门立法关系到乡村振兴、区域经济协调发展、绿色发展和可持续发展，是乡村振兴的"制度刚需"。

第二，《纲要》提出，发挥集体商标、证明商标制度作用，打造特色鲜明、竞争力强、市场信誉好的产业集群品牌和区域品牌；推动地理标志与特色产业发展、生态文明建设、历史文化传承以及乡村振兴有机融合，提升地理标志品牌影响力和产品附加值；实施地理标志农产品保护工程。《纲要》指出，要建立高效顺畅、价值充分实现的知识产权运用机制，这将有利于农村特色产业可持续发展。

1.4.2.2 《"十四五"国家知识产权保护和运用规划》明确发展方向

2021年10月9日，国务院印发《"十四五"国家知识产权保护和运用规划》（以下简称《规划》），贯彻落实党中央、国务院关于知识产权工作的决策部署，全面加强知识产权保护，高效促进知识产权运用，激发全社会创新活力，推动构建新发展格局。

《规划》提出，提升知识产权转移转化效益，推动知识产权融入产业创新发展。推动地方建立地理标志产品产值统计制度，健全地理标志产业发展利益联结机制，发挥龙头企业带动作用，吸引更多市场主体参与地理标志产业融合发展。

1.4.2.3 《地理标志保护和运用"十四五"规划》明确提出综合运用的路径

根据《"十四五"国家知识产权保护和运用规划》部署要求，为对"十四五"时期我国地理标志保护和运用作出系统谋划，同时做好与知识产权"十四五"规划的衔接，细化落实《"十四五"国家知识产权保护和运用规划》对地理标志领域提出的战略任务，国家知识产权局印发《地理标志保护和运用"十四五"规划》。《地理标志保护和运用"十四五"规划》以高水平保护、高质量发展、高标准建设、高效益运用为主线，进一步完善地理标志保护和运用体系，强化地理标志保护，提升我国地理标志产品的价值内涵，推动地理标志与特色产业发展、生态文明建设、历史文化传承和乡村振兴有机融合，为推进供给侧结构性改革、培育经济发展新动能、实现可持续发展提供重要支撑。

如图1-7所示，《地理标志保护和运用"十四五"规划》指出，加强协同运用服务地理标志产业发展。综合发挥专利在助推技术攻关、前瞻布局，地理标志在助推品种保护、品质保障，商标在助推品牌打造、市场拓展等方面的独特优势，服务支撑地理标志相关产业的产品研发、生产、包装、销售等各环节，综合发挥知识产权运用效能，塑造地理标志产品相关生产企业品牌，促进地理标志产业高质量发展。

图1-7　知识产权综合运用具体路径

《地理标志保护和运用"十四五"规划》明确了综合运用知识产权服务

地理标志产业发展是深入开展地理标志助力乡村振兴行动的一项重要举措。根据区域产业特点和实际需求，通过专利技术强农、商标品牌富农、地理标志兴农，探索出将知识产权与乡村振兴相融合、共发展的有效路径。

1.4.2.4　各地出台具体政策鼓励综合运用知识产权发展地理标志产业

以《地理标志保护和运用"十四五"规划》中明确的知识产权综合运用为指引，近年来，各地纷纷出台具体政策鼓励综合运用知识产权发展地理标志产业。

例如，为推动山东地理标志由量向质转变、由多向强转变，打造地理标志"齐鲁样板"，山东省出台《地理标志保护和运用"十四五"规划》，规划中多项内容鼓励综合运用知识产权发展地理标志产业，具体提及：

建立以地理标志为核心的农产品"母子品牌"发展体系，引导、鼓励地理标志产品经营企业申请注册商标。构建以地理标志产品和地理标志证明商标、集体商标为核心，普通商标及企业品牌为支撑、点面结合、共同发展的地理标志品牌体系，促进地理标志产业向集约化、规模化和品牌化发展。支持地理标志相关主体开展驰名商标认定保护。

推动地理标志产业技术创新。围绕地理标志产业链种源、种植、流通、储藏、深加工等技术难题，开展关键核心技术专利导航，鼓励"科研院所+企业"开展科研攻关，加强技术研发及专利布局。实施专利转化专项计划，引导相关专利技术向地理标志产业转移转化。支持一批创新能力强、发展潜力大、市场前景好的地理标志龙头企业争创知识产权优势示范企业。

提升知识产权综合运用效能，综合发挥专利在助推技术攻关、前瞻布局，地理标志在助推标准管理、品质升级，商标在助推品牌打造、市场拓展等方面的独特优势，服务支撑产品研发、生产、包装、销售等各环节，塑造地理标志产品及企业品牌，促进地理标志产业高质量发展。

国家层面的政策指引、地方层面的具体探索、产业层面的不断实践，正在丰富综合运用知识产权赋能我国地理标志产业高质量发展的经验，因此，从理论及实践层面深入探讨并系统总结阶段性经验，以逐步推广并指导产业未来发展实践，已经显得十分必要并迫切。

1.4.3 知识产权综合运用赋能地理标志产业发展的理论探索

知识产权综合运用，是立足多种知识产权各自的本质特点，以知识产权高质量保护及运用为基础，根据区域产业特点和实际需求，充分利用专利、商标、版权、地理标志等不同类别知识产权的各自特点和优势，联动发挥综合协同效应，促进企业创新发展和推动产业高质量发展的一项制度创新及模式创新实践。

根据知识产权内在规律，不同类别知识产权的法律属性相对独立，特性各有差异，在产品的研发、生产、包装、销售等环节中发挥作用也不同。例如，发明和实用新型专利直接反映产品的研发技术水平，外观设计专利、商标或版权则对产品包装、后期销售影响较大。通过知识产权综合运用，能够更好地让不同类别的知识产权协同发挥作用，将产品技术创新、表现形式、服务品质等转化为发展效益，引导产品附加值从生产环节向研发环节、营销环节攀升，最终实现"1+1>2"的综合运用效益。

"1+1>2"综合运用效益的产生，源于各类别知识产权协同联动、相互作用的过程。以"专利+商标"为例，商标是品牌的载体，专利是技术创新的表征，两者均为消费者进行产品选择的重要因素。商标品牌提升引起销量和产能的增长需求，会对生产技术工艺创新提出要求，而创新带来的产品质量和品质的提升，又会进一步提升商标品牌的价值。

不同行业不同领域的创新发展需求，对知识产权综合运用的要求不尽相同。例如，对于发展瓶颈主要在销售环节的地理标志产业，其主要问题在于产品附加值低，品牌辨识度不高，可聚焦于地理标志品牌建设，辅以外观设计专利、版权、商标等知识产权的综合运用，着力塑造产品及企业品牌；对于发展瓶颈主要在于产品供给不均衡不充分的产业，可聚焦于实施以专利为主的自主创新策略，寻求以技术创新带动营销创新。

不同区域不同阶段的创新发展需求，对知识产权综合运用的要求也不相同。例如，我国东南沿海地区和珠三角地区创新能力强，工业配套设施完善，研发制造体系健全，涌现出大量原始创新和改良技术，对于发明、实用新型、外观设计专利，以及商标、版权的综合运用需求更多；西部地区具有丰富的动植物基因资源、优秀的民间文艺作品、手工业制造工艺、医术秘方、地缘特色的优质农副产品等，对于地理标志、版权、商标、专利的综合运用需求更多。

本书践行新发展理念，聚焦地理标志产业高质量发展，不断开拓创新，进一步探索和丰富在我国地理标志产业发展的现有基础和当前阶段，面对新形势和新要求，地理标志产业发展中不同类别知识产权综合运用的组合模式及方法路径。

1. 地理标志与商标的综合运用

地理标志从法律权属上来看是一种区域性的公共标记权利，遵循一定的规则与程序，区域内的生产经营主体均可使用该公共标记，而一般商标是用来区别一个经营者的品牌或服务和其他经营者的商品或服务的个性化标记。地理标志与商标在综合运用中的关系在一定程度上如同母体与个体的关系，使用商标的地理标志在继承母体优良基因的基础上可以进一步彰显其个性化的品质，在市场上取得更大的辨识度和知名度；在促进个体经营主体及其产品品牌化发展的过程中，也将推动作为母体的地理标志公共品牌的知名度及美誉度的提升，规范生产秩序，促进区域品牌发展，形成产业发展良性循环生态，推动地理标志产业高质量发展。

2. 地理标志与专利的综合运用

地理标志与一个地区的自然因素和人文因素高度关联，其产品本身品质的保持，有赖于自然因素或人文因素的保护与传承，而（发明）专利主要是指对产品、方法或者其改进所提出的新的技术方案。从这两种知识产权的特质来看，它们的综合运用似乎存在矛盾，一个要守护与传承，另一个要改进与创新。但从产业本身的发展来看，地理标志核心产品在保持其与自然因素或人文因素关联的特质的基础上，通过技术创新及专利保护，可以实现以核心产品为基础的产业链延展及拓宽，一方面促进核心产品更好地发展，例如茅台酒的防伪技术创新及专利保护；另一方面也可能产生更多的衍生产品，例如文山三七活性成分的生物提取技术及其新产品。因此，地理标志与专利的综合运用是一种不变与变的辩证关系，是传承也是发展，是守护也是创新，在创新发展中实现守护与传承，通过创新与发展互链，激活高质量发展增量，达到产业高质量发展的目的。

3. 地理标志与版权的综合运用

地理标志作为区域性的品牌,大多数知名度并不高,而在我国,地理标志产业主要集中在农副产品类,产业发展总体规模不大的当前阶段更是如此。版权是指文学、艺术、科学作品的作者对其作品享有的权利,它包括自然科学、社会科学以及文学、音乐、戏剧、绘画、雕塑、摄影和电影摄影等方面的各种作品。在移动互联网全面普及、大众传媒日益发展的今天,通过多种形式的版权创作,塑造地理标志形象,讲好地理标志故事,以高颜值形象塑造地理标志发展"好气质"、好品质,提高知名度、美誉度和市场占有率,对于地理标志产业做大做强、高质量可持续发展具有巨大作用。

本书以上述探索为基础,在充分调研我国地理标志产业发展的基础上,综合考虑地理标志产品的品类、地域、产业发展阶段,以及知识产权综合运用的特点,选取了几个具有代表性的案例进行分析及经验总结,如图1-8所示。

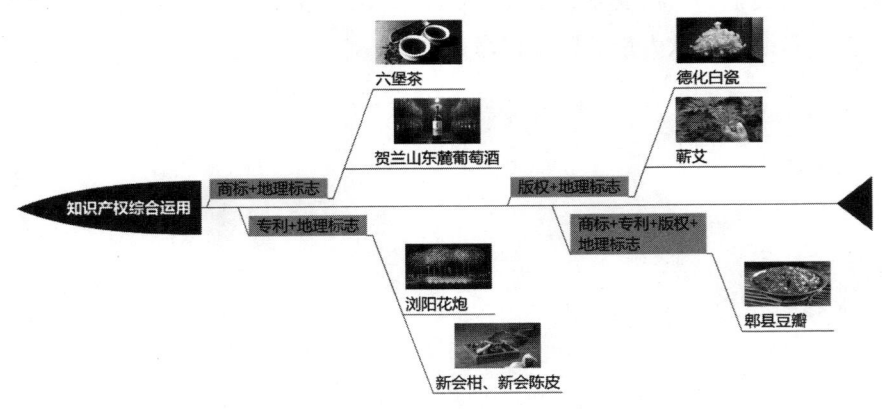

图 1-8　本书案例结构

研究发现,通过"地理标志+商标"综合运用,六堡茶、贺兰山东麓葡萄酒等相关的区域产业及个体企业都得到加速发展。受益于"地理标志+专利"综合运用,浏阳花炮、新会陈皮产业链不断延伸,新产品不断发展壮大。借助"地理标志+版权"综合运用,德化白瓷保护了众多国际国内知名品牌,蕲艾品牌知名度不断提升,价值不断攀升。郫县豆瓣更是融合了地理标志、商标、专利、版权等多类型知识产权，专利在研发环节助力重点技术创新与保护，拓展产业链条；商标在生产环节规范生产秩序，塑造企业个性化品牌；版权在营销环节助力品牌打造，帮助产业实现高质量、可持续发展。

这些案例中的知识产权综合运用可能是产业、企业的不自觉行为，但也恰恰反映了综合运用是地理标志产业发展必然选择的客观规律，我们希望对这些案例进行典型总结，从经验逐步上升到理论，探索出一条在地理标志产业发展过程中知识产权综合运用的模式和路径，在更大范围复制推广，鼓励更多市场主体灵活运用知识产权组合策略，将地理标志与商标、专利、版权等多类别知识产权进行综合、灵活、娴熟的运用，助力我国区域经济发展及乡村振兴，全面提升地理标志产业的市场竞争优势。

我国具有得天独厚的自然环境和丰富多彩的民族文化，地理标志产品的种类繁多。以实现地理标志产业高质量发展为目标，以灵活多样的知识产权综合运用为路径，这是凸显中国产业特色、凸显时代特色、凸显知识产权赋能产业发展特色的模式创新，是我们以知识产权助力巩固脱贫攻坚成果与乡村振兴战略实施的内在要求，更是我们以知识产权工作价值实现为建功新时代、奋进新征程贡献力量的历史使命。

2 地理标志与商标的综合运用

地理标志产业发展与多种形态的知识产权运用密不可分,而其中最密切、对地理标志影响最直接的就是商标权。从概念上看,地理标志和商标都是用来在市场上区分商品的特定标识,都需要注册保护以确保独占性和独特性。不同的是,地理标志是向消费者告知商品来自某个特定地点,而商标则表明商品来自某个特定企业。中共中央、国务院印发《扩大内需战略规划纲要(2022—2035年)》指出,要深入实施商标品牌战略,这不仅是经济发展规律的内在需求,也是发挥区域优势和发展品牌经济的核心和关键。因此,在确立地理标志产业发展战略时,复合商标战略实现地理标志的品牌化发展是高质量发展的必然选择。本章对六堡茶产业及贺兰山东麓葡萄酒产业在发展中综合运用地理标志及商标的案例进行分析。

2.1 六堡茶产业

六堡茶是广西特有名茶,2011年3月16日,原国家质检总局批准对"六堡茶"实施地理标志产品保护。2020年10月6日,国家知识产权局批准"梧州六堡茶"注册为地理标志证明商标。2021年3月1日,中欧地理标志协定正式生效,梧州六堡茶成功入选该协定中国第二批175个地理标志保护产品名录。

近年来,六堡茶的市场知名度、产品竞争力大幅提升,获评2021年中国茶叶最具品牌发展力品牌,2022年还被评为最具品牌传播力的三大品牌之一,产业提质增效有序推进。在此过程中,地理标志与商标的有机融合作为重要一环,为六堡茶产业高质量发展提供了强大的助推作用。

2.1.1 六堡茶产业基本情况

2.1.1.1 历史沿袭

六堡茶产于广西浔江、贺江、桂林、郁江、柳江和红水河两岸的山区,以梧州市苍梧县六堡镇所产的茶叶最为有名,故称六堡茶。它与云南普洱茶、湖南安化黑茶同属黑茶类,是我国六大茶类之一。早在清嘉庆年间,六堡茶就被列为全国24种名茶之一❶,并以其优良品质在海内外享有盛名。

六堡茶产制历史悠久,是非常古老的茶制品。据南北朝时期的《桐君录》记载,南方有一种大叶茶,称瓜芦木,非常苦涩,以叶制成屑末茶,喝后会使人通夜不眠,煮盐工人专门饮用。魏晋时期,从陆羽在《茶经》中讲到的制法来判断,采下鲜叶先制成团状、饼状或方块状的紧压茶已经出现。到了"茶马交易"盛行的宋朝,当时在湖南就有将黑茶压成砖后运往西北换马,其中的"茯砖茶"与六堡茶的制法很像。再据《中国名茶图谱》记载,唐宋之世,昭平五将万宝青茶,文竹象棋绿茶等,因其树生于高山石崖间,制作工艺精湛,皆为茶中珍品……成品茶有粗茶、散茶、末茶和饼茶四大茶类,招引着四面八方的茶贩、茶商。由此来看,六堡茶的产制,当有一千五百年以上的历史。

六堡茶品名由来源远,据清康熙三十六年(1697年)版《苍梧县志》记载,"茶产多贤乡六堡,味醇隔宿而不变,茶色香味俱佳"。《广西通志》记载,"六堡茶在苍梧,茶叶出产之盛,以多贤乡之六堡及五堡为最,六堡尤为著名,畅销于穗、佛、港、澳等埠"。还有《广西农业通讯》(1945年)记载,"苍梧茶尚多,尤以六堡乡为最。六堡茶(又名峒茶),颇负盛名,其余所产品质亦佳,战前(抗日战争前)交通便利,所产茶除本县饮用外,全部

---

❶ 中国新闻网. 广西梧州借助"一带一路"重塑千年六堡茶辉煌:京政办发〔2005〕37号[Z/OL].(2016-10-19)[2023-06-20]. https://baike.baidu.com/reference/653539/51bfuADXl1Dm1fepNjqop8q_PsECIplaAu4vp8Q5TgugwdQ2VPzSm7IzHOFHm2idyLSZxbV7wQWhQifUFq_Yg5vFHN7toBKvR-BbnMfFvamRIjyRxdpzrZaUcJM.

销售港澳等地"。

六堡茶成名时间已久,清代嘉庆年间(1796—1820年),六堡茶以其特殊的槟榔香味声名鹊起,入选中国名茶之列,产品远销日本及东南亚等地,是广西传统的出口产品之一。《广西特产志略》(1937年)有记载:"在苍梧之最大出品,且为特产者,首推六堡茶。"传统六堡茶是箩装紧压茶,以六堡镇的恭州村茶和黑石村茶品质最佳。旧时由于陆路交通不发达,六堡茶只能通过水路运往广州,广东茶商在六堡镇的合口街设点收购六堡茶毛茶并炊蒸踩箩,然后从合口码头用小船装运至梨埠,再装大木船运到封开,然后装上电船沿西江运到广州,之后再运到香港及吉隆坡等地,"茶船古道"之名因此而来。

在20世纪五六十年代,香港茶庄常以"陈年六堡茶""不计年"作为商标,用大字标榜"正宗梧州六堡茶",以广招顾客,显示其经营的六堡茶品质优良正宗❶,但由于产量有限,很多人只能闻其名却未能喝到六堡茶。1991年,日本黑茶协会会长堤定藏先生专程到梧州茶叶进出口公司和梧州茶厂考察,对梧州六堡茶的品质风格和加工工艺大加称赞。后经日本药业界检测证实,六堡茶有强力降脂解腻、减肥健美的功效。消息传开,六堡茶曾一度风靡日本东京。

六堡茶独特的传统工艺是其享有盛名的重要基础。原生态类的"老茶婆"是茶味最正宗的六堡茶,制作过程是在清明前的早上采集(一芽二三叶或一芽三四叶)、杀青(过热水),自然晾干,放在农家冷楼上自然陈化❷。经过杀青和烘干后,便售于茶行或者茶贩。在清朝中期至20世纪50年代,六堡茶的制作工艺都是按照旧法相沿,但随着六堡茶出口量的扩大,六堡茶的制作工艺开始有了发展。20世纪50年代初,我国开始实行统购统销的政策,与此同时中国茶业公司广州分公司在梧州设立办事处,并在梧州的角嘴路设立茶叶精制工厂(即后来的梧州茶厂),负责六堡茶的加工生产。建厂初期,梧州茶厂在总结吸收六堡茶传统工艺的基础上,按照"毛茶→分筛→拼堆→初蒸→焗堆→开堆→摊凉→复蒸→装笠→入仓陈化"的工艺精制加工六堡茶。

---

❶ 茶七网. 六堡茶 [Z/OL]. [2023-06-20]. http://m.tea7.com/baike/319.html.
❷ 诗与远方. 六堡茶属黑茶介绍 [Z/OL]. (2017-12-06) [2023-06-20]. http://m.tea7.com/baike/319.html.

1958年，在中国茶叶进出口公司广西公司的领导下，梧州茶厂尝试以"加水"冷发酵的渥堆方式取代原有的"焗堆"热发酵，试产现代冷水渥堆工艺的六堡茶获得成功，同年开始部分量产，直至1965年开始全面采用。至此，"加水"的冷发酵工艺与原"焗堆"的热发酵工艺共同成为六堡茶精制加工的两大分支，六堡茶的"现代工艺"开始成形。进入21世纪，普洱茶的兴起带动了国内的黑茶热，六堡茶销量的大幅度提升助推了各家茶企对六堡茶生产技术的改进和完善，其技术及工艺在原有基础上愈加成熟。此外，相关部门先后制定并发布了十多项六堡茶标准，进一步规范和统一六堡茶行业，六堡茶制作工艺进入了较为成熟与稳定发展的阶段。

近年来，随着传统侨销黑茶——云南普洱茶需求量和影响力的扩大，同属传统侨销黑茶的梧州六堡茶也为众多爱茶之人所推崇，其独有的风味品质和保健作用逐渐被人们重新认识。六堡茶的销量逐年上升，喝六堡茶、谈论六堡茶、收藏六堡茶已成为广大饮茶爱好者追求的新时尚。

2.1.1.2 产业现状

六堡茶核心产区主要集中在梧州市苍梧县西北部高寒山区，而苍梧县六堡镇作为六堡茶的原产地，也是传统工艺六堡茶的核心产区。人们比较熟悉的六堡茶主要产区还包括：六堡镇的塘平村产区（含黑石茶区）、公平村产区、山平村产区（瑶茶区）、不倚村产区（古恭州茶区）、四柳村产区（古罗荻茶区）、理冲村产区、合口村产区、高枧村产区、梧垌村产区、大宁村产区、六堡村产区、大中村产区、九城村产区、首溪村产区、蚕村产区、普旺村产区，狮寨镇的大昌村产区、安宁村产区、永生村产区、思丰村产区，及梨埠镇的娄底产区等。其他村虽也产茶，但规模较为零散。如图2-1所示，茶农在广西六堡村茶业有限责任公司标准化茶园示范基地中劳作。

图 2-1　广西六堡村茶业有限责任公司标准化茶园示范基地

近年来，六堡茶产业受到的保护与支持力度显著提升。在 2011 年获批地理标志产品保护以后，2014 年，六堡茶制作技艺被列入国家级非物质文化遗产名录。据统计，在"十二五"末，六堡茶的年产量为 2000~2500 吨，除供应两广市场内销外，还远销日本、东南亚等国家及地区，年出口量维持在 1200~1500 吨，深受广大侨胞和各界人士喜爱。

2017 年，习近平总书记在致中国首届国际茶叶博览会贺信中将"茶船古道"与"茶马古道"并提，列入"一带一路"的重要组成部分，作为"茶船古道"起点的梧州，以及与"茶船古道"密不可分的六堡茶引起茶业界的高度关注。如图 2-2 所示，"十三五"期间，梧州市茶叶产量分别从 2018 年的 3000 吨，增长到 2020 年的 4000 余吨。2020 年"梧州六堡茶"地理标志证明商标成功注册，到 2021 年"梧州六堡茶"品牌价值已高达 32.34 亿元，居中国茶叶区域品牌价值第 25 位，居广西茶叶第 1 位。

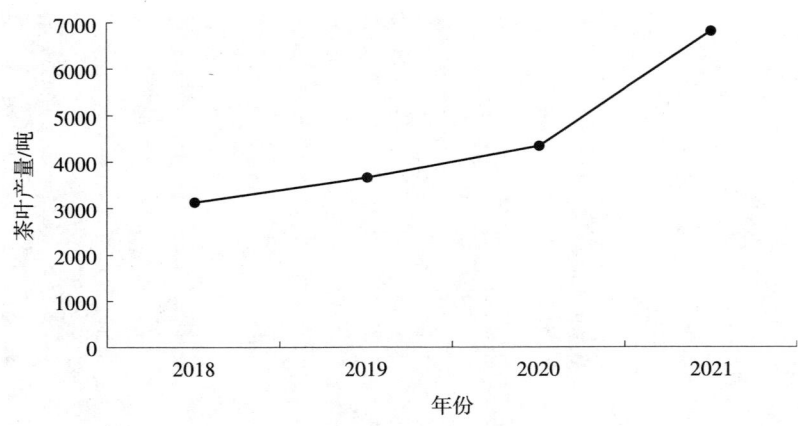

图 2-2　2018—2021 年梧州市茶叶产量

"十四五"以来，梧州市大力推进六堡茶产业高质量发展，相继发布了《苍梧县六堡茶产业高质量发展三年行动计划（2021—2023 年）》《梧州六堡茶产业高质量发展三年行动计划（2021—2023 年）》《梧州市支持六堡茶茶园建设政策》等多部政策文件，以促进六堡茶产业的发展。2021 年 9 月，苍梧县人民政府办公室印发《苍梧县六堡茶产业高质量发展三年行动计划（2021—2023 年）》[1]（以下简称《行动计划》），《行动计划》中指出，要坚持"政府主导、企业主体、市场运作、社会参与"，按照强龙头、补链条、聚集群、提品质、创品牌、传文化、扩营销、强三产的思路，坚持产业整体推进，打通全产业链，提升产业综合竞争力；坚持龙头带动，走品牌化发展道路，提高本县六堡茶产业化经营水平；坚持茶科技支撑，构建现代六堡茶产业创新技术体系，提高茶产业信息化水平；坚持讲好六堡茶故事，深入挖掘"茶船古道"历史文化，促进产业焕发新的生机，为打造广西千亿元茶产业贡献力量。同时，明确十九项工作重点，提出一系列奖补、奖励、补贴及补助措施。

2021 年，梧州市申请筹建的六堡茶国家地理标志产品保护示范区获得国家知识产权局批准，建设期为三年。筹建六堡茶国家地理标志产品保护示范

---

[1] 苍梧县人民政府办公室. 苍梧县人民政府办公室关于印发苍梧县六堡茶产业高质量发展三年行动计划（2021—2023 年）的通知 [EB/OL].（2021-09-24）[2023-06-20]. http://www.wuzhou.gov.cn/ztjj_1/wzslbccylyzwgkzt/lbcfgzc/lbcxgzcwj/t12650761.shtml.

区将有助于充分发挥六堡茶地理标志产品的引领带动作用，对提升产品市场的竞争力和品牌影响力，推动梧州六堡茶产业高质量发展以及促进乡村振兴产生重大影响。如图 2-3 所示，梧州市统计局有关资料❶显示，2021 年，全市种植茶园面积 18.14 万亩，比 2020 年增加 6.73 万亩。所辖七个县区茶园种植面积均呈现高增长，其中：万秀区增加 0.12 万亩；长洲区增加 0.64 万亩；龙圩区增加 0.58 万亩；苍梧县增加 13.36 万亩；藤县增加 0.98 万亩；蒙山县增加 1.32 万亩；岑溪市增加 1.16 万亩。

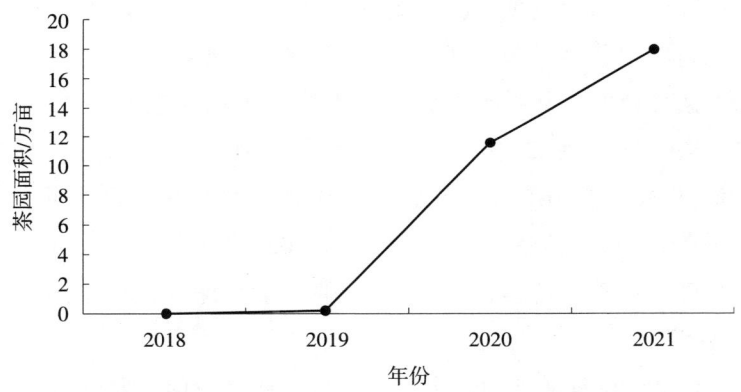

图 2-3　2018—2021 年年末梧州市茶园面积

2021 年 12 月 31 日，梧州市人民政府印发《梧州六堡茶产业高质量发展三年行动计划（2021—2023 年）》（以下简称《行动计划》）❷。《行动计划》指出，以实施生态茶园建设工程、实施茶企扶优壮大工程、人才培养工程、市场拓展工程、品牌提升工程、数字赋能工程作为工作重点。力争到 2023 年，梧州六堡茶产业综合产值达到 200 亿元，其中一产产值达到 10 亿元，二产产值达到 55 亿元，三产产值达到 135 亿元；全市新建茶园面积 50 万亩以上；苍梧县进入全国产茶县前 30 名；年产值超 10 亿元六堡茶企业达到 3 家以上，1 亿元以上六堡茶企业 10 家以上，规模以上六堡茶企业 20 家。

---

❶ 梧州市统计局. 政策扶持助推六堡茶种植面积高增长［Z/OL］.（2022-04-20）［2023-06-20］. http://tjj.wuzhou.gov.cn/tjsj/tjfx/t11812451.shtml.

❷ 梧州市人民政府. 梧州六堡茶产业高质量发展三年行动计划（2021—2023 年）［EB/OL］.（2022-10-10）［2023-06-20］. http://www.wuzhou.gov.cn/zfxxgk_2/fdzdgknr/ghjh/fzgh/zxgh/t13021440.shtml.

根据《行动计划》精神，梧州市进一步制定并印发了《梧州市支持六堡茶茶园建设政策》❶（以下简称《政策》）。《政策》共12条，分别从支持原种选育繁育研究、茶园建设、机械补助、建立毛茶加工厂、茶文旅整合发展、茶园建设采伐指标几大方面对全市六堡茶茶园建设进行政策支持。

梧州市委、市政府的决策部署也推动了一些制约产业发展问题的快速解决。例如，六堡茶产业种植规模小、传统工艺六堡茶生产标准建设工作和六堡茶种苗繁育与良种认定工作滞后等历史问题长期存在，在市委、市政府各项政策陆续出台落实之后，通过大力招商引资、引进龙头企业以及对种植户实施以奖代补政策，扩大茶园建设等，茶农、茶企的种植积极性提高，六堡茶种植的态势持续向好，有力推动了六堡茶产业进入良性循环的发展快车道。截至2022年年底❷，全市共有茶园22.49万亩，年产六堡茶3万吨，综合产值由2016年的38亿元跃升至2022年的160亿元。2022年，梧州六堡茶公用品牌价值达37.64亿元（比2021年增加了5.30亿元），继被评为"2021年中国茶叶最具品牌发展力品牌"后获评"2022中国茶叶最具品牌传播力品牌"。

习近平总书记在参加党的二十大广西代表团讨论时，叮嘱要把六堡茶做大做强，这为六堡茶产业带来了新机遇。作为梧州市的特色优势产业，"十四五"新时期大力发展六堡茶产业对全市巩固和拓展脱贫攻坚成果、推动乡村产业振兴具有重要意义。2022年3月，习近平总书记在调研考察武夷山市茶产业时进一步指出："要把茶文化、茶产业、茶科技统筹起来，茶产业今后要成为乡村振兴的支柱产业。"这为六堡茶产业面向新时代高质量发展指明了方向。

---

❶ 梧州市人民政府办公室. 梧州市人民政府办公室关于印发我市支持六堡茶茶园建设政策的通知（梧政办发〔2021〕121号）[EB/OL]. (2022-01-01) [2023-06-20]. http://www.wuzhou.gov.cn/ztjj_1/wzslbccylyzwgkzt/lbcfgzc/lbcxgzcwj/t11141683.shtml.

❷ 广西新闻网. 梧州市六堡茶产业实现历史性飞跃拓展升级海外市场 [N/OL]. (2022-04-20) [2023-06-20]. https://baijiahao.baidu.com/s?id=1763707823292089432&wfr=spider&for=pc.

2.1.1.3　重点企业

做强一个企业，带动一个产业。根据广西壮族自治区党委宣传部在2023年4月20日召开的新闻发布会介绍，当前梧州市获得SC认证茶企总数达到103家，其中农业产业化国家重点龙头企业2家，自治区级农业龙头企业9家，规模以上工业企业9家。2023年将统筹推进六堡茶产业重大项目14个，总投资123.7亿元，通过持续优化六堡茶产业发展思路、加快重大项目建设等多方面努力，全面推动六堡茶产业高质量发展。

1. 广西梧州茶厂有限公司

坐落在鸳鸯江畔的广西梧州茶厂有限公司，是广西茶行业中唯一一家由商务部认定的"中华老字号"企业，是农业产业化国家重点龙头企业，参与了六堡茶国家标准的制定工作。2012年11月，广西梧州茶厂有限公司经核准在相关产品上使用"六堡茶"地理标志专用标志，获得地理标志产品保护。"三鹤"是公司的注册商标，2006年获"广西著名商标"并保持至今，是知名度非常高的六堡茶品牌。"三鹤"牌六堡茶具有独特的"六堡茶韵""槟榔香"，以"红、浓、陈、醇"四绝著称，是"梧州特色产品""广西名牌产品""全区用户满意产品"。

2. 广西梧州茂圣茶业有限公司

广西梧州茂圣茶业有限公司是六堡茶原产地最大的六堡茶生产企业之一，也是农业产业化国家重点龙头企业。2012年8月，广西梧州茂圣茶业有限公司经核准在相关产品上使用"六堡茶"地理标志专用标志，获得地理标志产品保护。"茂圣"是公司最早申请注册的商标，茂圣六堡茶曾在国际茶博会上获"三连冠"，2017年"茂圣"荣获"广西著名商标"认定。公司多年来坚持在全国推广六堡茶历史和文化，2014年申请注册"梧州六堡茶文化馆"商标失败后，2017年成功注册"雅作""观选""若棒"等茶文化相关商标。图2-4是本书主编李备战在广西梧州茂圣茶业有限公司进行调研。

图 2-4　本书主编李备战在广西梧州茂圣茶业有限公司调研

3. 梧州中茶茶业有限公司

梧州中茶茶业有限公司属于中粮集团全资子公司，在整体收购原梧州茶叶进出口公司的基础上成立。从 1954 年至今，名字虽然多次变更，但一直从事六堡茶的生产和出口，可以说它的历史就是新中国六堡茶发展史的缩影。2012 年 11 月，梧州中茶茶业有限公司经核准在相关产品上使用"六堡茶"地理标志专用标志，获得地理标志产品保护。"中茶"商标由中国茶叶有限公司（现已改名为中国茶叶股份有限公司）注册，经中央私营企业局核准专用权，是新中国最悠久的商标之一。梧州中茶茶业有限公司主要生产销售"中茶"牌和"多特利"牌的梧州六堡茶，年生产能力千吨以上，是国内目前最大的六堡茶生产出口企业。

4. 苍梧六堡茶业有限公司

苍梧六堡茶业有限公司始于 1955 年成立的六堡公社茶厂，当地人习惯称为"六堡茶厂"，2005 年改制创建了苍梧六堡茶业有限公司，并注册"苍松"商标。2014 年 12 月，苍梧六堡茶业有限公司经核准在相关产品上使用"六堡茶"地理标志专用标志，获得地理标志产品保护。"苍松"牌六堡茶坚持六堡茶传统工艺的保护传承，其精制的六堡原茶、六堡老茶和六堡茶以其独特的六堡风味广受青睐，先后获得广西驰名商标、广西老字号等称号。

5. 广西苁河茶业发展有限公司

广西苁河茶业发展有限公司是集六堡茶种植生产、茶叶深加工、茶文化旅游开发于一体的重点龙头企业。2014年12月，广西苁河茶业发展有限公司经核准在相关产品上使用"六堡茶"地理标志专用标志，获得地理标志产品保护。公司先后注册"苁河""苁河六堡醇""苁河特醇""苁河六堡陈""苁河六堡浓""苁河六堡红""苁河特正""苁河特纯"等商标，其中"苁河"获评广西著名商标。

6. 广西梧州圣源茶业有限公司

广西梧州圣源茶业有限公司位于素称历史名城、百年商埠的梧州市西江南岸火山脚下，在六堡镇建立自有原种六堡茶园。2021年11月，广西梧州圣源茶业有限公司经核准在相关产品上使用"六堡茶"地理标志专用标志，获得地理标志产品保护。"圣源"是公司的注册商标，"圣源"品牌先后获得中国黑茶优秀品牌、2015最具投资价值的新锐茶品牌、首批广西特产行销全国核心品牌等荣誉称号。

近年来，随着六堡茶产业的快速发展，还涌现了很多六堡茶种植、生产加工、销售等相关企业，一些企业通过创新发展，取得了很好的发展业绩。

2.1.1.4 产业特点

在市场竞争和产业高质量发展的过程中，品牌的重要性日趋凸显，单个企业打造品牌的热情空前高涨，产业集群转而进化为品牌集群。六堡茶产业作为梧州市特色优势产业，近年来，围绕打造广西千亿元茶产业"半壁江山"的发展目标，坚持规划引领、提质赋能、服务优化、品牌塑造、集聚发展，区域产业品牌集聚水平逐步提升。六堡茶这个千年形成的公共品牌归社会公众所有，政府是其管理机构，就其发展进程而言，六堡茶品牌的雏形散乱、公共品牌发展缓慢，从茶名到地理标志名称丰富了品牌内涵，使其进入了一个新的时期，在政府、企业、社会公众的支撑下促进了广西茶产业的跨越发展。回头来看，六堡茶产业在品牌化发展方面呈现如下特点：

一是千年悠久历史增强了产业品牌影响力。六堡茶属黑茶类，因原产自苍梧县六堡镇而得名，有1500多年的种植历史，文字记载可追溯至南北朝时期的《桐君录》，在清嘉庆年间，就以"红、浓、陈、醇"及其独特的槟榔香味入选中国二十四名茶。近年来，随着黑茶热的兴起，作为广西特色优势产品的六堡茶消费需求量也在逐步加大。2022年11月，我国申报的"中国传统制茶技艺及其相关习俗"入选联合国教科文组织《人类非物质文化遗产代表作名录》，六堡茶制作技艺正是其中一个子项目，也是梧州市首个人类非遗代表作名录项目，六堡茶品牌效应得到扩大。

二是政府大力扶持推动了产业品牌高质量发展。在六堡茶刚刚被发现并向市场推广的时候，当地政府就非常重视，除向生产六堡茶的企业特拨专项经费和派专门的管理人员对茶叶生长地区进行管理和保护外，为了进一步推广六堡茶，还专门成立"六堡茶开发领导小组"，出台一系列鼓励六堡茶生产的奖励措施。成功申报"六堡茶"地理标志产品保护前后历时八年，成为六堡茶产业发展历程中不可或缺的浓重一笔。党的十八大以来，梧州市茶产业发展办公室在梧州市政府的引领和帮助下进一步申请了"梧州六堡茶"地理标志证明商标，为新时期六堡茶品牌建设的个性化定位创造了十分有利的商业条件。进入"十四五"时期，为了做大做强六堡茶产业，梧州市从政策、资金等方面大力支持六堡茶产业发展，制定产业发展规划，出台《梧州六堡茶产业高质量发展三年行动计划（2021—2023年）》《梧州市关于支持六堡茶茶园建设的政策》等一系列政策措施，进一步明确发展目标、发展思路、工作重点和重点建设工程等，促进六堡茶产业规模化高质量发展。

三是企业品牌化发展推动了产业品牌集群化发展。六堡茶积极推进公共品牌、文化品牌和企业品牌打造工作，大力打造梧州六堡茶品牌形象，持续开展"茶船古道·新丝路"六堡茶行销全球系列活动，并指导一批企业举办民间六堡茶斗茶大会，进一步提高六堡茶企业的品牌知名度和市场占有率，涌现出"中茶""三鹤""茂圣""苍松""芊河"等一批优秀企业品牌。政府搭台、企业唱戏，六堡茶以"梧州六堡茶"区域公共品牌和"茶船古道"文化品牌作为品牌双引擎，已形成了有效的"公共品牌—文化品牌—企业品牌"矩阵。

2.1.2 六堡茶产业发展中的地理标志与商标综合运用

地理标志产品的生产者应当保证地理标志产品的品质和质量，但绝不意味着没有自己的特色,而是要以商标彰显共性基础上的特性,吸引不同的消费群体,在地理标志产业内部形成合理、有序的竞争。只注重使用地理标志,不通过商标彰显个性,易造成"一荣俱荣,一损俱损"的后果。商标往往代表了一个企业独特的文化和产品特色,不少使用地理标志的企业,由于没有自己的商标,产品缺乏特色,产生了严重的同质化竞争,更甚者如果个别使用地理标志的不法厂商未使用自己的商标,消费者往往会将不良评价记载在该地理标志上,这会对其他地理标志产品生产者带来负面影响,甚至会危及地理标志自身的生存。也就是说,如何促进地理标志与商标相融合、实现两者之间的综合运用对于地理标志产业能否实现高质量发展至关重要。

品牌一响,黄金万两。据相关资料显示,截至2022年,六堡茶公用品牌价值达37.64亿元,比2021年的32.34亿元增加5.3亿元,在全国126个参评茶品牌中排名第26位,居广西茶叶第1位,被评为"2022中国茶叶最具品牌传播力品牌"。得益于梧州六堡茶区域公共品牌和行销全球文化品牌的背书,"三鹤""中茶""茶船古道""茂圣""熹誉""苍松""芊河""濡菲""圣源"等一批优秀企业品牌及六堡茶公共品牌声名鹊起。探析六堡茶在品牌建设方面取得成效的原因,我们认为在政府对六堡茶品牌的扶持和维护之外,地理标志与商标的综合运用发挥了显著的促进作用,且大致经历了以下几个重要阶段。

第一阶段:新中国成立初期,"国家队"入场引领大众创业促产业发展,商标申请呈现百花齐放的繁荣景象。

新中国成立初期,为了尽快恢复经济,国家大力推动茶产业的发展。20世纪五六十年代,众多茶企纷纷落户梧州。其中,代表性的企业有:广西梧州茶厂有限公司,成立于1953年,曾用名为广西壮族自治区梧州茶厂,是广西供销投资集团成员;中国茶叶总公司梧州支公司,创建于1953年,是原梧州茶叶进出口公司的前身,后被中国茶叶股份有限公司全资子公司梧州中茶茶业有限公司整体收购,1954年1月改为中国茶叶出口总公司广西支公司梧州办事处;六堡公社茶场成立于1955年,当地人习惯称为"六堡茶厂",1976年撤并了六堡公社所有初制所,苍梧六堡公社茶厂成立,后于2006年改制创建为苍梧六堡茶业有限公司。

这些"国家队"企业的入场在很大程度上奠定了我国六堡茶产业发展的

基础，引领了六堡茶产业大众创业的开端。尤其是21世纪初期以来，广西六堡茶企业加速涌现，广西梧州茂圣茶业有限公司、广西芊河茶业发展有限公司等生产六堡茶的民营企业逐步迈入六堡茶产业的舞台中央。其中，广西梧州茂圣茶业有限公司成立于2004年，广西芊河茶业发展有限公司成立于2007年，曾以广西千河茶业有限公司作为公司名称。

受益于大众创业热潮，广西六堡茶生产规模的不断扩大，市场前景的越加开阔，六堡茶产业发展迎来百花齐放的发展阶段。在这个时期，六堡茶商标的发展，可以说是六堡茶产业发展的一个缩影。图2-5所示为2010年前申请的部分商标样例。

图2-5　2010年前申请的部分商标样例

具体来看，1983年，中国茶叶股份有限公司成功注册"中茶"商标，该项商标的构成要素为文字和图形的组合，符合商标审查应具备的条件。"中茶"牌的品牌优势和其辐射全国及全世界的销售网络，为广西六堡茶产业的发展添上了腾飞的翅膀。

1988年，梧州茶厂成功注册"鹤岗"商标，多用于茉莉花茶，少数六堡茶也使用过该商标。随后，"三鹤"商标于1990年正式注册成功，商标中三位一体的仙鹤亭亭玉立于小山丘上，如同温馨的一家三口，其中"三鹤"两字靠图案的左边，同年"三鹤牌一级六堡茶"获广西优质食品奖。

2006年，六堡公社茶厂改制创建了苍梧六堡茶业有限公司，并开始以"苍松"为商标，生产传统工艺六堡茶和现代工艺六堡茶，其使用六堡群体种为原料、按照传统工艺精制的六堡原茶，因原产地、原种和传统工艺的渊源使得具有千年历史的六堡茶得以一脉相承。

2007年，广西梧州茂圣茶业有限公司申请了"茂圣"商标，并于2010年注册成功，该公司主要提供茶、茶叶代用品、茶饮料及非医用营养液、非医用营养粉、非医用营养胶囊、非医用营养膏等商品相关服务。同年，以从事医药制造业为主的广西强寿药业集团有限公司申请了"陈正"商标，并于2009年注册成功，该公司主要提供茶、茶叶代用品、糖果、龟苓膏、蜂蜜、枇杷膏等商品相关服务。

2008年，广西芊河茶业发展有限公司提交了"芊河 广西芊河茶业发展有限公司"的商标申请，该商标在2010年注册成功，主要提供咖啡、茶叶代用品、茶、茶饮料、糖果、蜂蜜、糕点、豆浆、冰淇淋等商品相关服务。

综上所述，在新中国成立初期至2010年左右的这一时间阶段里，首先是以"国家队"茶企的入场作为开端，国家队茶企的入场促进了民营企业入局，为六堡茶产业扩大规模发展奠定了良好基础。此后，尤其是改革开放以来，各大企业逐渐意识到商标品牌建设的重要性，相关企业商标的申请与注册成为改革开放以来至21世纪初期的主旋律，"中茶"和"三鹤"两大国资六堡茶品牌引领了这一热潮，"苍松""茂圣""芊河"等商标相继被申请并成功注册，六堡茶企业的商标品牌建设意识开始萌芽，国内六堡茶产业迎来百花齐放的蓬勃发展期。

第二阶段：地理标志产品获批，区域公共品牌建设背景下，企业纷纷围绕"六堡"元素申请商标并将保护类别延展到35类。

2003年，梧州市启动了六堡茶申报国家地理标志产品保护工作，并于2011年3月获得国家地理标志产品保护。自2011年以来，在六堡茶获得国家地理标志产品保护的背景下，企业商标品牌意识逐步增强，各大茶企纷纷开始围绕六堡茶开展商标的申请与注册工作。图2-6为2011年以来部分商标申请样例。

芊河六堡陈　　　芊河六堡浓　　　芊河六堡红

红浓六堡　　　陈醇六堡　　　金花六堡

茂圣六堡红茶　　茂圣六堡绿茶　　茂圣六堡茶珍

图 2-6　2011 年以来部分商标申请样例

2011 年 7 月，广西芊河茶业发展有限公司在已形成一定影响力的"芊河"的基础上围绕其生产的六堡茶产品又进一步完善了商标保护范围，提交了"芊河六堡醇""芊河六堡""芊河六堡陈""芊河六堡浓""芊河六堡红""纯生六堡"等商标的注册申请，并于 2012 年申请了红浓六堡、陈醇六堡、金花六堡的商标权。2013 年，广西梧州茂圣茶业有限公司围绕已经注册的"茂圣"商标，又相继申请注册了"茂圣六堡红茶""茂圣六堡绿茶""茂圣六堡金花茶""茂圣六堡茶珍"等一系列新的商标，针对茂圣商标品牌进一步加强布局，巩固权利，目前上述商标均已注册成功。

值得注意的是，为了进一步扩大品牌影响，更好地保护六堡茶产品，越来越多的六堡茶企业开始进行 35 类商标（35 类商标属于服务商标，主要包括由个人或组织提供的服务，例如广告宣传、商业经营、商业管理、办公事务等服务，是服务商标、企业商标必备的类别）布局。图 2-7 展示了部分企业对 35 类商标的首次申请情况。

图 2-7　部分企业对 35 类商标的首次申请示意图

其中，广西芊河茶业发展有限公司于2011年围绕六堡茶申请了红浓六堡、陈醇六堡、金花六堡的30类商标保护，在此基础上，为了扩展六堡茶产品经营范围，该公司又在2012年6月相继对上述三项商标申请了35类广告销售类商标保护。苍梧六堡茶业有限公司、梧州市天誉茶业有限公司等企业也相继提交了对于35类商标的注册申请，目前上述两家茶企提交的35类商标注册申请量占其全部类别商标申请量的比重分别为28%、40%，着力打造更全面的商标保护格局。

越来越多企业开始针对已申请的30类商标追加35类商标申请，或是施行"一标多类"的商标申请策略，其中对于35类商标的注册申请仍然是普遍性最高的类别之一。众所周知，商标有45大类，每个大类都是不一样的产品和服务，企业在申请新商标注册选择类别的时候，可以按照一个商标、多个类别的商标注册的方式进行申请。这不仅能给企业今后的发展带来更好的经济效益，还可以防止其他商家恶意抢注以及侵权行为的发生。

以广西梧州茶厂有限公司为例，该公司于2020年5月22日针对图2-8所示的商标，一并提交了包括35类广告销售、21类厨房洁具、41类教育娱乐、30类方便食品、01类化学原料多个国际分类在内的商标注册申请。

三鹤

图2-8 广西梧州茶厂有限公司商标申请样例

相似的商标申请策略还在"壮乡六堡王"中得以体现。梧州中茶茶业有限公司早在2009年7月6日便申请了"壮乡六堡王"30类商标申请，如图2-9所示。可能是出于公司市场经营方面的需要，该公司于2019年11月22日又进一步申请了"壮乡六堡王"35类商标申请。到2021年6月22日，该公司又一并提交了商标注册申请，请求对30类及35类商标均进行保护，上述商标均已顺利注册完毕。

图 2-9　梧州中茶茶业有限公司商标申请样例

为了进一步探析六堡茶企业对于 35 类商标的申请情况，我们选取了 8 家企业并对其成立时间及当前的 35 类商标申请数量进行了统计，见表 2-1。

表 2-1　35 类商标申请情况不完全统计

序号	企业名称	成立年份	35 类商标申请量（项）
1	广西梧州茶厂有限公司	1953	1
2	广西梧州茂圣茶业有限公司	2004	6
3	苍梧六堡茶业有限公司	2006	8
4	梧州中茶茶业有限公司	2007	3
5	广西芊河茶业发展有限公司	2007	4
6	梧州市天誉茶业有限公司	2011	6
7	广西梧州圣源茶业有限公司	2011	1
8	广西梧州六堡茶股份有限公司	2016	0

由表可见，成立时间超过十年的企业均已对 35 类商标开展了布局，其中已有十余年发展历史的苍梧六堡茶业有限公司、广西梧州茂圣茶业有限公司等企业对 35 类商标表现出较高的重视度。广西梧州六堡茶股份有限公司成立年份较晚，目前还未申请注册 35 类商标，我们还关注到，该公司已经在包括 01、05、21、30、31、36、40、44 类在内的多个国家分类上申请了商标保护。可以预见，随着企业发展需要的提升，还将有更多的六堡茶企业申请注册 35 类商标保护。

回头来看，自 2011 年六堡茶获得国家地理标志产品保护以来，梧州稳步推进六堡茶产业品牌培育建设，积极推动六堡茶产业各类市场主体开展商标注册，着力扩大六堡茶品牌的影响力。在商标品牌建设利好政策的不断推进下，六堡茶企业品牌宣传及营销意识随之提升，纷纷开始围绕六堡茶加快商标申请的步伐，"芊河六堡""茂圣六堡红茶"等一系列与"六堡茶"有着紧密联系的商标被成功注册。与此同时，六堡茶企业对于35类广告销售商标的重视度显著提升，商标保护格局更加全面，在多方合力之下，"六堡茶"区域公用品牌的知名度及市场影响力进一步提高，为促进地理标志产业高质量发展贡献更大力量。

第三阶段："十三五"以来，讲好商标品牌故事，文化融合助推产业新发展。

进入"十三五"以来，梧州不断强化六堡茶品牌规划。2016年5月，梧州市成立茶产业发展办公室，统筹全市茶产业发展，并且制定《梧州六堡茶产业发展战略规划（2016—2025年）》，出台《关于促进六堡茶产业发展的实施方案》等相关政策文件，重点扶持六堡茶产业的发展。2016年6月，原国家质量监督检验检疫总局、中国国家标准化管理委员会发布了首个六堡茶国家标准，这是广西茶叶界首个国家标准；2016年12月，国务院公布第四批国家级非物质文化遗产代表性项目名录，苍梧县申报的六堡茶制作技艺列入其中。

2016年，梧州六堡茶产业迎来了一家新的"国家队"企业入场。梧州市产业投资发展集团占股95%，设立了广西梧州六堡茶股份有限公司，该公司为国有控股。成立当年，广西梧州六堡茶股份有限公司便提交了"茶船古道"的商标申请，虽然当年的该项申请最终未被注册成功，但六堡茶产业文化融合的种子已经种下。

2017年5月18日，习近平总书记在给首届中国国际茶叶博览会的贺信中指出："中国是茶的故乡。茶叶深深融入中国人生活，成为传承中华文化的重要载体。从古代丝绸之路、茶马古道、茶船古道，到今天丝绸之路经济带、21世纪海上丝绸之路，茶穿越历史、跨越国界，深受世界各国人民喜爱。"古时东有茶船古道，西有茶马古道，这是首次将茶船古道、茶马古道与"一带一路"并提。广西梧州市苍梧六堡镇作为"茶船古道"的起点，"一带一路"建设为六堡茶产业发展提供了新的历史机遇。

以此为契机，梧州市围绕打造百亿元茶产业目标，扎实推进龙头企业培育、品牌营销推广等各项工作，不断促进六堡茶产业转型升级，为壮大梧州六堡茶产业注入强劲动力。在一系列利好政策的护航下，六堡茶企业积极寻求走好"一带一路"的创新思路，以品牌文化驱动提升产业知名度。

2017年2月,广西梧州六堡茶股份有限公司再次提交了"茶船古道"的商标注册申请,并顺利注册。2018年,"茶船古道"商标(如图2-10所示)开始应用在多款六堡茶产品中,并得到海内外茶客、经销商的一致认可。同年,该公司还与六堡茶非遗传承人合作推出首款"茶船古道"六堡茶"非遗"产品,深入挖掘和宣传六堡茶产品的文化内涵,推动产业创新。

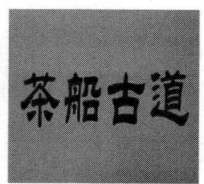

图2-10 "茶船古道"商标

受"茶船古道"品牌文化的影响,讲好茶文化故事为六堡茶企业商标申请注入了新元素。2017年8月,梧州市天誉茶叶有限公司就其原有的"熹誉""臻誉""熹誉"商标,持续拓展商标形式,在文字基础之上添加了图形元素,提交了图2-11所示的"誉见"商标注册申请,并顺利注册。可以看到,越来越多的六堡茶企业开始在推广六堡茶产品中融入文化概念,文化融合加速的同时也推动了六堡茶产业的提档升级。

图2-11 "誉见"商标

2017年12月,苍梧六堡茶业有限公司申请了图2-12所示的"六堡南洋故事"商标。六堡茶曾畅销于粤、港、澳,乃至东南亚诸国,与"茶马古道"的陆路不同,"茶船古道"沿六堡河,经东安江,走贺江,入西江,直达广州,对接"海上丝绸之路",连接桂、粤、港,直通东南亚,这条全国独一无二的"茶船古道"在中国茶运史上影响力不输于普洱茶的"茶马古道"。该公司以南洋故事为灵感形成了该项商标,为其六堡茶产品增添了故事性,体现了六堡茶所独有的文化韵味。

六堡南洋故事

图 2-12　"六堡南洋故事"商标

2019年6月，广西梧州茂圣茶业有限公司将其创始人苏淑梅女士肖像纳入商标，提交了如图2-13所示的"茂圣黑茶 MAO SUN TEA"的商标注册申请，不失为对其企业文化的一种生动诠释。其实，市面上已经有很多企业选择将创始人肖像纳入商标的显著性部分，比如老干妈、王守义、肯德基、老人头等。其中，作为我国改革开放后成长起来的土生土长的中国品牌，"老干妈"就以黑色手写体文字商标"老干妈"及在包装中间突出显示的创始人肖像商标使得该品牌的辣椒酱成为老百姓喜闻乐见的调味品，该品牌也被全世界辣椒调味品爱好者所推崇。

图 2-13　"茂圣黑茶 MAO SUN TEA"商标

2020年10月，"梧州六堡茶"被国家知识产权局批准注册为地理标志证明商标。如今，在梧州市六堡茶企业中，广西梧州茶厂有限公司等3家企业为国家知识产权优势企业，梧州茂圣茶业有限公司等2家企业为自治区知识产权优势培育单位，苍梧六堡茶业有限公司、梧州中茶茶业有限公司等企业成功列入"广西老字号"企业品牌。

综上所述，自2016年以来，六堡茶商标品牌培育建设成效日益凸显。广西梧州六堡茶股份有限公司成立后，次年便申请了"茶船古道"商标并成功注册。该公司乘着"一带一路"政策的春风，打造"茶船古道"文化品牌正当其时。越来越多的茶企将六堡茶产品与文化元素相融合，"誉见""六堡南洋故事""茂圣黑茶 MAO SUN TEA"等一系列带有文化特征的商标被相继申请注册。随着六堡茶产业园区、公共茶仓、六堡茶博物馆等项目，以及苍梧县"六堡茶船古道"田园综合体建设的持续推进，六堡茶产业迈向高质量发展的脚步更加稳健。

2.2 贺兰山东麓葡萄酒产业

葡萄酒是地理标志保护产品中的重要类别，很多传统地理标志强国都通过地理标志保护葡萄酒产业，并取得了产业高质量发展的效果。贺兰山东麓葡萄酒，系指宁夏回族自治区贺兰山东麓地区采用自产优质葡萄酿造的葡萄酒。2003年4月，原国家质检总局批准对"贺兰山东麓葡萄酒"实施原产地域产品保护。2011年1月10日，原国家质检总局批准对"贺兰山东麓葡萄酒"实施地理标志产品保护。2014年3月28日，原国家工商总局批准"贺兰山东麓葡萄酒"注册为地理标志证明商标。2021年3月1日，《中欧地理标志协定》正式生效，"贺兰山东麓葡萄酒"成功入选该协定中国首批100个地理标志保护产品名录。

立足区位优势和资源禀赋，宁夏大力推进葡萄酒产业发展，得到了业界和消费者的广泛认可，到2022年"贺兰山东麓葡萄酒"品牌价值已高达301.07亿元，位列全国地理标志产品区域品牌榜第9位。地理标志与商标的有机融合是拥有地理标志认证的葡萄酒产业发展的内在需求，引导企业运用"自主商标+地理标志"双标认证也是银川市推动贺兰山东麓葡萄酒产业高质量发展的突出举措。

2.2.1 贺兰山东麓葡萄酒产业基本情况

2.2.1.1 历史沿袭

贺兰山东麓葡萄酒产于宁夏回族自治区的贺兰山东麓地区，凭借独特自然资源和悠久的酿酒传统及现代化的经营方式、酿造技术，贺兰山东麓地区生产的葡萄酒备受好评，并吸引了众多国内外著名葡萄酒生产企业投资建厂或基地，贺兰山东麓地区现已成为中国最佳酿酒葡萄和葡萄酒产区之一。

贺兰山东麓地势平坦，土壤肥沃，光照充足，热量丰富，昼夜温差大，具有发展葡萄种植的优越条件。从历史沿革来看，隋唐之时，宁夏河套平原园艺事业受到普遍重视，建成了许多新的果园。"贺兰山下果园成，塞北江南旧有名。"脍炙人口的唐诗名句，是对当时宁夏河套平原风光的真实写照。而诗人贯休"赤落蒲桃叶，香微甘草花"的著名诗句，则是对唐代宁夏地区已经大量栽培葡萄的佐证。两宋时期，宁夏河套平原是西夏少数民族割据政权的政治经济中心，园艺生产出现了"丛林果木皆增盛"的繁荣景象。史书曾记载"兼赍葡萄遗州郡"，意指西夏使者在出使宋朝时，便把品质好的葡萄作为礼品赠送给沿途州郡的官员，葡萄种植业有了显著的发展。

元朝建立后，对果酒的巨大需求，促进了葡萄种植业与葡萄酒生产的发展。元代诗人马祖常在其《灵州》一诗中，写下了"葡萄怜美酒，苜蓿趁田居"的著名诗句。在这一时期宁夏河套平原葡萄酿酒业也取得了新的进展。明清时，当地种植的葡萄品种"有绿色、紫色两种，大如白枣，皮薄多汁，食味极甜爽鲜美，南方所无着。球旁或生细蔓，上结小葡萄，如豆大，味更绝佳"。新中国成立初期，当地又培育出了新的种植品种，其中"锁锁葡萄，大如纽扣，皮薄无子，食之蜜甜，堪制葡萄干，尤称特产。"

改革开放以来，传统的葡萄种植业焕发了生机与活力。在继续发展鲜食葡萄的同时，将种植品种重点转向酿酒葡萄，在贺兰山东麓适生地建立标准化种植园，先后从国外引进了适宜酿制红、干白的赤霞珠、品丽珠、蛇龙珠、梅鹿辄及霞多丽等无病毒种苗，大面积推广栽培。酿酒葡萄种植已经成为带动当地产业结构战略性调整的支柱产业之一。

贺兰山东麓葡萄酒产业起步于20世纪80年代，经过30多年尤其是近十年来的发展，取得了突出成就。2003年，贺兰山东麓成为"葡萄酒国家地理标志产品"保护区认证产区。2007年相继形成"王朝""张裕""保乐力加""轩尼诗"等知名品牌。2012年，宁夏成为国内第一个国际葡萄与葡萄酒组织（OIV）的省级政府观察员，成为国际侍酒师协会、国际葡萄酒教育家协会会员，在葡萄酒教育等方面开展国际合作。2013年，贺兰山东麓酿酒葡萄产业被列入《世界葡萄酒地图》，标志着贺兰山东麓产区成为世界葡萄酒生产新版块。2014年，宁夏贺兰山东麓葡萄产业园区管委会建立并主要负责葡萄酒文化建设。2018年，宁夏贺兰山东麓葡萄酒集体亮相联合国，中国葡萄酒首次以产区概念登上国际舞台。"贺兰红"等葡萄酒被联合国代表餐厅作为2019年采购用酒。同年9月,贺兰山东麓贺兰红共享酒庄开工建设,贺兰山东麓葡萄酒产区通过"大单品"消费升级战略不断提升市场竞争力,致力于打响品牌、开拓市场,打造一、二、三产业融合发展的综合经济体。贺兰山东麓葡萄酒产业历经近40年的发展,尤其是近几年先后建立了40多家酒庄,上百款葡萄酒在国内外各类大赛中获得公认大奖。

如今,贺兰山东麓已经成为中国葡萄酒著名产区和世界葡萄酒知名产区。据相关数据显示❶,2022年,宁夏全区新增酿酒葡萄种植和开发面积5.76万亩,改造提升低质低效园4万亩,全区总面积达到58.3万亩,占全国总面积的35%左右;产区共有酒庄和种植企业实体228家(其中已建成酒庄116家);生产葡萄酒1.38亿瓶,占国产酒庄酒酿造总量的近40%,葡萄酒出口增长率稳定在30%左右;酒庄接待游客超过135万人次,综合产值预计达到342.7亿元。

2.2.1.2 产业现状

贺兰山东麓以其独特的地理、气候和土壤优势,成为我国酿酒葡萄最佳种植区。宁夏贺兰山东麓位于北纬37°43′~39°23′,东经105°45′~106°47′之间,是世界公认的最适合酿酒葡萄栽培的地区(北纬30°~45°)之一。产区资源禀赋得天独厚,贺兰山屏障于西、黄河流经其东,位居山河之间的独特地理环境,气候干燥少雨(年降水量不到200毫米)、光照热量充足(年日照2851~3106小时,≥10℃有效积温3300℃左右)、昼夜温差大,砂石土壤透气性好、富含矿物质,黄河灌溉便利,被誉为"中国酿酒葡萄种植最佳生态区""世界上能酿造出最好葡萄酒的地方",被国际葡萄与葡萄酒组织(OIV)评为世界葡萄酒"明星产区"❷。

习近平总书记对宁夏葡萄酒产业发展高度重视、寄予厚望,两次视察宁

---

❶ 宁夏回族自治区林业和草原局专业号. 逆势上扬,2022年宁夏葡萄酒出口增长率稳定在30%左右 [EB/OL]. (2023-01-12) [2023-06-20]. http://nxlyt.isenlin.cn/coohome/coserver.aspx?uid=F4B3D80B9A1A426BAF6FB4B98B2F0466&aid=2BD03E167C264508BA899DBD941FC10A&t=29.

❷ 宁夏回族自治区人民政府办公厅关于印发宁夏贺兰山东麓葡萄酒产业高质量发展"十四五"规划和2035年远景目标的通知 [EB/OL]. (2023-04-23) [2023-06-20]. https://www.abeedata.com/home/article/detail/id/20205.

夏都作出重要指示、提出明确要求，为宁夏乃至全国葡萄酒产业发展指路定向、深谋远虑、精思擘画。习近平总书记于2016年指出，"贺兰山东麓酿酒葡萄品质优良，宁夏葡萄酒很有市场潜力，综合开发酿酒葡萄产业，路子是对的，要坚持走下去"；2020年指出，"宁夏葡萄酒产业是我国葡萄酒产业发展的一个缩影，了解了宁夏的葡萄酒产业也就了解了中国的葡萄酒产业""宁夏要把发展葡萄酒产业同加强黄河滩区治理、加强生态恢复结合起来，提高技术水平，增加文化内涵，加强宣传推介，打造自己的知名品牌，提高附加值和综合效益"，为宁夏推进葡萄酒产业高质量发展指明了方向、提供了遵循、注入了动力❶。

如表2-2所示，从区域分布来看，到"十三五"末贺兰山东麓葡萄种植面积和综合产值均以银川市最高，分别为1.23万公顷和120.0亿元；石嘴山市面积最小，分别为530余公顷和0.7亿元。2010—2020年，红寺堡区和石嘴山市面积变化较小，红寺堡区面积稍有缩减，但综合产值明显增加。青铜峡市和银川市面积和产值明显增加。农垦系统作为研究区域葡萄酒产业的领头羊，在葡萄酒创新发展和全产业链方面有重要的引领作用，区域覆盖银川市、石嘴山市和吴忠市。

表2-2　2010年、2020年贺兰山东麓酿酒葡萄区域分布情况❷

项目	年份	红寺堡	青铜峡	银川	石嘴山	农垦系统
面积/万公顷	2010	0.77	0.71	0.35	0.04	0.65
	2020	0.72	0.93	1.23	0.05	0.97
综合产值/亿元	2010	0.7	8.0	2.0	0.1	2.2
	2020	4.0	60.0	120.0	0.7	—

其中，作为贺兰山东麓葡萄酒的核心产区，银川市葡萄产业以永宁县为核心，涵盖西夏区、永宁县、贺兰县3个行政单位，区域规划面积3607km^2，

---

❶ 宁夏广电新闻中心. 央媒看宁夏|移民村是如何成为"亿元村"的——宁夏银川市西夏区吴苑村的融合发展之路［R/OL］.（2023-04-18）［2023-06-20］. https://baijiahao.baidu.com/s?id=1763503382940399997&wfr=spider&for=pc.

❷ 吴忠市农业农村局. 吴忠市多举措推进葡萄酒产业高质量发展［EB/OL］.（2020-12-03）［2023-06-20］. http://nynct.nx.gov.cn/xwzx/qqnyxw/202012/t20201203_2391632.html.

占银川市总面积的38%。截至2022年年底❶，全市酿酒葡萄种植基地总面积达到26.2万亩，建成投产酒庄66个（其中列级酒庄37个），葡萄酒原酒产量5.4万吨（7000万瓶），建成技术创新中心、重点实验室等科技创新平台7个，3A级以上旅游酒庄7家，酒庄年接待葡萄酒旅游人数达100万人次，产业综合产值达260亿元。

近年来，宁夏政府相继出台了《自治区人民政府关于加快我区葡萄产业发展的实施意见》《宁夏贺兰山东麓葡萄酒产区保护条例》《中国（宁夏）贺兰山东麓葡萄产业文化长廊发展总体规划（2011—2020年）》等多个文件，为贺兰山东麓葡萄产业发展提供了政策支持。2013年至2016年相继发布《宁夏贺兰山东麓列级酒庄评定办法》和《关于加强贺兰山东麓葡萄酒质量监管品牌保护及市场规范的指导意见》，有效加强了酒庄管理，提高了管理效率。2016年至2018年出台的《关于创新财政支农方式加快葡萄产业发展的扶持政策暨实施办法》《葡萄产业融资租赁管理办法》等，规划和保障了融资业务发展质量。2018年还发布了酒庄（企业）拓展市场促营销奖励方案的通知和国家、自治区建设项目资金支持及产业发展政策等。

2021年5月25日，经国务院批准，农业农村部、工业和信息化部、宁夏回族自治区人民政府共同印发了《宁夏国家葡萄及葡萄酒产业开放发展综合试验区建设总体方案》，提出用5年时间打造千亿级葡萄酒产业的发展目标。这也是全国首个特色产业开放发展综合试验区，是"国字号"招牌，标志着宁夏贺兰山东麓葡萄酒产业进入国家战略。

2021年10月，宁夏回族自治区人民政府办公厅印发《贺兰山东麓葡萄酒地理标志专用标志使用管理办法》，对贺兰山东麓葡萄酒地理标志专用标志使用和管理进行了规范，进一步加强贺兰山东麓葡萄酒地理标志的规范管理，统一和规范贺兰山东麓葡萄酒地理标志专用标志的使用，保证贺兰山东麓葡萄酒的质量和特色，提升品牌知名度，强化产区行业自律。明确了凡位于贺兰山东麓葡萄酒产区范围内，符合《贺兰山东麓葡萄酒技术标准体系》或

---

❶ 银川市葡萄酒产业发展服务中心. 银川市召开全市葡萄酒产业高质量发展包抓工作领导小组会议［EB/OL］．（2022-11-17）［2023-06-20］．http://ycwine.org.cn/cqxw/202211/t20221117_4944089.html．

《贺兰山东麓葡萄酒地理标志证明商标使用管理规则》，经公告或备案，符合贺兰山东麓葡萄酒产区企业、酒庄准入条件，有生产车间、有酒庄、有自主品牌的企业，方可申请使用"贺兰山东麓葡萄酒"地理标志保护产品专用标志。

2022年2月8日，宁夏回族自治区人民政府办公厅印发《宁夏贺兰山东麓葡萄酒产业高质量发展"十四五"规划和2035年远景目标》[1]指出，宁夏葡萄酒产业的发展始于20世纪80年代初期，历经试验示范、快速扩张、品质提升、稳定成长阶段，已形成一定的产业产能、市场份额和品牌知名度，成为宁夏扩大开放、调整结构、转型发展、促农增收的重要产业。宁夏国家葡萄及葡萄酒产业开放发展综合试验区、中国（宁夏）国际葡萄酒文化旅游博览会"国字号"平台相继落户宁夏，标志着宁夏葡萄酒产业发展进入国家战略，开启了产业发展新纪元。要加快推进宁夏葡萄酒产业转型升级和高质量发展，把贺兰山东麓打造成为闻名遐迩的"葡萄酒之都"，力争让中国葡萄酒从贺兰山东麓走向世界，将分两期建设，规划实施期限15年。

2.2.1.3 重点企业

贺兰山东麓葡萄酒产区现有酒庄和种植企业实体228家（其中已建成酒庄116家），年产葡萄酒1.38亿瓶，占国产酒庄酒酿造总量的近40%，在世界葡萄酒版图中的综合优势越来越突出，"紫色名片"愈加耀眼。先后有保乐力加、轩尼诗、长城、张裕、美的等国内外知名企业在宁建基地、建酒庄，产区成为大型企业来宁投资的"热土"。代表酒庄有以下几个。

1. 宁夏贺兰山东麓庄园酒业有限公司

宁夏贺兰山东麓庄园酒业有限公司简称贺东庄园，是贺兰山东麓产区最北端的酒庄，始建于1997年，占地面积3040余亩，拥有优质酿酒葡萄2000余亩，连续多年被评为农业产业化自治区重点龙头企业。2006年5月，宁夏贺兰山东麓庄园酒业有限公司经核准在相关产品上使用"贺兰山东麓葡萄酒"地理标志专用标志，获得地理标志产品保护。"贺东"是公司的注册商

---

[1] 人民日报. 9月6日《人民日报》整版聚焦宁夏葡萄酒产业［N/OL］. （2022-09-06）［2023-06-20］. https://www.gyxww.net/view/10996.html.

标，类似还申请注册了"贺东庄园""贺小东""贺东北纬 38""贺东庄园 CHATEAU HEDONG"等商标，"贺东"牌多款葡萄酒连续数年获比利时布鲁塞尔国际葡萄酒大赛、国际葡萄酒暨烈酒大赛等国际权威赛事金奖一百多项。

2. 御马国际葡萄酒业（宁夏）有限公司

御马国际葡萄酒业（宁夏）有限公司，曾用名宁夏御马葡萄酒有限公司，1998 年由加拿大籍华人尹向彬先生投资 1.5 亿元兴建，被评为宁夏回族自治区农业产业化龙头企业。2006 年 5 月，宁夏御马葡萄酒有限公司经核准在相关产品上使用"贺兰山东麓葡萄酒"地理标志专用标志，获得地理标志产品保护。公司努力打造御马葡萄酒品牌，1998 年 6 月申请注册"御马 IMPERIAL HORSE"商标失败后，在 2003 年成功注册"御马"商标，"御马"牌系列产品先后获评宁夏名牌产品、宁夏著名商标、中国驰名商标等称号。

3. 宁夏贺兰晴雪酒庄有限公司

宁夏贺兰晴雪酒庄有限公司创建于 2005 年，是宁夏首家示范性的酒庄，2019 年入选宁夏首批二级列级庄。在公司成立的次年 5 月，宁夏贺兰晴雪酒庄有限公司经核准在相关产品上使用"贺兰山东麓葡萄酒"地理标志专用标志，获得地理标志产品保护。"加贝兰"是公司的注册商标，也是主打品牌，2011 年"加贝兰"葡萄酒荣获 Decanter 大奖，开启了中国精品葡萄酒之路，同年入选中国葡萄酒市场年度品牌。

4. 宁夏西夏王葡萄酒业有限公司

宁夏西夏王葡萄酒业有限公司隶属于宁夏农垦集团有限公司，前身为宁夏农垦玉泉营葡萄酒厂，1996 年改制成立宁夏西夏王葡萄酒业（集团）有限公司，是西北地区发展最早的葡萄酒加工企业。2014 年 3 月，宁夏西夏王葡萄酒业有限公司经核准在相关产品上使用"贺兰山东麓葡萄酒"地理标志专用标志，获得地理标志产品保护。"西夏王"是宁夏农垦集团有限公司在 1997 年申请注册的商标，2000 年"西夏王"牌干红葡萄酒荣获法国巴黎名酒博览会金奖，是宁夏独有的"老字号"葡萄酒品牌。

5. 宁夏类人首葡萄酒业有限公司

宁夏类人首葡萄酒业有限公司成立于 2002 年，2013 年成为中国首批十大列级酒庄之一。2006 年 8 月，宁夏类人首葡萄酒业有限公司经核准在相关产品上使用"贺兰山东麓葡萄酒"地理标志专用标志，获得地理标志产品保护。"类人首"是公司的注册商标，系列产品"钻石梅鹿辄 2009""钻石赤霞珠干红""钻石蛇龙珠干红"依靠出色的品质屡获世界级葡萄酒比赛大奖及各种荣誉。

6. 宁夏法塞特酒庄有限公司

宁夏法塞特酒庄有限公司原名宁夏圣路易·丁葡萄酒庄（有限公司），成立于 2007 年，是法塞特酒成员。2014 年 3 月，宁夏圣路易·丁葡萄酒庄（有限公司）经核准在相关产品上使用"贺兰山东麓葡萄酒"地理标志专用标志，获得地理标志产品保护。"法塞特"和"黄羊滩"是酒庄拥有的两个品牌，其中"黄羊滩"商标于 2010 年 1 月成功注册，"法塞特"商标最早于 2010 年 6 月成功注册。

7. 保乐力加（宁夏）葡萄酒酿造有限公司

保乐力加（宁夏）葡萄酒酿造有限公司原名保乐力加贺兰山（宁夏）葡萄酒业有限公司，成立于 2009 年，是由保乐力加集团在中国银川全额投资的外商独资企业。2014 年 3 月，保乐力加贺兰山（宁夏）葡萄酒业有限公司经核准在相关产品上使用"贺兰山东麓葡萄酒"地理标志专用标志，获得地理标志产品保护。"贺兰山"品牌是保乐力加集团在中国重点发展的高品质的葡萄酒，是公司的注册商标。

8. 贺兰神（宁夏）国际葡萄酒庄有限公司

贺兰神（宁夏）国际葡萄酒庄有限公司成立于 2009 年，位于宁夏贺兰神十万亩有机葡萄产业园内。2021 年 8 月，贺兰神（宁夏）国际葡萄酒庄有限公司经核准在相关产品上使用"贺兰山东麓葡萄酒"地理标志专用标志，获得地理标志产品保护。公司致力于打造中国知名葡萄酒品牌"贺兰神""贺兰君"，并且分别于 2010 年 9 月和 2015 年 4 月申请注册商标。

凭借贺兰山东麓葡萄酒产业悠久的酿酒传统及现代化的经营方式，越来越多拥有独特气质的酒庄企业相继涌现,成为宁夏乃至全国葡萄酒产业的重要力量。

2.2.1.4 产业特点

贺兰山东麓葡萄酒产业起步于 1984 年,经过 30 多年的发展,特别是近年来,按照"小酒庄、大产区"的发展模式,凭借独特的区位优势、良好的风土条件、严格的酒庄准入制度、优厚的产业扶持政策,得到了国际葡萄酒界的普遍认可,贺兰山东麓地区已成为国内著名产区和世界知名产区。与许多酒类行业类似,贺兰山东麓葡萄酒在起步之初也面临品牌知名度不高、市场影响力不强的问题,自治区党委、政府高度重视做强做优贺兰山东麓葡萄酒品牌,银川市也积极引导企业运用"自主商标+地理标志"双标认证,随着越来越多的贺兰山东麓葡萄酒大单品逐步涌现,以产区品牌为引领提升产品品牌成效显著,共同推动宁夏葡萄酒产业高质量发展。总结来看,贺兰山东麓葡萄酒产业在品牌化发展方面呈现如下特点:

一是以多品牌战略,引领产业壮大升级。品牌建设既要培育"参天大树",更要推动"百花齐放",当前,贺兰山东麓产区获奖的葡萄酒较多,已成为我国在国内外获奖最多的葡萄酒产区,先后有 60 多家酒庄的葡萄酒在品醇客、布鲁塞尔、巴黎等国际葡萄酒大赛中获得上千项大奖,带动众多产品品牌的知名度也都得到较大提升。贺兰山、西夏王、御马、鹤泉、贺东、类人首等 16 家本土品牌的葡萄酒加工企业,年加工能力已远超 5 万吨。在 2022 年 9 月发布的第二届中国(宁夏)贺兰山东麓国际葡萄酒大赛获奖名单中,志辉源石、贺兰红、保乐力加、贺兰晴雪、美贺、宝实、西夏王提供的 7 款参赛葡萄酒摘得大金奖。

二是以大单品突围,支撑品牌长期增长。按照宁夏回族自治区关于葡萄酒产业要注重创新发展、融合发展、品牌发展的要求,宁夏贺兰神国际酒庄、玉鸽酒庄、金樽酒庄、御马酒业公司、西夏王酒业公司 5 家酒庄积极响应,通过资源重组联合推出宁夏"贺兰红"葡萄酒品牌,结合市场需求和国人饮食习惯,统一规划、整合资源、精心酿造,推出了满足大众消费需求的高品质大单品葡萄酒。2018 年"贺兰红"被确定为自治区 60 大庆指定用酒,同年入选"2018 年联合国指定用酒"。2020 年《山海情》热播后,大单品"贺兰红"出现销售热潮，同时带动宁夏其他品牌葡萄酒销量大增。

三是以标准化体系，驱动品牌深耕远行。宁夏贺兰山东麓葡萄酒产业充分发挥地理标志的宣传和产业保护作用。一方面，产区建立了全国唯一的省级葡萄酒管理机构和列级酒庄管理制度。自2013年宁夏回族自治区人民政府办公厅印发《宁夏贺兰山东麓葡萄酒产区列级酒庄评定管理暂行办法》起，分级制度在宁夏贺兰山东麓产区开始逐步建立完善，促进酒庄高标准、高质量发展。另一方面，宁夏持续推动标准制定进程。2019年发布了《贺兰山东麓葡萄酒 技术标准体系》（DB64/T 1553—2018），另外还制定了30多项技术标准，对标世界主要葡萄酒产区，引进国际优质酿酒葡萄品种和先进发展理念。如今，"贺兰山东麓葡萄酒"不仅是地理标志保护产品，还是地理标志证明商标；不仅是地方标志，更是质量标志、信誉标志。

2.2.2 贺兰山东麓葡萄酒产业发展中的地理标志与商标综合运用

近年来，遵循"严保护、大保护、快保护、同保护"的工作思路，紧紧围绕葡萄酒产业发展需要，宁夏回族自治区政府积极引导企业增强商标意识，组织企业申请使用地理标志专用标志并鼓励、支持葡萄酒企业注册自主商标。据国家知识产权局相关数据显示，在使用贺兰山东麓葡萄酒地理标志专用标志的市场主体中，目前已完成换标的企业共计57家，具体企业名称见表2-3。

表2-3 "贺兰山东麓葡萄酒"地理标志产品用标企业名单

序号	市场主体	序号	市场主体
1	宁夏利思葡萄酒庄有限公司	30	贺兰神（宁夏）国际葡萄酒庄有限公司
2	宁夏贺麓葡萄酒业有限公司	31	中粮长城葡萄酒（宁夏）有限公司
3	宁夏类人首葡萄酒业有限公司	32	宁夏圆润葡萄酒有限公司
4	宁夏原歌葡萄酒庄股份有限公司	33	宁夏西御王泉国际酒庄有限公司
5	宁夏贺兰山东麓庄园酒业有限公司	34	宁夏阳阳国际塞城酒庄有限公司
6	宁夏瑞丰葡萄酒（罗山酒庄）有限公司	35	宁夏留世葡萄酒庄有限公司

续表

序号	市场主体	序号	市场主体
7	宁夏青铜峡市禹皇酒庄有限公司	36	宁夏玖禧酩庄科技有限公司
8	宁夏凯仕丽实业有限公司	37	宁夏沙泉葡萄酿酒有限公司
9	宁夏长和翡翠酒庄有限公司	38	宁夏兰轩酒庄有限公司
10	宁夏西夏王葡萄酒业有限公司	39	宁夏贺兰山卓德酒庄有限公司红寺堡分公司
11	宁夏高源银色高地葡萄酒庄有限公司	40	宁夏贺兰芳华田园酒庄有限公司
12	宁夏贺兰晴雪酒庄有限公司	41	宁夏张裕摩塞尔十五世酒庄有限公司
13	宁夏立兰酒庄有限公司	42	银川新牛葡萄酒庄园有限公司
14	宁夏鹤泉葡萄酒有限公司	43	银川名麓葡萄酒有限公司
15	银川巴格斯葡萄酒庄	44	宁夏沃尔丰葡萄酒有限公司
16	宁夏圣路易·丁葡萄酒庄（有限公司）	45	宁夏诗裕酒庄有限公司
17	宁夏贺兰山特产开发有限公司	46	宁夏皇蔻酒庄有限公司
18	宁夏容园美酒庄有限公司	47	宁夏志辉源石葡萄酒庄有限公司
19	御马国际葡萄酒业（宁夏）有限公司	48	宁夏贺兰山金元葡萄酒庄有限公司
20	保乐力加（宁夏）葡萄酒酿造有限公司	49	宁夏贺金樽酒庄有限公司
21	宁夏美御葡萄酒酿造有限公司	50	宁夏迦南美地酒庄有限公司
22	宁夏农垦玉泉国际葡萄酒庄有限公司	51	宁夏麓哲菲葡萄酒庄有限公司
23	宁夏贺兰塞北乐奇葡萄酒庄有限责任公司	52	宁夏金弗兰红酒庄园有限公司
24	银川宝实葡萄酒庄有限公司	53	宁夏嘉地酒园酒庄有限公司
25	宁夏恒生西夏王酒业有限公司	54	银川西夏开福酒庄（有限公司）
26	宁夏贺兰山仁益源葡萄酒庄有限公司	55	宁夏贺兰珍堡酒庄有限公司
27	宁夏西鸽酒庄有限公司	56	宁夏明雨酒庄有限公司
28	宁夏和誉新秦中国际葡萄酒庄有限公司	57	宁夏青铜峡市维加妮酒庄有限公司
29	宁夏蓝赛葡萄酒业有限公司		

以上述 57 家地理标志用标企业为入口，将其申请的 1204 件❶商标作为数据集。下面从不同维度进行一般商标申请注册的统计分析。

图 2-14 展示了贺兰山东麓葡萄酒 2000 年以来的商标申请量变化趋势，从中可以看出，商标年申请量在震荡中上行，整体发展态势向好。值得关注的是，2012 年相关商标申请量出现"小波峰"，这在很大程度上与 2011 年"贺兰山东麓葡萄酒"获得国家地理标志产品保护有关，市场主体使用地理标志专用标志的热情大幅提升。

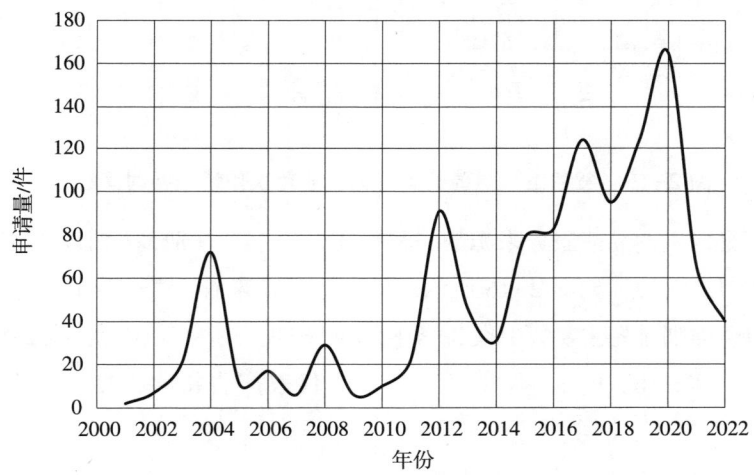

图 2-14　贺兰山东麓葡萄酒商标 2000 年以来申请量变化趋势

如图 2-15 所示，以用标企业首次申请商标的时间为入口，我们关注到自 2011 年 1 月"贺兰山东麓葡萄酒"获得国家地理标志产品保护以来，企业对贺兰山东麓葡萄酒相关商标的申请热度迎来小高峰，当年就有 7 家用标企业首次提交了商标的注册申请，新申请商标企业数量达到近些年来的峰值。此后，连续多年的新申请商标企业数量均不低于 3 家，本地企业商标意识不断增强，在地理标志运用过程中表现出较高的积极性。

---

❶ 数据来自国家知识产权局商标局中国商标网。

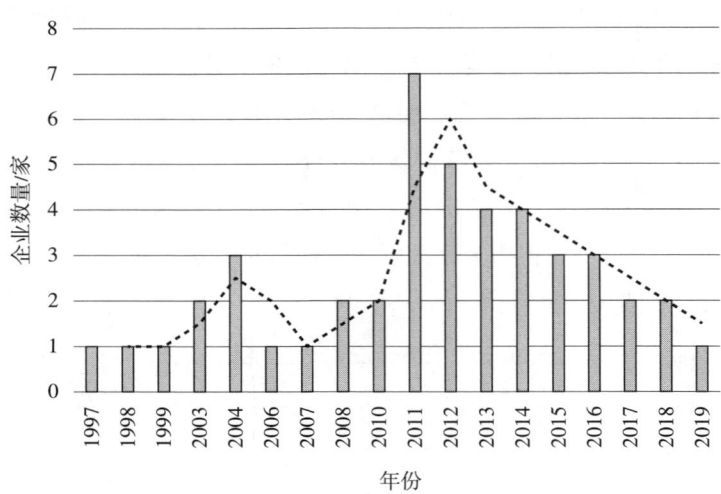

图 2-15　贺兰山东麓葡萄酒用标企业首次申请商标时间统计

商标是区别商品或服务来源的一种标志,每一个注册商标都是指定用于某一商品或服务上的。如图 2-16 所示,从商标类别来看,"贺兰山东麓葡萄酒"商标的申请类别首先主要集中在 33 类,占比 65%,其次是 35 类和 32 类,分别占比 9% 和 8%。其中,33 类代表酒,35 类代表广告销售,32 类则代表啤酒饮料。

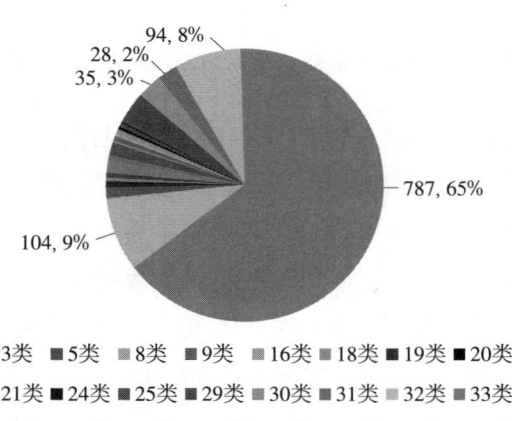

图 2-16　贺兰山东麓葡萄酒商标申请类别分布（单位：件）

为了获悉区域内商标申请热度情况,进一步对商标申请的地域分布进行了统计。从城市分布来看,银川作为宁夏回族自治区首府亦是贺兰山东麓葡萄酒的核心产区，目前已拥有近八百件相关商标，是贺兰山东麓葡萄酒商标申请最多的城市，其次是吴忠市、石嘴山市。如图2-17所示，从银川市商标的区县分布来看，永宁县、西夏区，以及吴忠市的青铜峡市，市场主体商标申请较为活跃，相关商标拥有量位于各区县前三位。

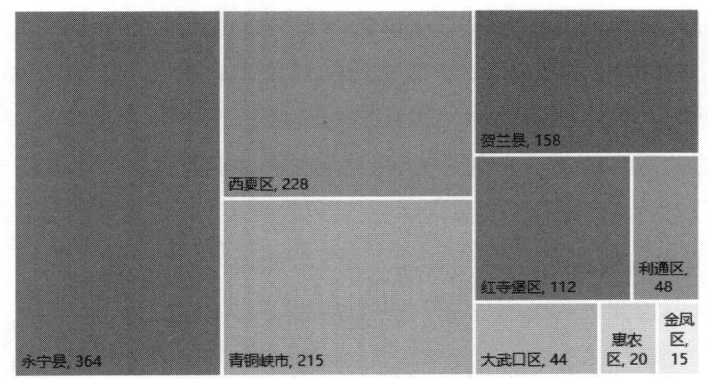

图2-17 贺兰山东麓葡萄酒商标申请地域分布（按区县）

区域内企业是申请贺兰山东麓葡萄酒商标注册的主体，如图2-18所示，经统计，宁夏凯仕丽实业有限公司、宁夏长和翡翠酒庄有限公司、宁夏西夏王葡萄酒业有限公司位列前三位，商标申请量均在75件以上。

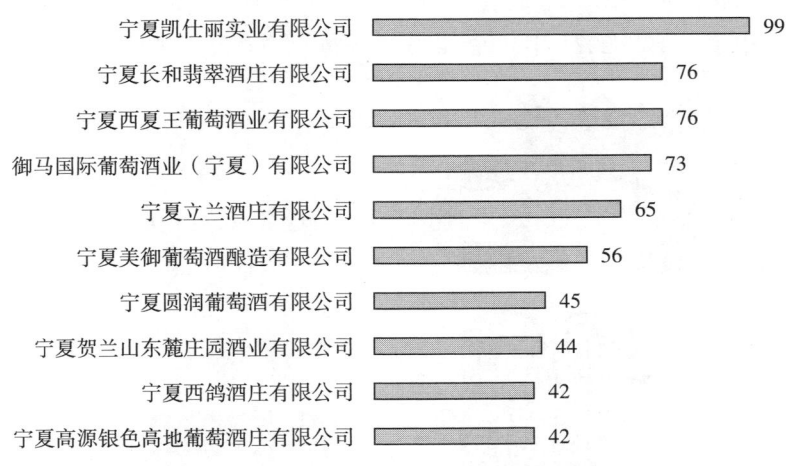

图2-18 贺兰山东麓葡萄酒商标申请市场主体分布（单位：件）

事实上，商标和地理标志都属于商品标识，地理标志可以作为证明商标或者集体商标申请注册，和商标法的关系最为密切。重视地理标志自身标识的保护，防止地理标志被其他地区同类产品的生产者假冒，体现了地理标志的集体权属性，其目的是区别于其他地区的生产者，取得比较优势，提升本地区生产者的整体利益。与此同时也应注意到，地理标志和商标有着明显的区别，不能互相取代，在实施地理标志战略的同时实施商标战略才能更好地实现地理标志自身的健康发展。商标策略作为企业经营战略执行的重要组成部分，与企业的许多活动有着非常密切的联系，它影响着企业产品面、经营面、法律面等其他层面的运作，并且商标策略执行得好坏也与这些层面有着密不可分的关系。贺兰山东麓葡萄酒企业在申请商标时所用策略，可以分为以下几类。

1. 联合商标策略

联合商标一般是指同一商标所有人在同一种或类似商品上注册的若干近似商标。这些商标中首先注册的或者主要使用的为主商标，其余的则为联合商标。

以宁夏贺兰山东麓庄园酒业有限公司为例，该公司成立于2002年，并于2006年成为"贺兰山东麓葡萄酒"地理标志专用标志核准使用企业。目前，已提交45项商标注册申请，其中已无效商标12项，其余33项商标均已注册，图2-19为部分商标申请示例。从商标申请时间来看，该公司提交专利申请时间主要集中于2012—2021年，除2020年外每年均有商标申请。

图2-19　宁夏贺兰山东麓庄园酒业有限公司商标申请示例

从商标名称来看，该公司以"贺东"作为主要商标，其关联商标包括

"贺东庄园""贺小东""贺东北纬""贺东 hd"等，以联合商标策略，集中优势打造拳头产品。

注册联合商标不是为了使用所注册的每一个商标，而是在主商标周围建立起一道防火墙，起到积极的主动防卫作用，阻止他人注册和使用近似商标，使动机不纯者无隙可乘。同时，这些商标又能起到商标的储备作用，一旦市场需要，可以主动方便地调整商标策略，推出备用商标。

2. 全类注册策略

中国根据《国际注册用商品和服务国际分类表》制定了中国使用的《类似商品和服务区分表》。《类似商品和服务区分表》分为 45 个类，其中 1~34 类为商品类别，35~45 类为服务类别，商标注册应确定申请的类别。一般企业除应注册一个主要类别外，也可以注册相关类别，以使企业有产品或服务扩张的空间。

全类注册是指同一申请人就同一个商标在全部类别向商标局申请注册的行为。例如：宁夏长和翡翠酒庄有限公司目前已在包括 33 类、35 类等在内的 18 个类别中申请了商标。如图 2-20 所示，以其申请的"feitswei"商标为例，2015 年 9 月该公司对"feitswei"提交了 43 类、16 类、31 类、32 类、25 类、21 类、39 类等 7 个类别的商标注册申请，商标类别涉及 31 类、33 类。2020 年 4 月，该公司又进一步申请了"feitswei"商标在 44 类、03 类、40 类、18 类、42 类、05 类、09 类、08 类等 8 个类别的权利保护，持续以全类注册策略打造系列商标。

FEÍ TSWEÍ

图 2-20　宁夏长和翡翠酒庄有限公司 feitswei 商标

全类注册可以获得商标使用权的"绝对"垄断，避免他人合法取得该商标名称在其他类别的专用权，从而使本企业商标始终能够在全部类别受到保护。同时，全类注册也是一种保护性投资行为，能够为企业多元化、集团化发展奠定基础。企业取得一个商标的全类注册后，可以将这些注册商标有偿许可给他人使用，做特许加盟，使企业的实力不断扩大，从而为企业多元化、集团化发展奠定基础。新修订的《商标法》，删除了"核准或登记的经营范围"的限制，申请人可以在任何类别上申请商标注册，取得在任何类别上的商标专用权，这为"全类注册"提供了法律依据。

3. 商标与商号一体化策略

商号是指生产经营厂商的字号，是企业名称的组成部分，它与商标都是受法律保护的一种产权，同属知识产权的范畴。厂商可用商号向商标管理部门申请核准注册商标。宁夏科冕实业有限公司自2002年成立以来，便迅速围绕"科冕"开展商标保护，2003年申请"科冕"商标多达五项。在2009年先行布局"Castaly"商标，2010年又提交了"凯斯丽""凯仕丽"等商标注册申请的背景下，该公司于2011年正式更名为宁夏凯仕丽实业有限公司，随后相继注册"凯仕丽 Castaly""凯斯丽 Kaisili"等商标，运用商标与商号一体化策略得到法律的双重保护，同时起到了商标、商号同时宣传的效果。该公司商标申请样例如图2-21所示。

图 2-21　宁夏凯仕丽实业有限公司商标申请样例

实行商标与商号一体化，对商号权与商标权统一保护是企业参与市场竞争、有效保护自己的名称权与商标权的一项重要策略。目前，世界各国企业越来越意识到商标与商号一体化的重要意义，尤其是一些名牌企业在商标与商号一体化方面早已捷足先登。例如，著名的耐克国际有限公司原来的名称叫比阿埃斯公司，由于本公司用在服装鞋子上的"耐克"商标家喻户晓，为各地消费者所认同,所以公司就将"耐克"用作了公司的商号。这样,无论是企业本身的广告宣传,还是广大消费者相互推荐传扬,在介绍"耐克"这个品牌的同时也宣传了公司。

4. 个别商标策略

个别商标是指企业的不同产品分别采用不同的商标。这种多商标策略主要在以下两种情况下使用:其一是企业同时经营高、中、低档产品时,为避免企业某种商品声誉不佳而影响整个企业声誉而采用这一策略;其二是企业的原有产品在社会上有负面影响,为避免消费者的反感,企业在发展新产品时特意采取多商标命名,而不是沿用原有的成功商标,并且故意不让消费者在企业的传统商标与新商标之间产生联想,甚至会隐去企业的名称,以免传统商标以及企业名称对新产品的销售产生不良的影响。

例如,宁夏类人首葡萄酒业有限公司持续丰富酒类商标,据统计,该公司目前已经提交了38件商标申请,均为酒类商标,涉及类人首、雅域、纤罗、娇露、心自闲等(如图2-22所示),上述商标分类均分布在33类。其中,心自闲干红葡萄酒为14.0高酒度,不同系列产品单瓶平均售价在几十至几百元不等。

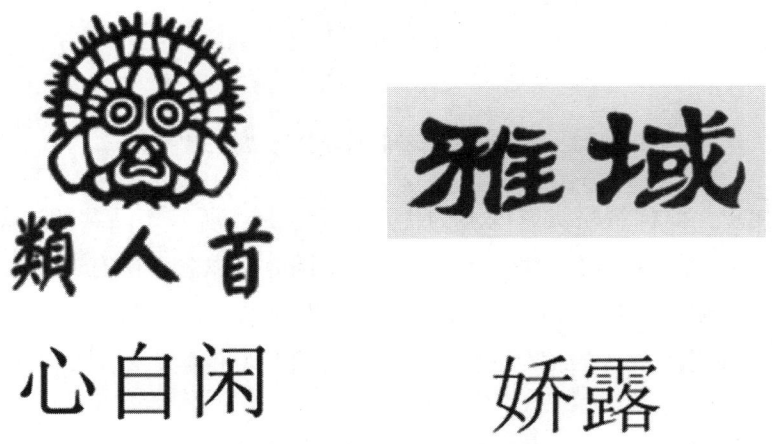

图2-22 宁夏类人首葡萄酒业有限公司商标申请样例

运用个别商标策略,主要适用对象为不同类别、不同档次、不同品种的商品或是新商品。企业生产的商品种类不同,商标也不同。当生产经营的商品档次不同时,应分别设计商标。商品品种不同时,也可使用不同的商标。这样不仅可使企业的整体声誉不受个别商品声誉降低的影响,分散商标在使用过程中对企业的风险威胁,还有利于提高生产经营的灵活性。比如,宝洁公司就采用了个别商标策略,目前拥有 60 余个领先品牌,分为十个类别,包括帮宝适、碧浪、护舒宝、潘婷、飘柔、海飞丝、舒肤佳、Olay、SK-Ⅱ、欧乐 B、吉列、博朗等,在全球大约七十个国家和地区开展业务。

5. 单一商标策略

单一商标策略是相对于多商标策略而言的,是指一个企业所生产的所有产品都使用一件商标的情形。例如,宁夏鹤泉葡萄酒有限公司深耕"贺玉"商标(如图 2-23 所示),2005 年起围绕"贺玉"虽仅申请了 4 件商标,且均为 33 类商标,但却未影响其对"贺玉"牌系列葡萄酒的持续打造。"贺玉"曾获评宁夏特色品牌,该品牌葡萄酒还曾在国际国内各项质量大赛上屡获殊荣。

图 2-23　宁夏鹤泉葡萄酒有限公司"贺玉"商标

采用单一商标策略具有明显的优点,主要是:所有产品共用一件商标,可以大大节省传播费用,对一件商标的宣传同时可以惠泽所有产品;有利于新产品的推出,如果商标已经具有一定的市场地位,新产品的推出无须过多宣传便会得到消费者的信任;众多产品一同出现在货架上,可以彰显品牌形象。

可以看到,在贺兰山东麓葡萄酒地理标志品牌化发展的道路上,众多优秀的企业顺势而为,运用联合商标、全类注册、商标与商号一体化、个别商标、单一商标等布局策略,在树立和保护个体品牌价值的同时,有效维护和宣传了公共品牌形象。

2.3 地理标志与商标综合运用的作用及启示

本章我们以广西的六堡茶和宁夏的贺兰山东麓葡萄酒为案例，通过探析地理标志产业品牌化发展的特点并深入研究其中地理标志与商标综合运用的实践思路，旨在为相关产业的品牌建设提供宝贵的经验和启示。

2.3.1 地理标志与商标综合运用的作用

目前，六堡茶以"梧州六堡茶"区域公共品牌和"茶船古道"文化品牌作为品牌双引擎，已形成了有效的"公共品牌—文化品牌—企业品牌"矩阵。无独有偶，贺兰山东麓葡萄酒以产区品牌为引领提升产品品牌，成功培育了"贺兰山""西夏王""御马""贺东""类人首"等众多本土品牌，并以大单品"贺兰红"带动其他品牌葡萄酒销量大增。我们可以注意到，在六堡茶和贺兰山东麓葡萄酒产业高质量发展的过程中，地理标志与商标的综合运用发挥了突出作用，表现为以下几点。

第一，地理标志与商标的综合运用避免了公共品牌的不当消耗，从市场秩序上维护了地理标志的大品牌形象，进而促进了产业规模扩大。本章涉及的案例中，六堡茶自2011年获得国家地理标志产品保护以来，六堡茶企业对品牌宣传及营销意识随之提升，纷纷开始围绕六堡茶加快商标申请的步伐，"芋河六堡""茂圣六堡红茶"等一系列与"六堡茶"有着紧密联系的商标被成功注册。贺兰山东麓葡萄酒高度重视做强做优地理标志品牌，积极引导企业运用"自主商标+地理标志"双标认证，培育了一批年加工能力远超5万吨的本土品牌葡萄酒加工企业，截至2022年年底，产区共有酒庄和种植企业实体228家（其中已建成酒庄116家），年生产葡萄酒1.38亿瓶，占国产酒庄酒酿造总量的近40%，个体企业的实力越强，地理标志的影响力越大。"六堡茶"和"贺兰山东麓葡萄酒"运用商标实现产业及企业发展的实践表明，在地理标志的基础上，申请企业商标，避免了公共品牌的不当消耗，有利于地理标志公共品牌的形象与影响力提升，有利于产业规模的持续扩大和产业竞争力的不断增强。

第二，地理标志与商标的综合运用提升了地理标志产品的市场知名度和美誉度，提高了产业发展效益。商标是品牌的重要载体，是品牌保护的法律支撑，在品牌经济中具有重要作用。以获奖较多的贺兰山东麓葡萄酒为例，57家地理标志用标企业累计申请1200余件商标，其中不乏中国驰名商标、宁夏著名商标，通过注册商标打造自主品牌，先后有60多家酒庄的葡萄酒在品醇客、布鲁塞尔、柏林等国际葡萄酒大赛中获得上千项大奖，已成为我国在国内外获奖最多的葡萄酒产区，也带动众多产品品牌知名度的提升，有效提高了贺兰山东麓葡萄酒产业的市场影响力和综合效益。

第三，地理标志与商标的综合运用推动企业主动提升自身核心竞争力，塑造了一批个性化的企业品牌，增强了产业的整体竞争力。当前，六堡茶产业的"三鹤""中茶""茶船古道""茂圣""熹誉""苍松""芊河""濡菲""圣源"等一批优秀企业品牌声名鹊起，贺兰山东麓葡萄酒产业的"贺兰山""西夏王""御马""贺东""类人首""贺兰红"等一批代表酒庄屡获大奖。这些品牌成功的背后均离不开商标策略，商标是品牌的外在表现形式，正如"芊河"构筑起的"芊河六堡醇""芊河特醇""芊河六堡陈""芊河六堡浓""芊河六堡红""芊河特正""芊河特纯"商标护城河，又如"类人首"深耕33类组建的"类人首""雅域""纤罗""娇露""心自闲"商标集团军。个性化企业品牌的塑造，让企业个体获得产品及市场竞争力的同时，也增强了产业整体竞争力。

第四，地理标志与商标的综合运用延展了地理标志产品产业链，拓宽了产品及其服务范围，推动了产业高质量可持续发展。品牌时代下，要提高企业或产品的市场竞争力，必须重视和加强品牌建设。以被评为2022年度最具品牌传播力的六堡茶为例，地理标志产品本身产业链相对较短，为了进一步延伸产业链及扩大品牌影响，越来越多的六堡茶企业开始进行第35类商标（第35类商标属于服务商标）布局，商标保护格局更加全面，也为六堡茶产品及服务范围的拓展奠定了良好的基础，随着产品链条向服务等方向的延伸，"六堡茶"区域公用品牌的知名度及市场影响力必将进一步提高，将为促进地理标志产业高质量发展贡献更大力量。

2.3.2 地理标志与商标综合运用的启示

从上述两个案例的地理标志与商标的综合运用分析中，我们可以获得同类型产业面向高质量发展的启示。

一是要重视地理标志保护，六堡茶和贺兰山东麓葡萄酒历史悠久、知名度高，成功申报地理标志保护可谓是产业品牌化发展历程中不可或缺的浓重一笔，从产品名称到地理标志名称极大丰富了品牌内涵。作为中国文明的重要组成部分，茶文化和酒文化贯穿于中华数千年的文化历史中，不仅刻印了中国人民的智慧与情感，也成为地方经济发展的重要支柱。获得地理标志保护能够唤醒茶和酒独有的时间价值和原产地效应，有效支撑传承茶酒文化，彰显其个性化品质，提升公共品牌的知名度及美誉度，推动区域产业品牌化发展。

二是要加强地理标志公共品牌形象维护与管理，积极引导市场主体提升地理标志公共品牌形象，形成多方齐抓共管塑造地理标志公共品牌的合力。当前，茶和酒产业借助网络渠道出现新的风口趋势，毋庸置疑，将成为全新的朝阳产业，随之而来的是对与产品品质相匹配的品牌的迫切呼唤。通过地理标志与商标的协同运用，引导建立和维护区域公共品牌形象，将有助于茶、酒企业规范生产秩序，使产品在市场上具有更大的辨识度和知名度，塑造地理标志公共品牌合力，形成产业发展良性循环生态。

三是要积极引导地理标志使用企业增强商标意识，积极运用商标布局策略，突出个性特色，讲好品牌故事，提升企业市场竞争力。商标策略是企业经营战略执行的重要组成部分，使用地理标志的企业如果没有自己的商标，会导致产品缺乏特色，产生严重的同质化竞争。企业不断增强商标意识并积极运用商标布局策略，特别是自发性地围绕地理标志如"六堡""贺兰"以及一系列带有文化特征的元素加快商标申请的步伐，在避免区域内部盲目、无序竞争的同时，将进一步彰显企业的个体品牌形象，提升企业市场竞争力。

四是要灵活运用商标策略，积极延展地理标志产业链，拓宽市场范围，提升产业影响力和市场效益，努力实现高质量发展。越来越多使用地理标志的企业在选择申请注册的商标类别时，灵活运用"一标多类"等商标策略，在第35类服务商标上进行战略布局，既有效防范了自身商标被其他商家恶意抢注以及侵权行为的发生，也有助于延展地理标志产业链，提升产业影响力和市场效益，在实现地理标志自身健康发展的基础上，为深化品牌营销和延伸服务边界提供了坚实保障，共同推动地理标志产业高质量发展。

3 地理标志与专利的综合运用

如本书第一章所述，地理标志与一个地区的自然因素或人文因素高度关联，其产品本身品质的保持，有赖于自然因素或人文因素的保护与传承；而（发明）专利主要是指对产品、方法或者其改进所提出的新的技术方案。从产业本身的发展来看，地理标志核心产品在保持其与自然因素或人文因素关联的特质的基础上，通过技术创新及专利保护，可以实现以核心产品为基础的产业链延展及拓宽，一方面促进核心产品更好地发展，另一方面可能产生更多的衍生产品。因此，地理标志与专利的综合运用可以实现传统地理标志产业在创新发展中实现守护与传承，通过创新与发展互链，可以激活高质量发展增量，达到产业高质量发展的目的。

本章对浏阳花炮产业及新会陈皮产业综合运用地理标志及专利实现创新发展的案例进行分析。

3.1 浏阳花炮产业

浏阳花炮因其品质优良，造型美观，色彩鲜艳，素有"浏阳花炮震天下"的美名。1995 年，浏阳市被国家授予"中国烟花之乡"的荣誉称号；2003 年，国家质量监督检验检疫总局对浏阳花炮实施原产地域产品保护；2004 年，国家工商总局核准认定"浏阳花炮"驰名商标。2008 年，"浏阳花炮"被马德里国际商标组织认定为"世界知名品牌"，并在 79 个国家和地区受到保护，2009 年荣获"2009 年最具竞争力地理标志"称号。2011 年"浏阳花炮"文化品牌位列中国文化品牌价值排行榜第七位。浏阳花炮行销全国，对外销售至 50 多个国家和地区。由于原材料的需求，浏阳花炮产业带动了造纸、印刷、化工等产业的发展，进而推动了浏阳当地的经济发展。

近年来，随着安全环保意识增强，作为传统高危行业的烟花爆竹产业销售下滑，行业日渐式微，"安全"与"环保"成为花炮产业发展不可忽视的两道"门槛"，提升安全性和环保性是花炮产业的根本出路。过去十年，浏阳花炮经过产业结构调整和升级，通过技术创新及其专利保护实现了花炮材料环保升级及花炮生产安全升级，走上了高质量发展之路。

3.1.1 浏阳花炮产业基本情况

3.1.1.1 历史沿袭

浏阳地区的传统花炮行业起源于唐代，根据《中国实业志·湖南省》记载："盖湘省爆竹之制造，始于唐，盛于宋，发源于浏阳也。"清嘉庆初年，浏阳花炮产业有了长足的发展，东乡、南乡、西乡农闲时从事花炮生产制造的达 20 余万人，年产量在 14 万箱之上。清同治年间，浏阳花炮形成大行业，南乡的大瑶铺、金刚头、澄潭江、文家市、杨花及县城的南市街一带，80%的民户从事花炮生产，素有"十家九爆"的美誉，年产量保持在 25 万箱左右。从此，浏阳花炮不断发展，"制造益精，声誉远播"。光绪年间，浏阳花炮打开国门，产品销往南洋诸国，成为名牌产品及湖南的名特产品，是湖南花炮的代表和骄傲。新中国成立后，浏阳花炮发展到外销五大洲一百多个国家和地区，内销全国，其品种发展到现在的 13 大类❶。

浏阳花炮制作技艺是湖南省浏阳市的传统手工技艺，2006 年入选第一批国家级非物质文化遗产名录。浏阳花炮的生产采用传统的手工技艺，总共有 12 道流程、72 道工序，全靠手工制作，包括扯筒子、褙纸、洗筒、筑底泥、装硝、封颈、钻眼、插引、结鞭、切纸、腰筒、制药、掺煤、碎黄土等流程。

近年来，浏阳市推出多举措推动花炮产业机械化、自动化发展，花炮生产工序平均机械使用率达 70%，生产企业均不同程度实现了机械化生产。

---

❶ 新浪. 非遗中国：浏阳花炮制作技艺［Z/OL］.（2018-06-13）［2023-06-01］. http://www.cnmeiw.com/News/Mobile/NewsDetail?keyId=ab453c44-6d9e-42b4-8872-a8fe00b0e0fc

2018年5月，湖南省浏阳市人民政府与国内机器人行业巨头签署《防爆机器人暨烟花爆竹产业智能制造框架合作协议》，此协议的签署标志着浏阳花炮将由机械化、自动化生产向智能制造转变。此外，随着科学技术的飞速发展，从业人员已研制出安全环保的无烟烟花、冷光烟花等新产品。

3.1.1.2 产业现状

根据国家质量监督检验检疫总局2003年第26号公告，浏阳花炮产地范围为湖南省长沙市浏阳市所辖行政区域。其中，大瑶镇是主产区。大瑶镇位于浏阳市、萍乡市、醴陵市交界处，是花炮始祖李畋故里，是全国第一批特色小镇、全国重点镇、湖南省特色工业小镇。大瑶镇直接从事花炮业的有四五万人，全镇花炮企业超过400家，是世界上最大的花炮及原辅材料集散中心，为全球花炮行业提供70%以上的花炮原辅材料❶。

浏阳花炮作为传统特色产业之一，对支撑地方经济的发展具有一定的促进作用，特别是在解决就业、保护民生和社会稳定方面作用显著。为进一步支持本地烟花爆竹产业发展，长沙市相继出台了多项政策。

2015—2019年，长沙市陆续出台《长沙市智能制造装备本地采购（租赁）补贴实施细则》（长经信发〔2015〕139号）、《关于支持工业企业智能化技术改造若干政策》（长政办发〔2018〕31号）、《关于调整支持工业企业智能化技术改造若干政策有关内容的通知》（长政办发〔2019〕26号）等3项政策，支持本地传统制造业向智能制造转型。2017—2019年，陆续支持浏阳市东信烟花集团有限公司等11家企业进行智能化技术改造，市本级支持金额共计320.28万元。

2020年，长沙市政府制定了《长沙市烟花爆竹产业发展规划（2019—2025年）》。健全烟花爆竹产业的政策配套，"优化金融服务政策，理顺烟花爆竹企业难以上市的政策矛盾，推动建立适合花炮产业特点的保险体系，建立花炮企业退出补偿资金，积极引导金融及其他资金投入烟花爆竹产业"。同时设立了"烟花爆竹传统文化保护和创新"专项资金，资金预算1000万元，

---

❶ 长沙晚报. 花炮产业第一镇，以创新惊艳世界［Z/OL］.（2021-04-07）［2023-06-01］. https://baijiahao.baidu.com/s?id=1696333927842170057&wfr=spider&for=pc.

专项用于烟花爆竹传统文化保护和文化创意。2021年6月，长沙市人大常委会召开《长沙市烟花爆竹安全生产与产业引导条例》新闻发布会。该条例在烟花爆竹安全生产主体责任、安全生产监督管理、产业引导等方面进行了规范，旨在通过立法查缺补漏，引导烟花爆竹产业健康发展。

与此同时，浏阳市相继出台了多项政策规划，明确浏阳花炮产业发展重点任务与目标。

2016年，浏阳市出台《浏阳市烟花爆竹产业集群"十三五"发展规划》，坚持走传统产业向文化产业转型升级与安全环保科技创新发展并举的道路，以提升文化产业发展质量和提高产业本质安全水平为核心，全力加快烟花爆竹产业集约化、设备机械化、生产标准化、管理信息化进程，不断提升和丰富花炮产业文化内涵，努力提高行业抗风险能力，促使全市烟花爆竹产业健康稳定发展。

2019年5月，浏阳市人民政府出台《浏阳市推动花炮产业高质量发展十条》（浏政发〔2019〕7号），明确持续优化全市花炮企业发展环境，着力破解制约花炮产业发展的突出困难和问题，推动花炮产业高质量发展。

2022年4月，浏阳市市场监督管理局印发了《浏阳市2022年知识产权行政保护工作方案》，进一步完善知识产权执法体系，提高执法的时效性、专业性和系统性，加大行政处罚力度，对"浏阳花炮"地理标志产品保护方面逐渐加强。

2022年5月，浏阳市出台《浏阳市烟花爆竹产业高质量安全发展三年行动计划（2022—2024年）》（以下简称《三年行动计划》）（浏发〔2022〕14号）、《浏阳市打造"世界花炮之都"十条激励政策》（浏办发〔2022〕14号）等文件，为烟花爆竹产业锚定智能化、绿色化、安全化、标准化方向，推动构建现代化产业体系，实现烟花爆竹产业的高质量安全发展。《三年行动计划》提出，结合浏阳花炮全产业链条的优势，完善产业的空间布局，重点建设"一带三区"。以"一带三区"为枢纽，以浏阳为内核产生虹吸效应，构建设施联通、交易畅通、资金融通、产业互通的全球烟花爆竹产业。文化赋能工程，加强文旅融合，支持"传统烟花爆竹制作技艺+旅游"模式在乡村旅游景点落地，同时推广烟花小屋销售模式，建立焰火文旅项目，打造文旅烟花消费新模式。除此之外，还有安全提质工程、市场拓展工程、品质提升工程、技术革新工程、要素保障工程等。《三年行动计划》涵盖了烟花爆竹产业从生产端到销售端全方面发展规划,"全链条"助推产业发展。

浏阳市委、市政府把"抢抓建设全国烟花爆竹转型升级集中区机遇,将烟花爆竹产业打造为500亿级产业集群"写进了2022年4月印发的《关于贯彻落实强省会战略的实施方案(2022—2026年)》中,提出"高标准建设现代化烟花爆竹产业基地",并列出了清晰的路径图、规划图,全力支持烟花爆竹产业转型升级,助推产业高质量发展,建立健全安全生产流程制度,扎实推动科技兴安战略,鼓励引导企业加速机械化、标准化生产和信息化改造。

在上述政策规划的指引与规范下,近年来,浏阳市人民政府将花炮产业作为经济发展的重点产业予以推动,并在政策、管理、资金、人才等方面进行扶持,浏阳花炮迎来了发展的"黄金时期"。浏阳花炮为北京奥运会、上海世博会、南京青奥会、北京APEC峰会等众多国际重大活动增添色彩,其中2008年北京奥运会开幕式焰火燃放8万余发。在2019年的"一乡一品"国际商品博览会上,以"一带一路一世界一乡一品一梦想"为主题,共商、共建、共享的国际平台上,展示了浏阳花炮的创新产品❶。在2022年北京冬奥会和冬残奥会开闭幕式上,浏阳东信烟花燃放团体奉献了四场精彩的焰火表演。2021年,浏阳市鞭炮烟花产业发展中心紧紧围绕打造世界花炮之都总目标,以高质量发展为主线,实现了产业逆势上扬。2022年,浏阳全市花炮产业集群实现总产值301.5亿元,比上年增长15.2%。

3.1.1.3 重点企业

随着烟花爆竹产业供给侧结构性改革的深入推进,浏阳市形成了集原料供给、生产经营、科研设计、包装印刷、仓储物流、焰火燃放、文化创意于一体的花炮产业集群❷,如图3-1所示。浏阳花炮产业集群内成员间分工明确,相互协作的能力较强,以花炮文化为依托,以资源禀赋为基础,以创新

---

❶ 北京智研科信咨询有限公司. 2019年湖南省浏阳市花炮产业发展现状及发展趋势分析 [R/OL]. (2020-08-28) [2023-06-01]. https://baijiahao.baidu.com/s?id=1674188846071538958&wfr=spider&for=pc.

❷ 新华社. 走进县城看发展 | 湖南浏阳:多业"开花"发展县域经济 [Z/OL]. (2022-07-18) [2023-06-01]. https://baijiahao.baidu.com/s?id=1738698565747969788&wfr=spider&for=pc.

精神为辅助，通过政府的推动和扶持，带头企业的主导和示范，行业协会的支持和服务，不仅为浏阳市带来了巨大的经济利润，也带动了相关行业的发展❶。

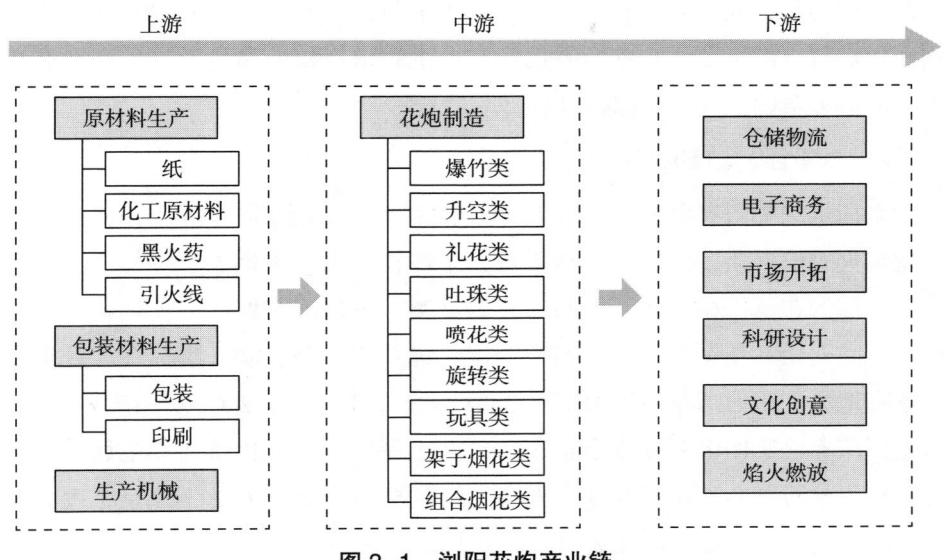

图3-1　浏阳花炮产业链

目前，浏阳市共有烟花爆竹生产企业441家，从业人员将近30万，年产值达到了301亿元。其中，有花炮企业集团公司10多家、上市公司1家、亿元企业10多家。湖南省全省烟花爆竹企业年产值在500万元以上的规模企业1200家，其中金生、东信、飞鹰、庆泰、官渡、文家玩具、神马7家花炮集团产值突破1亿元，吉腾、河口等9家花炮集团产值超5000万元；年产值在1000万元以上规模企业有555家，年产值在300万元以下的有1100家❷。以下列举几家重点企业。

1. 熊猫烟花集团股份有限公司

熊猫烟花集团股份有限公司（以下简称熊猫烟花）成立于2006年，是国

---

❶ 张涛，赖昌勇，陈亮，等. 传统工艺类非物质文化遗产浏阳花炮产业集群发展研究［J］. 中国市场，2016（50）.

❷ 中国报告大厅. 烟花爆竹行业概况及现状［R/OL］. （2021-01-13）［2023-06-01］. https://m.chinabgao.com/k/yanhuabaozhu/59613.html.

内享有盛誉的烟花燃放企业之一，有国家 A 级燃放许可证，是唯一参与起草公安部《焰火晚会烟花爆竹燃放安全规程》（GA183—2005）的燃放企业。为增强竞争优势，熊猫烟花致力于烟花爆竹新产品、新材料、生产设备、制造工艺、检测及燃放设备的研发创新。多年来与国内外先进的实验室或科研机构合作进行全面研发，开发出一批具有自主知识产权的高科技产品和专有技术，获得多项国家级和省部级科技奖。

2. 东信烟花集团有限公司

东信烟花集团有限公司（以下简称东信烟花）始创于 1996 年，拥有 A 级大型焰火燃放资质，集花炮科研设计、生产销售和艺术燃放于一体，并先后推出模压烟花、机械烟花、精品烟花等品类。东信烟花拥有五大烟花生产厂区，产品安全、环保、优质，畅销全国，远销亚、美、欧、澳、非等数十个国家和地区。东信烟花先后承担了 2008 年北京奥运会、2009 年国庆 60 周年天安门庆典、2010 年广州亚运会、2010 年上海世博会、2012 年第七届中国中部投资贸易博览会、2014 年亚太经合组织领导人峰会、2022 年北京冬奥会等盛典在内的一千余场国内外大中型焰火燃放工作。

3. 中洲烟花集团有限公司

中洲烟花集团有限公司（以下简称中洲烟花）始建于 1972 年，专注于为全球花炮经营企业提供全系列烟花爆竹产品和全方位精细化服务。中洲烟花是烟花全自动机械化生产领域的领跑者，自 2009 年组建团队开始自主研发，历经多年投资上亿元，成功建成全国首条第三代组合烟花全自动化生产线。该生产线实现了组合烟花生产的全自动化，使设备做到人机、人药完全分离隔断，即"开机必定无人、有人必不开机"的人身本质性安全基本要求。生产线减少涉药工序人员 90% 以上，减少涉药工序用地 80% 以上，被应急管理部列为全国烟花安全生产推广示范工程。

4. 湖南庆泰花炮集团有限公司

湖南庆泰花炮集团有限公司（以下简称庆泰）诞生于 1998 年的知名烟花爆竹品牌，是集烟花系列产品的研发设计、生产销售和艺术燃放于一体的大型企业，自 1998 年成立以来，先后参与多项有关的行业标准的起草，所产花炮不仅畅销国内各省、自治区、直辖市，且远销欧美等国家。庆泰作为烟花爆竹一类企业，不断深化内部体制改革，安全管理上严格要求，实施了技术工艺标准化。该公司推行了全面质量管理体系，深化了6S现场管理模式，不断提升企业管理水平，集团下属湖南庆泰烟花制造有限公司和浏阳市忆江南烟花制造有限公司都已获评烟花爆竹安全生产标准化二级企业。

5. 浏阳市颐和隆烟花集团有限公司

浏阳市颐和隆烟花集团有限公司（以下简称颐和隆）的前身是始创于1917年的颐和隆商号，为浏阳四大商号之一。1999年成立浏阳市颐和隆烟花制造有限公司，是一家集烟花科研、生产、销售、国际贸易和焰火燃放、文化创意于一体并拥有自营进出口权的股份制企业。2013年，颐和隆烟花集团成立，下辖7家大型生产基地以及颐和隆贸易公司（出口）、焰火燃放公司，并建立了标准化的大型烟花仓储基地（总面积达10万平方米），年生产能力达1000万箱。颐和隆重视科研技术创新，获国际国内授权和申请的发明专利超过40项，多项技术产品通过省科技成果鉴定和省安全论证，获评湖南省专精特新"小巨人"企业和国家高新技术企业。

6. 湖南明义烟花集团有限公司

明义烟花公司初创于1982年，2012年正式组建湖南明义烟花集团有限公司（以下简称明义烟花），是一家集研发、生产、销售、焰火燃放于一体的集团公司，拥有爆竹、玩具烟花、喷花、组合烟花和礼花弹等专业烟花爆竹生产线9条，年生产能力过亿元。明义烟花拥有自主的烟花爆竹技术开发中心，标准工房842栋，交通运输车辆30台，生产工序全部实现远程监控和信息化管理。该集团旗下浏阳市明义焰火燃放有限公司是我国顶级的大型焰火燃放公司，承担过国内外大型焰火晚会1000多场，独自承担了中国海南三亚国际音乐焰火大赛。

3.1.1.4 产业特点

由于花炮产业的强力带动，浏阳市位列"2022年度全国综合实力百强县市"排行榜第21位，实现了名利双丰收。浏阳花炮产业发展有4个特点。

1. 承载民族文化

烟花爆竹作为中华民族的传统文化已传承千年之久，花炮文化成为一种独特的文化现象，与民俗、文化紧密相关。烟花鞭炮有着深厚的文化内涵、独特的历史沉淀、悠久的传统工艺，使它成为一种承载民族文化的艺术产品。中国花炮始祖李畋诞生在浏阳市大瑶镇，距今1300多年前，李畋发明了爆竹，经过千年的传承发展，浏阳花炮已经形成了种类繁多、质量可靠的产业。浏阳花炮产业依托花炮文化，通过政府的推动和扶持，带头企业的主导和示范，行业协会的支持和服务❶，为浏阳带来了巨大的经济利润。浏阳花炮是传统与现代的触碰，是文化与技术的结合，承载了中国民俗文化的精髓。

2. 形成产业集群

作为高危敏感产业，烟花爆竹产业转移、集中现象越发明显。现已形成了以湖南浏阳为主，跨湖南醴陵和江西上栗、万载4地的烟花爆竹产业集群，同时，全国其他地区已有16个省市区完全退出烟花爆竹生产。经过千年的传承与发展，浏阳花炮产业逐渐形成集生产、销售、研发、运输于一体的产业集群体系。浏阳花炮产业集群属于内生型产业集群，群内成员间分工明确，相互协作的能力较强，集群内含有重要的中介服务结构，商品、人员、资金和信息流动速度快。

3. 机械化进程加速

按照传统的制作技艺，浏阳花炮全靠手工制作，属于以手工为主的劳动密集型产业，人与火药直接接触，存在造粒、装药、混药、干燥等多项高危工序，安全系数小，加之厂家设备简陋，工人整体素质偏低，安全事故时有发生。此外，由于浏阳地区近些年在电子信息、生物医药等产业迅猛发展，抢占本地大量劳动力，导致劳动力开始短缺。受安全因素、劳动力短缺等因素影响，浏阳市大量烟花爆竹企业进行技术革新，机械化生产得到推广，自动化设备相继研发出来。机械化进程的加速大幅提高了生产率，降低了风险系数，提高了市场占有率。

4. 高端市场竞争力不足

浏阳花炮占据着国内烟花爆竹市场份额的80%左右，国外市场份额高达

---

❶ 参考网. 非物质文化遗产视角的浏阳花炮产业化模式初探［R/OL］.（2017-08-08）［2023-06-01］. https://www.fx361.com/page/2017/0808/2826343.shtml.

60%以上,是世界最大的烟花爆竹生产、出口地。但由于在技术上缺乏国际竞争力,浏阳花炮出口主要还是"走量",在礼花弹、焰火表演等海外高端市场占有率仍较低。例如,在卡塔尔世界杯开幕式上绚烂的焰火表演虽然用到的很多产品都来自浏阳,但最终执行燃放的是欧洲团队。在国际市场上,浏阳花炮还需完成品牌化、高端化的蝶变。

改革开放以后,浏阳花炮产业迅速发展,但同时也带来了一系列的安全、环保问题。近年来,随着人们安全、环保意识的增强,全国掀起了一轮禁燃禁放的浪潮,致使烟花爆竹产业发展环境巨变,伴随而来的是史无前例的转型升级压力。

第一,烟花爆竹属于易燃易爆物品,由于产品具备较强杀伤力,从而使烟花爆竹从生产过程、运输过程、储存过程到燃放过程,均存在较大的安全风险,这一系列的安全问题使该产业一直饱受诟病。

第二,烟花爆竹的燃放会引起大气污染、噪声污染、固体废弃物污染等,对环境、人体健康和生产生活造成一定影响。我国的环保政策对烟花爆竹产业的发展具有明显的影响作用,2014年《中华人民共和国环境保护法》被称为"史上最严环保法",2015年修订后的《中华人民共和国大气污染防治法》明确地在第八十二条(第二款)、第九十六条(第一款)、第一百一十九条(第三款)中,赋予县级以上人民政府根据重污染天气预警等级采取禁止燃放烟花爆竹的权力。这些环保性政策使得烟花爆竹行业的销售市场受限、行业环保成本上升,产业遇冬在所难免。

在安全与环保双重问题的压力之下,传统浏阳花炮依靠技术升级,实现产业转型升级的压力是现实并且迫切的。

3.1.2 浏阳花炮产业发展中地理标志与专利的综合运用情况

从产业规模、产品性质、科技创新、本质安全等角度来看,花炮产业都有着转型升级的必要性。浏阳花炮通过在新产品、新材料、新工艺和新设备等方面进行技术创新及其专利保护,使产业转型升级成效凸显。

3.1.2.1 原料创新

花炮的原料涉及化工原材料、单双基粉、黑火药等。其中,单双基粉为爆炸物品，属于一级可燃物，而化工原材料大多数为危险化学品中第四类的还原剂和第五类的氧化剂。此外，烟火药及其制品在着火源的作用下能产生燃烧或爆炸，着火源涵盖热能、机械能、电能、化学能及其他能量。烟花爆竹成品还具有二次爆炸危险性，燃烧爆竹时还会产生 CO、CO_2、NO、NO_2 等有害或窒息性气体。

因此，花炮具有易燃易爆特性、对环境造成污染的主要原因在于其原料的危险性，研发安全、环保的新材料是解决花炮安全风险大、易造成环境污染的根本方法。浏阳市包括熊猫烟花、东信烟花等龙头企业在内的很多企业尝试在原料方面进行创新，成功研发了微烟无硫发射药、新型环保鞭炮、再生植物纤维烟花外筒、低温无残渣药物配方等安全环保领域前沿创新成果 300 余个。

1. 微烟无硫材料

花炮的主要原料之一"黑火药"燃烧时会产生大量二氧化硫和三氧化硫，形成烟雾，不仅严重影响大型焰火晚会燃放效果，而且对燃放场附近城市空气造成空气污染，对人体也会造成危害。为此，浏阳花炮企业对发射药和引线进行了改进，见表3-1。

表3-1 微烟无硫药、微烟引线相关技术

申请号	标题	专利申请人
CN104262069A	一种微烟无硫鞭炮药剂	浏阳市吉祥环保材料开发有限公司
CN102050685A	一种花炮用微烟发射药	浏阳市达浒花炮艺术焰火燃放集团有限公司
CN108546221A	一种烟花爆竹有机聚合型氧化剂及其制作方法	罗永年
CN103980074A	一种烟花微烟引线药剂及其引火线	浏阳市吉祥环保材料开发有限公司
CN115650811A	一种烟花微烟引线药剂	湖南恒达烟花有限公司

微烟无硫发射药是在无纸屑残渣发射技术的基础上进行深度研发的成果，该技术主要是使用低硫无硫的环保材料，使用无烟火药替代黑火药，从而实现降低烟雾，减少灰尘。采用微烟无硫发射药的花炮燃放产生的烟雾量和传统烟花相比，可下降70%~80%。浏阳市吉祥环保材料开发有限公司是一家专

注于烟花爆竹化工原料制造、批发的企业，与浏阳市多家花炮制造企业建立了长期稳定的合作关系。该公司通过研发或专利受让获得了多项微烟无硫相关专利技术。例如，申请号为CN104262069A的专利公开了一种微烟无硫鞭炮药剂，该专利采用纳米稀土氧化物等材料代替传统工艺中的硫黄，使用纳米银粉助爆、炭粉助燃，此外还添加了竹炭粉用于吸附异味、纳米稀土用于消烟。该发明的鞭炮在燃放时具有微烟、无硫，环保、无异味的特征，燃烧时有竹香和沉香的芬芳味，响声清脆，成本低于常规鞭炮。

传统工艺制造的引线点燃时也会形成大量的烟雾和二氧化硫等有害气体，因此除微烟无硫发射药外，浏阳花炮企业还成功研发了微烟引线技术。例如，湖南恒达烟花有限公司公开号为CN115650811A的专利申请，公开了一种烟花微烟引线药剂，引线包覆高氯酸铵，不仅吸湿率低，且其表面的有机物包覆层在加热下呈熔融状态，大分子之间发生聚合物反应，形成长链聚合物，浮于药物表面，阻碍效果显著，能够减少引线药剂燃烧产物的喷发，减少烟雾产生。并且有机物包覆层上的二茂铁一方面发生催化作用，另一方面在燃烧过程中快速吸收高氯酸铵产生的氯化氢气体，大大降低引线药剂的刺激性气味，提高燃放效果的同时减少环境污染和危害。

2014年北京APEC会议烟火表演，第一次在大型国际活动中采用了集微烟发射药和无硫开爆药于一体的创新型烟火药。目前，微烟无硫环保技术得到大力推广和应用。第十一届中国（浏阳）国际花炮节以"安全·环保"为主题，产品全部采用微烟、无硫产品，烟火燃放后残渣和纸屑几乎无残留。

2. 气态发射剂

气态无烟发射型烟花技术由东信烟花集团研发，该技术使用由可燃气体、助燃剂及惰性气体混合形成的含能气体发射剂，可替代传统黑火药，在发射过程中无烟更环保，生产成本上也更具优势。气态发射型烟花技术的研发给花炮行业带来重要革新。例如，公开号为CN110553552A的专利申请涉及一种气态发射型烟花。该气态发射型烟花，发射剂采用可燃气体与氧的混合气体，发射剂在爆燃过程中产生的能量足以作为发射药剂替代黑火药，且燃烧后仅产生二氧化碳和水等气体，产物中无固体颗粒，无有害气体，大大减少了现有烟花燃烧过程中产生的烟雾，不仅解决了现有烟花发射药燃烧带来的污染问题,而且使烟花燃放过程的观赏效果更佳。此外,由于发射剂气体点燃所需能量小,因此还可利用电火花点燃。

气体较固体来说体积较大,因此气态发射型烟花存在阻隔性能低及包装袋充气时,内部容积利用率偏低等问题。针对这一问题,东信烟花集团持有的公开号为 CN211108940U 的实用新型专利,如图 3-2 所示,发明了一种含能气体发射剂包装结构,提高包装结构的阻隔性能,并且通过对封装结构的改进实现气体自封装和超压充装,提高气袋内部容积利用率,扩大了气态发射烟花使用的前景。

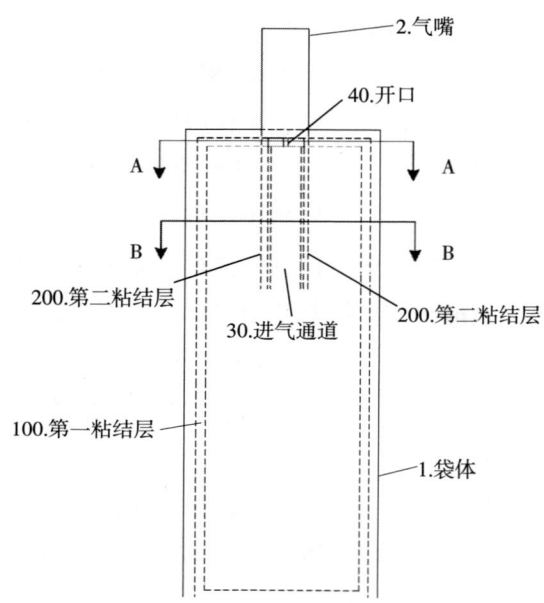

图 3-2　一种含能气体发射剂包装结构的结构图

3. 再生植物纤维烟花外筒

天然植物纤维是自然界中最丰富的可再生资源,具有生物可降解性和环境友好性的特点。传统纸筒要经过制浆、造纸、卷筒等环节,再生植物纤维环保筒则利用热压塑化聚合成型技术,一步成型。其成本与传统纸筒相比,具有比较明显的价格优势。在同等外径与内径的前提下,再生植物纤维环保筒的抗压强度是传统纸筒的 3 倍,使用频率及寿命是传统纸筒的 10 倍以上,而且其圆度远超传统纸筒,含水率低,不易受潮及变形。最为关键的是,它具有生物可降解性和环境友好性。

湖南熙亚图环保科技有限公司持有的公开号为 CN215491346U 的实用新型专利，公开了带封底及抗爆加速环一体成型植物纤维环保筒。该技术是利用再生植物纤维的纯天然环保产品，可自然降解，可作为造纸原料回收利用，也可作为燃料二次利用。此外，该技术还解决了传统方式制作的烟花爆竹，因卷制纸管之间的差异，以及发射药燃烧瞬间释放出巨大的爆炸力，而引起的安全隐患，增加了抗爆加速环的设计，在加强筒体抗爆性能的同时，提高了发射的速度与高度。

3.1.2.2 生产创新

确保安全生产是烟花产业的重中之重，特别是在涉药工序等传统工艺中最易发生安全事故的环节。浏阳烟花企业为提高生产过程的安全性，减少爆炸事故的发生，开展了大量的机械化、自动化生产研究。

中洲烟花是烟花全自动机械化生产领域的领跑者之一，中洲烟花投资上亿元，建成全国首条第三代组合烟花全自动化生产线。该生产线实现了组合烟花生产的全自动化，解决了涉药环节的人员安全问题，使设备做到人机、人药完全分离隔断，被国家安全生产监督管理总局列为全国烟花安全生产推广示范工程。

经专利数据检索，中洲烟花有多项自动化、机械化生产的相关专利，几乎覆盖了烟花生产的全流程，尤其是涉药环节，见表 3-2。例如，该公司 2022 年申请的一种烟花筒饼药物压紧装置（CN218937191U），提供一种适用于大负载的烟花药物压紧装置，从而使压杆能够顺畅地对烟花筒内的药物进行压紧操作。再如，2022 年申请的一种烟火药均衡装置（CN217358289U），采用机器代替了人工开展药物的摇动和压紧两个步骤，避免药物摇动和压紧对人员的伤害。

表 3-2 中洲烟花自动化、机械化生产的相关专利（部分）

序号	公开号	标题
1	CN102661683A	纸筒自动插引装置
2	CN204718502U	烟花药柱顶出装置

续表

序号	公开号	标题
3	CN204566757U	全自动压药机
4	CN209013836U	烟花用药物输送装置中的连接组件及输送装置
5	CN209027370U	一种烟花用引线插入装置
6	CN217573121U	一种切条机用的自动上料输送装置
7	CN217465539U	一种传递舱式安全输送装置
8	CN218937191U	一种烟花筒饼药物压紧装置

以长沙市智能制造产业为基础，浏阳花炮企业借助大数据监控和人工智能平台，将人工智能技术应用到安全监管领域，实现了对烟花爆竹生产全过程、全方位、智能化的安全监管，实现了浏阳花炮产业从传统制造业向智能制造转型升级，为千年烟花注入"智"能量，大大提高了花炮制作的安全性。

除与智能制造相关企业合作外，本地花炮企业已经在花炮智能监管、智能制造领域申请多项专利，见表3-3。

表3-3 浏阳花炮智能监管、智能制造相关专利

序号	公开号	标题
1	CN208287359U	一种烟花生产的引线安全保护装置
2	CN109520236A	一种烟花鞭炮药粉智能干燥冷却装置
3	CN107395433A	一种基于烟花算法的无线传感器节点部署方法
4	CN110298627A	烟花爆竹行业安全生产监管智能云平台系统及其方法

例如湖南东信烟花股份有限公司于2018年申请的一种烟花生产的引线安全保护装置，该项专利通过在安全监测墙的内部设置与控制器连接的温度传感器，当其中任意一个设备发生火灾时，对应该设备端的温度传感器将火灾信号传输给控制器，由控制器向引线安全通道中部固定座上的气缸发出指令，气缸的活塞杆延伸带动其端部的切刀下降将正在传输的引线切断，防止火灾的蔓延，主轴上隔离罩的设置将引线卷分离开来，有利于将发生在引线卷上的火灾控制在隔离罩内，配合固定座上的气缸及气缸活塞杆端部的切刀，将火灾控制在狭小区域，有利于防止火灾蔓延，能够减少财产损失和降低可能对工作人员造成的人身伤害或生命安全风险。

再如东信烟花 2018 年申请的一种烟花鞭炮药粉智能干燥冷却装置（公开号 CN109520236A），该专利申请涉及的烟花鞭炮药粉智能干燥冷却装置可以通过 PLC 自动控制干燥箱内的温度和湿度，可预设温度、湿度、干燥时间等参数，进而达到温度、湿度全自动控制，同时还设置有紫外光管，能够第一时间发现异常并进行报警，实现了干燥过程的连续化与自动化，解决了传统的药粉干燥设备自动化程度低、热能利用率低、监控报警系统缺乏、危险性高的问题。目前，该项技术已经用于东信烟花的实际生产中，以前需要工人现场用手接触药物，感受干燥程度，现在工作人员只需要在远程智能控制操作室内监控着温度、湿度等，大幅提高了生产过程的安全性。

3.1.2.3 燃放创新

烟花在燃放过程中存在炸伤和火灾风险，尤其是近距离接触鞭炮，可能造成较大危害。每年春节期间是烟花爆竹致伤的高发期，大多是炸伤脸部、眼睛、炸断手指等，甚至死亡。因此，浏阳市多家烟花爆竹企业在燃放过程中进行了大量的技术创新。例如，东信烟花集团有限公司申请了一种烟花综合燃放信息控制处理系统（公开号 CN101709934A），该专利发明的电子示警、电子阻截、红外监控系统都可对点火器实施独立断电控制，解决了大型烟花燃放项目节点安全防护问题。该项技术已多次应用到特殊场合例如市政广场、奥运鸟巢、天安门广场等区域的烟花燃放。

再如，浏阳市新年烟花制造有限公司发明的一种烟花燃放装置（公开号 CN104833274B），该装置具有烟花燃放精确定向功能，燃放后的效果与预期的图案保持高度的一致性，该装置燃放安全、图形准确、装置简便、成本低廉。湖南明义烟花集团有限公司发明了一种微焰火燃放系统（公开号 CN104930926A）。燃放系统的点火头和快速引线的接驳牢固可靠，使用方便，设备造价不高且经久耐用。无须专业培训即可安全、轻松地完成相应的燃放准备工作，劳动负荷和精神紧张度相对现有设备大大降低。

3.1.2.4 产品创新

在"碳达峰和碳中和"约束的背景下，实现烟花燃放自由，或许还需要漫长的等待。但也有一些新型的烟花开始崛起，电子烟花就是其中一种。电子烟花是利用喷向空中的彩色纸屑反射彩色灯光结合哨子发出的啸叫声来产生火药烟花的燃放效果,可重复使用,没有硝烟,不产生垃圾,同样绚丽多姿。电子烟花属于环保烟花,不会产生有毒有害气体,也不会污染环境,因此在店庆、婚庆活动中被广泛使用。

例如,浏阳市海霸出口烟花有限公司发明了一种发射 LED 灯的电子礼花烟花,在电子礼花烟花的筒体内设有 LED 灯。该 LED 灯可以是数个 LED 灯珠结构或 LED 灯带结构,且该 LED 灯通过电容器蓄电,而电容器又由连接导线与控制导线连接通电,其结构简单,装配简便,可在现有的电子礼花烟花筒体内装配使用。燃放时,控制导线通电熔断封口熔丝的同时对与电容器连接的 LED 灯充电,气罐内的高压气体释放后带动 LED 灯与电容器脱离喷射出筒体,形成数个四散闪烁亮光的散落效果或条状灯带闪亮散落效果,尤其是光线不足的室内昏暗以及夜间场所,燃放效果十分炫彩夺目,其燃放形式新颖独特,创造了全新的电子礼花烟花燃放效果。再如,湖南尚花科技有限公司公开的 CN111013160A 专利申请,发明了一种电子鞭炮,通过将正极引线脚和负极引线脚分别设置于第一焊接线和第二焊接线,能有效降低生产过程中出现的短路问题,提高利用机械化批量生产的生产效率。这种鞭炮不包含火药等易燃易爆物质,状态稳定,安全性高,易于运输。

如今,浏阳花炮行业创新研发氛围浓厚,企业在原料、生产、燃放、产品等方面进行了大量的技术创新及其专利保护,这不仅进一步提升了浏阳花炮的品质,也成为浏阳花炮产业持续发展的源头活水,使浏阳花炮产业焕发"第二春"。

3.2 新会陈皮产业

陈皮产于广东、福建、浙江、四川等地,以广东所产陈皮为佳,历史贸易中为区别于其他省份所产特称"广陈皮"。广陈皮中又以江门市新会区产的"新会陈皮"为正品,新会陈皮因有很高的药用价值而享有盛誉。新会陈皮是不可多得的药食同源、食养俱佳的著名地方特产,为广东十大道地中药材之一,是"广东三宝"(陈皮、老姜、禾秆草)之首。2006 年,国家质量监督检验检疫总局批准对"新会陈皮"实施地理标志产品保护。2008 年,"新会陈皮"证明商标经国家工商行政管理总局商标局核准实施。2021 年 3 月 1 日正式生效的《中华人民共和国政府与欧洲联盟地理标志保护与合作协定》中，新会陈皮位列中方第二批互认互保清单。

1996 年，新会陈皮全产业链年生产总值不足 300 万元❶，近年来，新会以政策支撑、科技赋能助推陈皮产业，推动新会陈皮由单一产业向一、二、三产业融合发展，产业链总产值已经位居中国区域农业品牌影响力指数前 100 名。

3.2.1　新会陈皮产业基本情况

3.2.1.1　历史沿袭

新会柑，广东省江门市新会区著名土特产，因其品质独特，在明清时期就风行各地，并被列为"贡品"。其果皮制成的新会陈皮既是传统的香料和调味佳品，也具有很高的药用价值，是不可多得的药食同源产品。

根据史料记载，陈皮最早名为橘柚，记载于《神农本草经》，而"陈皮"之名，首见于唐代孟诜的《食疗本草》。相传，新会种柑取皮的历史起源于宋代，元代的《元大德南海志》卷七《物产》就已记载"柑子"条。至明清时期，新会商人利用运销葵制品之便，将新会陈皮大批销往外省，令新会陈皮与新会葵扇声名远播，并称"二绝"。清代乾隆、嘉庆年间，新会葵商在重庆、成都等地相继开设 9 家商号，主营葵扇的同时大量经销新会陈皮。根据清光绪三十四年《新会乡土志》的记载，新会陈皮当时已经成为新会的主要物产之一。民国元年前后，新会陈皮被运到上海、广州、重庆 3 个主要市场，然后转销到全国各地。

根据国家质量监督检验检疫总局 2006 年第 159 号公告，新会陈皮的制作工艺流程包括开皮、翻皮、干皮、包装、存放、陈化等过程，上述加工过程必须在产地范围内进行。2009 年，新会陈皮制作技艺被列入广东省第三批省级非物质文化遗产名录。2021 年，新会陈皮炮制技艺被列入国家级非物质文化遗产名录。

---

❶ 茂名时评. 对标新会陈皮擦亮化橘红品牌［Z/OL］.（2022-07-25）［2023-06-01］. https://www.mm111.net/2022/07/25/991243854.html.

3.2.1.2 产业现状

根据国家质量监督检验检疫总局 2006 年第 159 号公告，新会陈皮地理标志产品保护范围为广东省江门市新会区会城街道办、大泽镇、司前镇、罗坑镇、双水镇、崖门镇、沙堆镇、古井镇、三江镇、睦洲镇、大鳌镇等 11 个街道办事处、镇和围垦指挥部现辖行政区域。江门市地方标准 DB4407/T 70—2021《地理标志产品　新会陈皮》定义新会陈皮为"在新会陈皮地理标志产品保护范围内栽培的茶枝柑的果皮经晒干或烘干，并在保护区域范围内贮存陈化三年以上称为新会陈皮"，即新会陈皮必须符合"新会种植、新会种源、新会陈化"三个标准，这与新会陈皮产区独有的自然环境密不可分。

在新会陈皮的核心产区，银洲湖和西江、潭江"三水相汇"后连接南海，为淡水和咸水交界处，因此，灌溉新会柑的水既有海水成分，又有源源不断的淡水补充。而产地周边被圭峰山系、古兜山脉、牛牯岭三山环抱，形成的"峡谷小气候"有利于新会柑的生长。新会陈皮产地特殊的自然环境因素决定了新会陈皮质量特色明显，品质远优于普通陈皮。

产业的发展离不开政策的支持。多年来，江门市新会区研究制定了系列政策和措施，为进一步推进新会陈皮国家现代农业产业园建设，促进新会陈皮产业绿色提质增效，一、二、三产业融合发展，出台了《广东省江门市新会区（新会陈皮）现代农业产业园创建方案》《广东省江门市新会陈皮现代农业产业园中央财政奖补资金使用方案》《新会区促进招商引资支持经济转型发展的办法》（新府办〔2017〕36 号）等多项政策。

为加强产业技术创新，新会区 2018 年制定发布了《新会陈皮国家现代农业产业园促进产业绿色提质增效扶持办法》，对新会区陈皮企业承担的国家、省、市科技项目，分别给予配套资金支持。

为保护新会陈皮道地性，推动品牌发展，2020 年江门市颁布实施《江门市新会陈皮保护条例》，通过"六章""三十八条"具体章节和措施，从法律层面解决好新会陈皮"道地性保护、品牌保护、传承与发展、监督与管理、法律责任"等方面存在的具体问题。2021 年 7 月，新会区人民政府印发《新会区国民经济和社会发展第十四个五年规划和 2035 年远景目标纲要》，把新会陈皮及其产业发展，纳入江门市"十四五"发展规划，提出加大新会陈皮道地性保护和品牌化发展的力度，改造提升陈皮品牌，推动新会陈皮区域品牌做强做优。

为精细化做好新会陈皮数字化管理系统及溯源体系建设，并在防伪溯源的基础上强化市场监管，新会区先后制定出台了《加快推进新会陈皮产业高质量发展的指导意见》《新会陈皮数字化管理系统建设工作方案》《新会柑（陈皮）庄园建设与管理规范》《新会区陈皮仓储同业规范和管理》。这一系列举措也得到落实，比如力抓新会陈皮道地属性、品牌数字化、市场流通等监管，建立种植户、加工仓储企业电子账户和台账，规范标识使用管理，实现新会陈皮全过程、全流程监管；又如为种苗建立"身份证"，完善仓储台账，形成陈皮年鉴；再如实行产地准出和市场准入管控机制，发挥新会陈皮质量检验检测中心作用，推动质量可追溯体系建设，开展新会陈皮产业市场监管与打假维权工作。

目前，新会陈皮产业已经形成了"政府引导、协会推动、企业经营、果农参与"的多方互动格局。如今，新会区扎实推进乡村振兴战略，紧紧牵住产业振兴"牛鼻子"，成功创建了新会陈皮国家现代农业产业园，推动新会陈皮产业链不断延伸，三产深度融合发展，形成生态、绿色、健康、富民的大产业格局。

2022年，新会陈皮行业产值超190亿元，比2021年增长31%；新会区入选2022年度茶业百强县域和2022年度茶业品牌建设示范县域榜单；新会陈皮位居"2022中国区域农业产业品牌影响力指数TOP100"第一位；在利益分享机制带动下，2022年新会陈皮产业带动全区7万人就业，实现人均增收约2.2万元，❶ 实现了从"一块皮"到"一个产业"，从"一条链"到"一个园"的质的跃升。

3.2.1.3 重点企业

截至2021年，新会区新会柑种植面积约10万亩，新会陈皮产业相关企业超1700家，包括4家省级农业龙头企业和4家市级农业龙头企业，其中江

---

❶ 江门市人民政府. 新会陈皮产业全面发力 奋力描绘高质量发展新画卷 [EB/OL]. （2023-03-09）[2023-06-13]. http://www.jiangmen.gov.cn/home/sqdt/xhzx/content/post_2813304.html.

门丽宫国际食品股份有限公司年产值已超 1 亿元。江门市新会陈皮村市场股份有限公司作为新会陈皮的三产融合平台，带动了 1500 户农户从事陈皮产业化经营，2019 年共同增收 4900 万元。以下对重点企业的基本情况进行简要介绍。

1. 江门市新会陈皮村市场股份有限公司

江门市新会陈皮村市场股份有限公司（以下简称新会陈皮村）集新会陈皮产业服务、特色餐饮、文化旅游于一体，是以新会陈皮为核心、以实现多业融合为宗旨、以标准化发展为依据的三产融合平台。成立有新会柑种植专业合作社，合作社实现安全种植、标准化种植达 16000 亩，社员超过 160 户，2016 年被评为"广东省农村合作社省级重点示范社"，同时依托种植、加工、仓储、定价、交易等五大标准，打造"标准化+产业化+金融+互联网+"的创新经营管理模式，推动产业的可持续发展。该企业先后获"国家特色景观旅游名村""广东省重点农业龙头企业""广东省中医药文化养生旅游示范基地"等荣誉称号。作为新会陈皮国家现代农业产业园三产融合示范区及核心发展项目，新会陈皮村充分发挥平台优势，以市场需求为导向，积极整合多方资源拉长产业链，在源头种植、加工仓储、旅游交易三大领域，开拓出创新的可持续发展运营模式，全方位构建新会陈皮产业共享生态圈。

2. 江门市新会区新宝堂陈皮有限公司

江门市新会区新宝堂陈皮有限公司（以下简称新宝堂）创立于光绪三十四年，是一家有 113 年历史、具有深厚品牌文化底蕴的"广东老字号"企业，是广东省非物质文化遗产"新会陈皮制作技艺"传承人单位和省级非物质文化遗产生产性保护示范区基地，是科技部立项的"广陈皮生态种植示范基地和产地加工技术示范"，是新会陈皮国家现代农业产业园科技创新区龙头企业、广东省农业龙头企业。经过四代人的努力，现发展成集新会柑种植基地、原材料批发、食品研发深加工、连锁专卖店和电子商务、生物科技和制药于一体的新会陈皮实业开发公司。目前，新宝堂已与新会区 300 多农户联合成立新宝堂新会柑种植合作社，种植面积 1 万多亩，合作社严格执行无公害农产品、绿色食品标准种植，确保新会柑新会陈皮中药材源头的质量，获得科技部重点研发项目"广陈皮生态种植与产地加工示范区基地"专项。2018—

2021年，新宝堂带动农民增收 10 亿元，纳税 7043 万元。

3. 江门丽宫国际食品股份有限公司

江门丽宫国际食品股份有限公司（以下简称丽宫食品）成立于 2004 年，经过近二十年在新会陈皮产业的深耕，现在已发展成为集产品研发、生产、销售等于一体的新会陈皮生产加工企业。2017 年公司成功在新三板挂牌，成为新会区第一家以新会陈皮产品为主营业务的挂牌企业，被新会区政府授予"新会陈皮第一股"称号，2020 年公司获评广东省农业龙头企业。丽宫食品的创始人区柏余是新会陈皮制作技艺江门市级非遗传承人，从业二十多年来，身体力行培育了多名新会陈皮制作技艺的工艺师和品评师，并在全国多地开展"陈皮大讲堂"活动，让更多人了解陈皮制作技艺，懂得品鉴新会陈皮。丽宫食品先后与广州中医药大学、广东省农科院等高校科研院所合作，共同对新会陈皮进行技术研发，取得多个科研成果，并保持每年数百万的科研投入。丽宫食品陆续开发了一系列"陈皮+"产品，包括陈皮月饼、陈皮花式饼、陈皮酱、陈皮柑茶、新会柑果酱在内的 5 大系列数十种陈皮精深加工产品，极大地丰富了新会陈皮"大加工"规模和品类。还结合健康膳食，开发出品种繁多的新会陈皮特色菜式，打造了色香味俱全的"丽宫陈皮家宴"。

4. 江门市新会区金康宝陈皮食品有限公司

江门市新会区金康宝陈皮食品有限公司（以下简称金康宝）成立于 2015 年 6 月，专注于新会陈皮产业链的种植、初加工、精加工、陈皮茶品及食品及研发销售、陈皮代销代管及陈化服务。金康宝合作果园达 8000 亩，不同年份和品类的陈皮仓达 5000 平方米，储量可达 100 万斤；主体生产经营规模 15000 平方米，拥有多项行业发明及实用新型专利，并不断更新优化生产设备及生产工艺。金康宝不断研发改善陈皮的种植及加工制造技术，逐渐壮大为熊子塔下的龙头陈皮加工制造企业。金康宝在产品上做了较多的创新，例如为了加快陈皮出味速度，方便烹饪或泡茶而推出的"新会陈皮丝"；再如为了符合现代都市快节奏生活而推出的更加方便快捷、简约时尚的"陈皮袋泡茶"等产品。

5. 江门市新会区泓达堂陈皮茶业有限公司

江门市新会区泓达堂陈皮茶业有限公司（以下简称泓达堂）是新会本土

陈皮产业领军品牌。泓达堂不断丰富"陈皮+"内涵，深挖新会陈皮大健康价值，拥有专业的技术和运营团队，品牌旗下开发的陈皮和柑白茶，以及围绕陈皮深加工形成的陈皮酒等陈皮衍生类产品，深受市场和消费者的喜爱。

3.2.1.4 产业特点

新会柑种植面积 10 万亩，年产新会柑鲜果 12.5 万吨、新会柑皮约 7000 吨，陈皮产业市场主体超 1700 家，带动新会区 6.5 万人就业，2021 年全产业链总产值达 145 亿元。❶ 用"一个柑""一块皮"撬动百亿陈皮产业三产融合发展，新会区形成药、食、茶、健以及文旅、金融等 6 大类 35 细类 100 余种的系列产品规模，❷ 推动了乡村振兴、农民致富。一块小小的果皮，不仅能入药，更能变装成柑茶、陈皮菜、陈皮酒、陈皮零食，横跨药、食、茶三大领域，链接起上千家企业，产值突破百亿元。总体来看，新会陈皮产业的基本特点及其发展中存在的问题如下：

1. 合作社助力产业规模化

通过成立果农合作社，新会陈皮村为果农提供新会柑种植全过程专业的服务。新会陈皮村与陈皮核心产区的农民组成了陈皮村柑桔种植专业合作社。在种植前期，合作社聘请专家为社员培育优良种苗，从源头确保果树的质量。在种植过程中，也会聘请专家开展果树防病防虫讲座及技术交流，提升果农种植的科学性和高效性。此外合作社建立了新会柑鲜果交易平台，在收获期，通过平台果农可以及时了解新会柑的市场价格，从而以相对透明的市场价格进行交易，实现利润最大化。果农与买家签订合同后，新会陈皮村就会从检验、到采摘、运输、一直到进仓加工、仓储，给客户提供一条龙无缝对接全程的服务。从果苗到最终收获新会柑，合作社在每个环节都发挥重要作用，切实服务果农，帮助果农获益，助力产业规模化。

2. "三产融合"形成发展新格局

新会陈皮村企业利用"基地+工厂+生态园"的产业模式，将新会陈皮从

---

❶ 新会人民政府. 新会柑喜获丰收［EB/OL］. (2022-11-22) [2023-06-13]. http://www.xinhui.gov.cn/zwgk/xhdt/bddt/content/mpost_2738838.html.

❷ 南方日报. 百亿新会陈皮产业再进阶［EB/OL］. (2022-08-16) [2023-06-13]. https://baijiahao.baidu.com/s?id=1741281583504904109&wfr=spider&for=pc.

生产到销售的各个环节串联，实现产业链融合。在第一产业方面，有15000亩的生态柑果园基地，为新会柑正宗地道的源头提供保障。在第二产业方面，新会陈皮村建有10000平方米的生产车间，配有专业生产团队、先进的生产设备和庞大的陈皮仓储库，为陈皮的标准化生产提供优质的条件，为陈皮仓储提供广阔的空间。在第三产业方面，陈皮村一期及二期建设相得益彰，一期主要涵盖特色餐饮、文化旅游、陈皮产品销售等领域，二期侧重突出新会陈皮文化深度体验、果苗培育基地、智慧果园、中医药及深加工文化体验等。新会陈皮村从生产、生态、生活三个方面出发，形成"三产融合"产业链融合发展的格局。

3. 高质量发展亟须高质量创新推动

种植环节亟须技术创新推动质量提升。产业化生产是以效益为中心的专业化生产，新会陈皮主要通过专业评估确定新会柑质量，从而从源头上保障新会陈皮的质量。目前大多数农户的种植技术水平不高，种植主要靠先人的经验，缺少现代化种植知识，导致柑果的合格率不够高，生产成本高，效益低。

产销环节亟须创新产品种类、拓展销售渠道。在目前的市场销售中，陈皮的附加产品主要以柑普茶为主。虽然新会陈皮企业已研发包括陈皮酱、陈皮酒、陈皮醋在内的陈皮产品200多种，但除了柑普茶的知名度较高和销量较好，其他陈皮产品的知名度仍然不高，且销量有限。目前新会陈皮企业在天猫商城和微信平台分别建立了自己的网上销售门店，但在电商平台的销售仍处于发展初期，知名度还不够高，平台构建还需完善。

产业权益保障亟须配套技术创新支撑。由于新会陈皮的价格比较高，而且，新会陈皮陈化储存越久，颜色越深，其药用价值和收藏价值越高。为此，某些不法商家就利用新会陈皮的颜色深浅对新会陈皮进行年份造假。年份鉴别技术，已经成为制约产业高端化发展的因素之一。

3.2.2 新会陈皮产业发展中地理标志与专利的综合运用情况

作为新会政府重点发展和扶持的特色产业，新会陈皮近几年市场价格逐年上升，经济效益持续提高，带动了当地经济、文化和社会的发展。在创新驱动下,通过创新发展"大科技",整合中央财政奖补资金、项目资金等共投入超亿元,用于全产业链科研项目,新会以科技赋能陈皮产业,推动新会陈皮由单一产业向一、二、三产业融合发展,形成药、食、茶、健和文旅、金融等6大类35细类100余种的系列产品规模,新会陈皮全产业链产值不断攀升。

3.2.2.1 专利助推第一产业发展

技术创新及其专利保护助推新会柑、新会陈皮产业发展主要体现在良种繁育技术及数字农业设施两方面。

1. 良种繁育技术

农业生产的基础是种植业,而种子是种植业的延续与发展,是具有生命力的特殊生产资料。新会区现今大面积种植的新会柑为大种油身品系,是20世纪60年代复壮繁育后的良种。数十年间,新会强化良种保护和选育,加强道地新会陈皮资源保护,促进种苗质优高产。

2016年,为加快新会陈皮产业的发展,新会区政府批准新会林业科学研究所在会城石涧建立了集苗木繁育、科研、示范、技术推广于一体的新会柑种质资源中心和无病苗木繁育基地,面积150亩。基地周边生态条件和自然隔离条件较好,适宜茶枝柑苗木生长。按功能分类,基地设有脱毒原种保存库、种质资源保存圃、无病采穗圃、砧木播种圃、无病苗繁育圃,并建立了完善的分类标志和数据库档案。❶ 广东省农业科学院果树研究所作为新会柑无病苗木繁育基地的主要技术支撑单位,在良种繁育技术领域申请了多件专利。

公开号为CN110810035B的专利申请,针对茶枝柑嫁接苗受到砧木的影响,导致不纯正的现象,以及圈枝苗的生根慢,田间存在感染黄龙病风险的现象,发明了一种茶枝柑的无性繁殖方法。通过剪取当季老熟的茶枝柑枝条,扦插在苗床上,发嫩芽后直到第二次梢老熟,将其移栽到装有繁育基质的苗木袋中,然后对繁育苗木的叶片进行PCR检测,如果烈性传染病的病菌检测

---

❶ 新会柑普查网. 新会柑有了"基因库"! 带你走进新会柑无病苗木繁育基地! [EB/OL]. (2023-03-09) [2023-06-13]. https://www.ganpucha.info/10424.html.

为阴性，则为健康的茶枝柑，可出圃种植。该发明的茶枝柑无性繁殖技术无须砧木嫁接，可集中大棚隔离繁育，显著缩短生根时间，繁殖苗木健康且基因纯正，有效降低了苗期柑橘黄龙病发生的风险，显著提高了健康茶枝柑苗木的生产效率，确保茶枝柑产业的可持续性发展。另外，通过在网室内的拱形棚中或者杯子中扦插育苗，确保育苗在周期内杜绝感染柑橘黄龙病，实现了整个育苗周期的无病毒生产。

公开号为 CN113774035A 的专利申请，首次在柑橘中克隆了一种细胞色素 P450 酶 CsCYP2 基因，该细胞色素 P450 酶能够分别利用香叶基芳樟醇和橙花叔醇为底物，催化 TMTT 和 DMNT 的合成，由于 TMTT 和 DMNT 这两种物质能够在植物受植食性昆虫侵害后诱导产生，具有驱避害虫和诱导邻近植物防御反应的功能，可以吸引相应的害虫天敌前来从而达到控制害虫的作用，因此在柑橘的抗虫防御反应中发挥了重要作用。

公开号为 CN110042172B 的专利申请，发明了一种基于 SNP 标记的柑橘杂种快速鉴定引物及方法。该方法通过提取杂交柑橘的亲本 DNA，并作为模板，使用 P29488785F/P29489624R 作为引物进行 PCR 扩增，扩增片段长度 858bp，对扩增产物进行 Sanger 测序，分析亲本间的 SNP 标记位点。同时，提取杂交后代叶片组织的基因组 DNA，并作为模板，以 P29488785F/P29489624R 作为引物，进行 PCR 获得扩增产物，以 P29488785F 作为测序引物对扩增产物进行 Sanger 测序。分析测序峰图中，若在上述 SNP 位点出现杂峰则为真杂种，完成杂种鉴定工作。该发明步骤简单，可大规模快速鉴定杂种后代，鉴定结果准确可靠。

除广东省农业科学院果树研究所外，江门市本地企业、研究机构在良种繁育方面也申请了多项专利，见表 3-4。

表 3-4 良种繁育方面的专利

公开号	申请人	主要技术功效
CN107278629A	邓国祥	采用的接穗和砧木的亲和力更强，同时把原有嫁接苗和圈枝苗的优点融合于一体，又可免去两者的缺点，使新会柑的优良基因显现，解决新会柑果树提纯复壮

续表

公开号	申请人	主要技术功效
CN105993633	江门市新会区林业科学研究所	将新会大红柑母枝通过改良 MT 培养基预培养，经过液氮脱毒、解冻恢复，利用柠檬/香橙作为砧木，大大提高了抗恶劣环境性，提高了结果时期的果皮发育品质，避免了"传统的新会大红柑嫁接多是用热处理脱毒，然后在田间茎尖嫁接，切开暴露在空气中，细菌或者病毒容易通过切开感染或者潜伏"的问题
CN112931011A	江门市新会区丰硕园农业发展有限公司	解决了市场上柑橘的产量和品质已经渐渐不能满足人们的需求，尤其是在柑橘育苗过程中，苗木的存活率不高，且育苗周期较长的问题

2. 数字农业设施

近些年，新会区通过与中国药科大学、广东省农业科学院等 30 多所科研院校加强产、学、研全方位合作，提高了种植加工的科技含量，新会柑种植基地微喷、水肥一体化灌溉等智慧农业设施得到全面推广。目前，新会在自动喷淋设施、水肥一体化灌溉、智能监控系统等现代化数字农业领域申请了多件专利，为新会区逐步实现茶枝柑绿色高效栽培奠定了基础。

在自动喷淋设施技术领域，江门市新会区金康宝陈皮食品有限公司申请了公开号为 CN214430149U 的专利——柑树自动喷淋设备。该设备可设在柑树之间，湿度传感器检测空气的湿度，若空气干燥，湿度传感器将检测的信号传给控制面板，控制面板内的控制开关控制水泵工作，水泵将水送到喷淋盘，喷淋盘外侧的旋转喷头实现旋转式喷水工作，取代了传统的人工浇灌，又实现了自动化喷淋，实用性较好。

在水肥一体化灌溉技术领域，江门市新会区古德生态农场有限公司申请的公开号为 CN213548895U 的专利，发明了一种用于柑橙果树的水肥一体化装置。在种植地上设置储水箱和储肥水池，储水箱可通过管道将水排到每排橙果树及柑果树的树根附近进行滴灌，同时储存固态肥料颗粒的储肥水池也可通过管道排到每排橙果树及柑果树的树根附近进行滴灌，且储水箱可收集雨水，节约水资源，通过节能装置达到节约电能的效果，使装置的实用性得到进一步提升。

江门市新会区丰硕园农业发展有限公司申请的公开号为 CN217909856U

的专利，是一种柑桔种植的水肥调配装置。该装置通过碱液连接管安装有第一电磁阀，酸液连接管安装有第二电磁阀，进肥漏斗的底部设有流量控制器，搅拌叶由调配罐的外侧至调配罐的内侧逐渐变小，搅拌叶的端部连接有横向设置的搅拌板，流量控制器控制肥料的进入速度，第一电磁阀控制碱液的进入，第二电磁阀控制酸液的进入，搅拌叶与搅拌板对肥料与电解水进行均匀搅拌，精确控制水肥的酸碱度，提升肥料的搅拌率，加快肥料溶化速度，使水肥调配效率得以提高，满足新会柑种植的要求。

在智能监控系统技术领域，江门市润然生态农业发展有限公司申请的公开号为CN110945991A的专利，发明了一种智能施肥灌溉系统，如图3-3所示，其通过土壤湿度检测装置和土壤元素检测装置检测当前土地的含水量和微量元素含量，并将当前土地的含水量信息和微量元素含量信息反馈至服务器终端，待服务器终端进行处理。智能施肥灌溉系统能够对柑橘田进行自动灌溉、自动施肥，有效促进农作物的生长，并提高柑橘种植带来的经济效益。

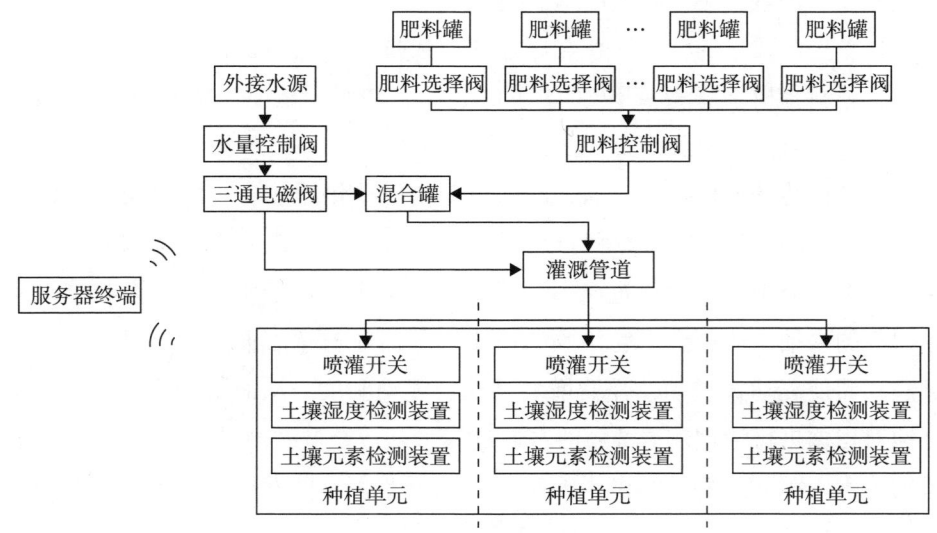

图3-3 一种智能施肥灌溉系统结构图

新会陈皮产业园智慧农业大数据平台，是广东省第一个聚焦本地特色农产品产业的大数据平台。该平台引导近7000家新会茶枝柑经营主体纳入平台采集，对新会陈皮从种植、加工、仓储、销售全产业链进行全方位监测，加快实现全产业链数字化，推动产业提质增效，进一步巩固强化了新会柑、新会陈皮"国字号"品牌和道地性优势,保护了新会柑农的利益,并全面推进新会陈皮标准化、产业化、市场化。此外,江门加强智慧农业技术研发和平台系统建设,建立了智慧农业物联网系统,通过田间安装的感知设备,实现对植物、昆虫动态的远程实时监控,为农民提供智能、高效的社会化服务。

3.2.2.2 专利助推第二产业发展

技术创新及其专利保护助推第二产业发展,主要体现在陈皮的现代化加工技术及产业链延伸两方面。

1. 陈皮加工技术提升

新会陈皮炮制技艺是新会区民间世代传承数百年的传统药材炮制技艺,包含采摘、开皮、反皮、翻皮、晒制、陈化等环节,形成"三年育苗、三年挂果、三批采收、三个品种、三瓣开皮、三年晒皮、三级分皮、三年陈化、长久贮存"的独具地方特色的炮制技艺。

随着生产技术的发展,新会区逐渐形成传统技艺与现代技术相结合的生产方式,新会柑果清洗、开皮、加工、烘干、包装、标准仓储等环节机械化、自动化程度较高,使陈皮更安全,品质更佳。

例如,清洗分拣技术方面,江门市新会区御柑园陈皮有限公司申请的公开号为CN209565248U的专利,是一种鲜柑清洗及分拣装置。将采摘后的柑橘投入进料箱中,柑橘通过出料管进入震动板上,启动水泵,水泵将清洗水箱内部的水抽出通过出水管由喷头喷出,从而对柑橘表面进行清理,启动高频震动器使震动板震动,弹簧增大震动板震动幅度,从而带动柑橘震动,更好地对柑橘进行清理。清洗后的水通过漏水孔,经过滤网过滤后,再次使用,节约了水资源,清洗后的柑橘滚落至分拣板上,根据直径不同落入各个分拣口中,从而进入各个收集箱内部,快速完成分拣。

开皮技术方面,江门市新会区泓达堂陈皮茶业有限公司申请了专利号为CN115226904A的专利,是一种新会柑开皮及果肉提取一体化设备。该发明所设计的开皮组件和剥皮组件可以自动贴合柑橘的表皮,适用于加工不同体积的柑橘;剥皮组件具有自动调节功能,能够避免损伤果皮,保证果皮的完整;剥皮组件和取肉组件取代了人工剥皮取肉的工作,不仅提高了自动化程度,又能避免污染和损伤果肉。

烘干技术方面，江门市新会区御柑园陈皮有限公司发明了一种陈皮烘干换热系统（CN209605496U），包括烘干室、燃烧炉、吹风机及换热管道，所述燃烧炉上方设有与燃烧炉连通的储热室，所述储热室与所述换热管道相通，所述吹风机位于燃烧炉旁，所述换热管道位于吹风机上方，吹风机与换热管道之间设有隔板，所述隔板与所述烘干室内墙之间设有间隙，烘干室外设有与烘干室相通的冷却风机，所述冷却风机与吹风机相向设置，冷却风机进风端口设有封盖，封盖通过活页与冷却风机连接，空间使用率高，具有热循环功能。

陈化技术方面，江门市新会区泓达堂陈皮茶业有限公司申请的公开号为CN212645266U的专利，是一种软化陈化干燥一体机，包括至少两个传送带，传送带把柑皮从上往下传送，传送的时候是通过柑皮的重量掉到下面的传送带上，同时对柑皮进行翻转，便于对柑皮两个面进行软化、陈化和干燥处理，对柑皮进行软化时打开压缩机和抽湿机，同时关掉加湿器和氧气发生器；对柑皮进行陈化时打开压缩机、加湿器和氧气发生器同时关掉抽湿机；对柑皮进行干燥时只打开压缩机，柑皮的软化、陈化和干燥这三道工序可以在同一个烘房内进行，成本低，效率高。

贮存技术方面，江门市新会区柑沁园陈皮茶业有限公司发明了一种陈皮保存抽湿系统（CN215196205U），包括存放室，所述存放室的内底侧固定连接有支撑架，所述支撑架的一端外侧壁顶侧固定连接有驱动电机，所述驱动电机的输出轴贯穿支撑架的外侧壁延伸至内侧并固定连接有转动架，且转动架与支撑架的内侧壁之间转动连接，所述转动架的内侧壁边缘处均匀固定连接有多个滚筒网架，所述存放室的外侧壁顶侧开设有进气口。该实用新型结构简单，便于操作，使用成本低，其中除湿结构以及滤气结构可定期更换，从而有利于使存放陈皮的环境保持干净、干燥，同时该装置内部的传动结构可定期翻动陈皮以确保各个陈皮均能周期性地被直接吹到干燥的空气，有利于陈皮内剩余水分的流失。

为了解决陈皮陈化一段时间产生的水蒸气在真空袋或箱体中凝结，使陈皮变潮发黑发霉变质，影响色泽和味道的问题，江门市新会区名享陈皮制品有限公司公开了一种陈皮仓储系统（公开号：CN218259882U）。该系统通过存储框的底部与侧部均布设有若干透气孔，存储室的顶部设有抽风装置，存储室的顶部设有恒温恒湿空调，存储室的外侧设有超声波雾化器，超声波雾化器用于雾化杀菌液，存储室内的侧部与底部分别设有与超声波雾化器连接的侧雾化导管及底雾化导管。侧雾化导管与底雾化导管均设有若干雾化喷头，使陈皮仓储透气，抽风装置及时排掉有害气体，恒温恒湿空调保持适当的温度与湿度，超声波雾化器定期喷雾杀菌，从而避免了陈皮变潮而容易发黑发霉变质，能够有效保持陈皮的色泽和味道，陈化效果较好，且节省了大量的人力物力。

2. **产品品类延展增加**

新会陈皮相较其他产地的品质更卓越，药食同源，早已广泛用于药用、保健及日常消费，产品品类在消费需求带动下，不断通过创新拓展发展与增长空间。技术创新及其专利保护在产品品类延展增加及其保护方面功不可没。

食品方面，除了将柑皮制成新会陈皮外，以完整果皮为容器，内部填入普洱茶制成的柑普茶，是新会陈皮融入茶饮市场的重要产品形态。人们熟知的"小青柑"即是柑普茶的产品之一。例如，按照CN104365902B制作的柑普茶具有透气性、易干燥、茶叶的保质期长等特点。使柑子内通气，提高柑子内水汽排出效率；实现天然均匀晒制、自然陈化。柑普茶在生晒过程中，对柑子进行翻转时，柑子内的茶叶不容易漏出；且由于在柑皮上设置有透气孔，使得柑子内通气，柑子内水汽排出效率高；天然均匀晒制、自然陈化，去除脐部与蒂部可以祛除苦涩味，使口感更清醇。

再如，一种陈皮小青柑茶的制备方法（CN112189727A），该茶主要采用新会柑未成熟的柑果为原料，将里面的果肉掏空，果皮清洗晒干，再将云南出产的普洱散熟茶装入果皮内，经过特定的工艺加工而成。陈皮小青柑茶富含多种营养物质，养生价值高，陈皮具有理气和中、燥湿化痰、利水通便的功效。其口感好，果味香醇，兼具小青柑的柑皮香味、普洱茶的醇香。老少皆宜，可长期饮用，用开水冲泡即可饮用，非常方便。

新会陈皮企业还不断研发多种新会陈皮相关产品，包括陈皮糕点、陈皮茶以及饮品、陈皮酿酒类、陈皮菜系、陈皮调味品和陈皮蜜饯零食等各种日常消费产品，积极与食品行业联手推陈出新，如荣获多项荣誉的丽宫陈皮月饼，食品巨头李锦记的陈皮调味品，扩大了陈皮的使用范围，进一步提高了新会陈皮的美誉度。

例如，江门丽宫国际食品股份有限公司发明的陈皮酒（CN101016507B）由米酒、陈皮、黑枣、党参、桂圆肉、川贝和枸杞浸制而成，该产品融汇了陈皮化痰止咳、润肺健脾、疏肝和胃的药理功效和米酒的补气益血、滋润养颜功能，可促使陈皮中的单宁物质与药材和米酒中的其他物质一起利用陶瓷瓦缸的微透性所提供的脂化反应所需的氧气而融合，使单宁物质从苦变甜，并保留了陈皮和药材特有的药理功效。

该公司发明的陈皮类糕点（CN112931569A）可保留陈皮的清香，同时去除陈皮的苦涩味。具有方便食用、口感上佳的优点，极易得到消费者的青睐。将陈皮以切粒陈皮和陈皮萃取液的形式同时添加，一方面，馅料中混有切粒陈皮的颗粒；另一方面，吸收了陈皮萃取液的馅料，使陈皮风味均匀且渗透至馅料中，提升了消费者的口感。

保健品方面，新会陈皮含有如黄酮类、生物碱类、挥发油类、多糖类等丰富的生物活性物质，这些有效成分具有广泛的药用价值，如抗氧化、抗炎抑菌、抗肿瘤、保护呼吸道、保护心血管等。企业在深入研究陈皮的活性成分及其保健功能后，研发了陈皮功能性保健食品，极大地延伸了新会陈皮的产业链，提高了陈皮的附加值。

例如，广东新宝堂生物科技有限公司发明的陈皮酵素（CN108094804B），通过采用双向发酵、固液分离、调配、低高压均质、灭菌、中高温灌装的工艺，充分破解行业食品安全无保证的难题，最大限度保留了新会陈皮、新会柑中高含量的总黄酮、粗多糖、益生元、益生菌活性因子及新会柑代谢物。

再如，无限极（中国）有限公司发明的天然减肥保健组合物（CN102551046B），含有大量的皂苷类、黄酮类、左旋肉碱成分，能有效调理脾胃功能，抑制脂肪合成，加速脂肪分解和糖的代谢，具有减肥的功效。陈皮具有健脾益胃的功效，其黄酮类化合物等有效成分能够降低能量摄入量和能量利用率，调节胰腺β细胞分泌胰岛素调节糖代谢的能力，改善机体胆固醇分解代谢，从而改善肥胖体质。

在药品方面，陈皮具有理气健脾、燥湿化痰等功效，被广泛应用于食品和药品中，受到消费者的喜爱。近年来药理学研究表明，陈皮在防治心血管系统疾病、抗氧化、抗炎症、抗肿瘤等方面具有良好的药用价值，使得陈皮备受关注。2020年1月27日，国家卫健委发布《新型冠状病毒感染的肺炎诊疗方案（试行第四版）》，在中医治疗方面首次提出陈皮相关应用，在此后的多版诊疗方案中均提及陈皮。不仅是国家级新冠病毒感染诊疗方案，不少地级市及以上卫生管理部门发布的中医防治方案中，也多次提及陈皮。新会市本地发明了多种以新会陈皮为原料的药品。

例如，广东金山百草健康产业有限公司发明的岭南三宝口含片（CN107496893A），是一种防治晕动症的中药制剂，该中药制剂服用方便、口味良好。

江门市新会区晒宝茶业有限公司发明的陈皮橘红片（CN114601871A），解决了现有技术中陈皮和橘红单独使用药效较为单一的问题。该发明提供一种新会陈皮片和化州橘红片按一定的比例配方（配方：陈皮约2克配橘红约1克），更好地发挥陈皮橘红的药用价值，达到理气润肺功效。

特一药业集团股份有限公司发明的止咳中药组合物（CN101862442B），方中陈皮具有理气、调中、燥湿、化痰的功能。该发明使药材采用更合理的工艺提取，生产效率大幅度提高，且有效成分能够比原止咳宝片工艺提取得更彻底，药品的质量也更为优良，从而能更好地发挥药效，更好更广泛地应用于临床。

此外，陈皮中的抗氧化成分在化妆品领域有广泛的用途和利用前景。目前新会市已出现以新会陈皮为原料制作的日用化妆品。

例如，无限极（中国）有限公司发明的一种调节皮肤免疫力、延缓皮肤老化的外用护肤品（CN103520081B），具有减少皱纹、减少皮肤粗糙度、均匀肤色、提高皮肤弹性、紧致皮肤等功效，能使皮肤更细腻，更显年轻。

江门职业技术学院发明了一种含陈皮提取物的氨基酸沐浴露（CN109276494A），采用的陈皮提取物作为功效成分，在抗炎抗敏止痒的同时，兼顾滋养舒缓肌肤的功效。

除上述人体必需的化学成分外，陈皮还具有柠檬烯、萜品烯、蒎烯、石竹烯、对伞花烃、松油醇、β-月桂烯、2-甲胺基-苯甲酸甲酯等挥发性成分，这些挥发性成分也是主要的气味来源，使陈皮具有独特的香气，是传统的香料、调味的佳品。

江门市新会区和昌隆陈皮茶制品有限公司发明的车内香薰袋（CN216101461U），利用陈皮制作香薰袋本体，相比现有的布制香薰袋成本低，且陈皮自身携带香气，相较布制香薰袋具有一定防水效果。

新会陈皮的价值点是药用保健、调料食品和人文文化。通过技术创新及其专利保护，新会陈皮产业加工技术日趋提升，产业链条日益绵长，产品方向更加多样化。

3.2.2.3 专利助推第三产业——发展融合

近年来，新会陈皮的规模发展与品牌价值均迎来多重利好，新会也乘势推动"陈皮+文旅""陈皮+金融"等"陈皮+"融合共赢，而专利也在"陈皮+"融合共赢中提供助力。

1. 陈皮+文旅

新会陈皮是具有新会特色的地理标志。地理标志往往承载着一个地方对过去的地域文化和风物特色的怀恋，是当地历史积淀的特色产物，是一个地方、一片山、一条河的代名词和名片。而包装正是宣传、彰显和推广这种名片的重要媒介，外包装显然有必要将审美工艺与地方自然文化特色相互结合、相得益彰，通过这种方式，地理标志产业与文旅等相关产业融合发展，共同推进。外观专利保护就提供了激励并保护地理标志外包装创新的重要途径。

例如，新宝堂申请的陈皮花生的包装袋（公开号：CN307561845S）设计中，如图 3-4 所示，包含了新会茶坑村、新会凌云塔等新会村标志性旅游景点，同时还包括了新会柑的种植、丰收等情景。茶坑村种植新会柑的历史可以追溯到立村之初，村民对生产、加工、食用陈皮的有关记忆，从遥远的祖辈一路传承至今，茶坑村也是新会陈皮产业核心地带之一。而在冈州大地流传着一个说法，"能见到凌云塔的地方，必定产出高品质的新会陈皮"。新宝堂的这个产品包装不仅体现了陈皮花生所需的原料陈皮来自新会陈皮产区之一的茶坑村，同时也展示了新会的标志性旅游景点，体现了产品与文旅融合。

图 3-4　陈皮花生的包装袋

再如，江门酵敬堂生物科技有限公司的陈皮柑柠檬酵素包装盒（公开号：CN304252549S）设计中，如图 3-5 所示，包含了凌云塔的形象，体现了产品的原产地；在包装的文字中介绍了梁启超故居（广东省江门市新会区会城镇茶坑村），体现了产品与文化的结合。

图 3-5　陈皮柑柠檬酵素包装盒

2. 陈皮+金融

专利质押融资是相对新型的融资方式，可以帮助专利权人获得融资、扩大生产、增加销售等，在服务企业、助力创新发展中起到重要的作用。目前，江门市的多家陈皮企业的相关专利经评估作为质押物从银行获得贷款，如金康宝申请的"一种水果清洗与分拣流水线"（CN214431622U）、"一种鲜柑皮脱水萎凋设备"（CN214469679U）、"一种柑树自动喷淋设备"（CN214430149U）等多项专利均进行过质押活动。再如，江门市新会区冈州陈陈皮产业有限公司申请的实用新型专利"一种温度分布均匀的小青柑烘干装置"（CN210382467U）、丽宫食品申请的发明专利"电动陈皮滚刀"（CN106108060A）等也开展过质押活动。

除专利质押融资外，新会陈皮作为江门的"金字招牌"，以地理标志本身开展质押融资活动，获得银行集体授信额度达 6 亿元，成为全国首宗超 5 亿元的地理标志质押融资项目，为江门企业换来了"真金白银"，有效解决了地理标志企业"轻资产、缺担保"的融资困境，惠及企业约 300 家。在地理标志质押融资的加持下，地理标志企业应加大研发投入，进一步研发新工艺，开发新会陈皮精深加工产品，丰富新会陈皮产品链，持续提升产品价值。

如今，新会陈皮通过技术创新及专利保护，以"一产筑基、二产拓面、三产互动"的方式解决了产业发展存在的问题，延伸并扩宽了产业链，实现了一、二、三产业融合发展，有效提高了区域经济的整体实力。

3.3 地理标志与专利综合运用的作用及启示

3.3.1 地理标志与专利综合运用的作用

浏阳花炮产业通过技术创新提高了产品的安全性和环保性，突破了产业发展瓶颈，延续了产业的生命力。新会陈皮产业通过技术创新扩大了产品品类，延伸了产业链，促进一、二、三产业融合发展，以科技创新助力乡村振兴，实现百亿产业再进阶。综合浏阳花炮、新会陈皮产业发展与技术创新及其专利保护综合运用的经验，初步探索总结了地理标志与专利综合运用对产业促进的启示，旨在为相关产业的创新发展提供经验和借鉴。

第一，技术创新及其专利保护延展了传统地理标志产业的生命力，增强了传统地理标志产业的政策适应性、时代亲和力，延续传承了民族文化。以浏阳花炮为例，深厚的文化内涵、独特的历史沉淀、悠久的传统工艺虽然使花炮成了一种承载民族文化的艺术产品，但随着社会的逐步发展，安全与环保成为花炮产业发展不可逾越的两道"门槛"，提高安全性和适应环保要求是烟花爆竹产业的根本出路。针对花炮产业的安全与环保问题，浏阳花炮积极开展技术研发和专利布局，通过在原料、生产过程、燃放等方面进行技术创新，突破产业瓶颈，克服了产业自身存在的不安全因素以及政策带来的产业系统性风险，延展了浏阳花炮产业的生命力，增强了产业的政策适应性和时代亲和力。以科技创新催生新发展动能，实现了安全提质、技术革新、质量创优，推动花炮产业向安全化、智能化、绿色化方向转型升级，助推产业快速、高质量发展，开创新局面。如今，浏阳已具备了全球花炮行业最完备的产业链条，形成了集原材料供应、生产经营、科研设计、包装印刷、仓储物流、焰火燃放、文化创意于一体的花炮产业集群，实现了民族文化的延续传承。

第二，技术创新及其专利保护拓宽和延长了传统地理标志产业的产业链，丰富了地理标志产业的产品或服务形式，提升了产品和服务的附加值。作为一个传统的道地药材地理标志产品，新会陈皮产业的发展存在柑果种植合格率不高、陈皮产品推广品种少、销售渠道较为单一等问题。针对上述问题，新会陈皮产业在一产方面，通过良种繁育保护新会柑种质资源，通过数字农业设施技术创新实现柑果规范化种植，提高种植合格率。在二产方面，新会陈皮标准化加工和贮藏技术集成创新多项陈皮加工技术，率先实现了新会陈皮自动化、标准化和规模化的生产，改造和提升了"九制陈皮"的传统加工工艺，提高了生产效率。通过技术创新开发利用新会柑皮、肉、渣、汁、核，精深加工链条不断拓展，延伸产业链，促进了新会陈皮产业结构优化。在三产方面，新会陈皮依靠专利技术创新实现"陈皮+"产业融合，助力新会陈皮产业拓销路、打品牌、增效益。浏阳花炮产业在技术创新的促进下，前端向科研设计延伸，后端向文化创意、服务延伸，不断走向"微笑曲线"的两端，丰富传统地理标志产业服务形式，提升产品和服务的附加值。由此可见，技术创新及其专利保护让基于传统地理标志的核心产品得以拓展，丰富了产品种类，也提高了产业的整体附加值。

第三，技术创新及其专利保护激发了企业的创造力，增强了企业的竞争力，增加了企业的市场效益，保证了企业的可持续发展。东信烟花、熊猫烟花等企业通过在原料、生产过程、燃放等方面进行技术创新，克服技术上的难题，突破产业发展瓶颈，成功穿越行业寒冬，延伸企业的生命力。中洲烟花、新宝堂等企业通过完善产品生产工艺，提高产品的质量和性能，提高生产效率，降低成本，增加经济效益。丽宫国际、新宝堂等企业通过技术创新研制出陈皮酵素、陈皮月饼等产品，增强了企业的市场竞争力，从而提高市场占有率，使企业在市场竞争中占据优势。技术创新让传统地理标志产业焕发新的生命力，让企业浴火重生，让产业实现高质量发展。

3.3.2 地理标志与专利综合运用的启示

浏阳花炮、新会陈皮两个案例的地理标志与专利的综合运用分析中，我们也可以获得同类型地理标志产业面向高质量发展的启示：

第一，在保持传统地理标志特色品质的同时，通过技术创新和专利保护与运用，可以适应新形势、应对新挑战、适应时代新要求。

近年来，环境污染、能耗高、安全风险、原材料匮乏等问题严重制约了花炮、陶瓷、玉石等高能耗、高污染地理标志产业的发展，行业面临日渐式微的局面。针对上述情况，相关地理标志产业急需强化科技创新支撑，借力地理标志与专利综合运用，助推突破产业发展瓶颈，促使产业在保持传统地理标志特色品质的同时，向安全化、智能化、绿色化转型升级。此外，相关地理标志产业应加快优化产业布局，引进培养技术型专业人才，构建生产集约、经营规范、环境友好、安全可控的现代产业体系，以创新应对新挑战，适应时代新要求。

第二，政府及行业组织应当积极引导和推动专利技术创新延展和拓宽地理标志产业的产业链、丰富地理标志产业核心产品之外的衍生产品及服务形式。

我国的地理标志产品多数为初级农产品，属第一产业，产品在经过简单的种养殖、采摘或捕捞后便可上市售卖，大部分地理标志企业、协会等仅围绕地理标志产品本身进行投入，忽略或无暇顾及地理标志衍生产品的研发及地理标志与其他行业的融合，造成地理标志产业链单一脆弱，附加值提升不足，难以抵御气候、市场形势等客观因素带来的风险。针对上述情况，相关地理标志产业可以以技术为支撑，发展农产品加工或深加工，延伸、打造和完善产业链，丰富地理标志产业核心产品之外的衍生产品，满足市场多元化需求，提升产业附加值。

此外，依靠地理标志与专利综合运用，引导市场打通产业链上下游壁垒，构建"地理标志+物流、仓储、文旅、创意"等服务产业模式，推动产业向文化创意、服务延伸，走向"微笑曲线"两端，提升产业竞争力，提高区域经济的整体实力。

第三，地理标志产品相关研发和生产企业应当运用技术升级和专利保护策略开发新产品，拓展新空间，提升企业竞争力，实现企业市场竞争的差异化和细分赛道的高质量可持续发展。

从微观上说，企业是实施创新驱动发展战略的重要主体，是推动地理标志产业加速发展的关键力量。相关地理标志企业应积极与高校及科研院所、政府机构、供应商和用户等紧密联系，分析需求，研判市场，了解技术，通过寻找细分赛道，开发面向特定群体的地理标志相关新产品，在竞争与合作中提升自主创新能力，通过技术创新提高产品质量和性能，实现差异化发展，提高细分市场占有率。

4 地理标志与版权的综合运用

地理标志作为保护和传承优秀传统文化的鲜活载体，具有较强的文化属性。在现代文化产业发展过程中，版权发挥的作用越来越大，版权的运用和开发使得更多文化产品和服务具有更大的市场价值。与地理标志产业悠久的文化和历史相比，我国大多数地方针对地理标志产业发展相关的版权创作与保护意识有待进一步提升。对视听作品、文字作品、美术作品、民间文学艺术作品等进行创作与保护，既能帮助塑造地理标志形象，讲好地理标志故事，以高颜值形象塑造地理标志发展"好气质"、好品质，提高知名度、美誉度和市场占有率，又能为地理标志产业赋予更强大的文化生命力，对于地理标志产业做大做强、高质量可持续发展作用巨大。本章以德化白瓷和蕲艾为案例，分析探讨其在版权保护和创造运用方面的实践经验及其启示。

4.1 德化白瓷产业

德化白瓷是福建省德化县的特产，2006年12月27日，国家质量监督检验检疫总局批准对"德化白瓷"实施地理标志产品保护；2006年，德化瓷烧制技艺被列入国家首批非物质文化遗产保护名录；2021年，德化窑址被列入世界遗产名录，同时德化白瓷入选福建文化标识。

德化版权保护工作起步较早、措施多样、成效显著。福建省泉州市德化县立足本地实际情况，紧密结合县域实情和产业特点，以版权和地理标志的综合运用，大力发展陶瓷特色产业及相关产业，形成版权保护促进陶瓷产业发展的"德化经验"。

4.1.1 德化白瓷产业基本情况

4.1.1.1 历史沿袭

德化瓷业，兴于唐、宋，盛于明、清。德化在新石器时代就存在印纹陶的制作。唐末五代时，德化制瓷业开始逐步发展，并出现了第一部完整的陶瓷专著《陶业法》。至宋元时期，德化陶瓷业初具规模，并畅销海内外，成为当时"海上丝绸之路"主要商品之一。明清时期，"中国白"的美誉，标志着德化白瓷进入成熟期。清代德化白瓷的产量比明代有所增长，除了烧造各种供器及观音、弥勒佛之类的瓷雕外，也烧制各式酒杯、瓶、壶、碗等日用器皿。

德化白瓷素有"中国白""东方艺术""国际瓷坛明珠""白美典雅精巧诱人的尤物"等美誉，"中国白"原文（BLANC DE CHINE）是法国人对明代德化白瓷的赞誉，德化窑历史悠久，历经了千年风霜，在中国陶瓷史上留下了浓墨重彩的一笔，在世界陶瓷史上，"中国白"一词成了德化白瓷的代名词。

近些年，德化白瓷依然满载荣誉。2006年德化瓷烧制技艺列入国家首批非物质文化遗产名录；2021年德化窑址成功列入世界文化遗产；2017年金砖国家领导人在厦门会晤，德化白瓷不仅是会议用瓷、国宴瓷，更在16件国礼中占了15件；北京2022年冬奥会、冬残奥会陶瓷版吉祥物"冰墩墩"和"雪容融"，以及官方礼物"冬奥•文君瓶"和"冬残奥•文君瓶"均产自德化。

独特的原料资源、地理环境、工艺技术、文化积淀等因素造就了德化白瓷独一无二的质量特色，使得德化白瓷驰名海内外，一批瓷雕艺术作品先后荣获国内国际大奖，并被国内外知名博物馆收藏。例如，"千手观音""立莲观音""渡海观音""贵妃出浴""天女散花""苏武牧羊""九歌山鬼""木兰易装""世博和鼎"等。

德化白瓷荣获"国家地理标志保护产品"称号后，德化县实施一系列保护措施，成立保护机构、出台相应保护规定、制定相关产品标准、助推企业使用、保护专用标志等，使德化白瓷产品知名度不断攀升。如今，德化白瓷集实用、装饰、观赏于一体，产品远销世界 190 多个国家和地区。

德化白瓷驰名海内外，众多产品荣获各项荣誉。以下为部分产品所获荣誉：

1915 年，宝美瓷雕艺人苏学金以捏塑《瓷梅花》参加在美国旧金山举行的为期 10 个月的巴拿马万国博览会，获得金奖，县令吴承铣赠以"极深研究"大匾。

1977 年，全国陶瓷工艺美术评比，德化瓷厂杨剑民所作浮雕《孔雀水仙花瓶》获优秀作品奖。

1979 年，轻工业部授予德化瓷厂所产的建白瓷雕优质产品证书。

1980 年，全国陶瓷工艺美术评比，德化瓷厂许金茂的瓷雕《八仙舟》和吴远昕的瓷雕《莫愁女》均获设计优秀奖。

1982 年，全国陶瓷工艺美术评比，德化瓷厂陈德卿的瓷雕《观涛观音》获设计一等奖。

1985 年，全国陶瓷产品同行业质量评比，德化瓷厂林质彬的新彩《雪景挂盘》、杨剑民的建白刻花《西厢皮灯》、周雅国所作的《嫦娥皮灯》、杨剑民所作的建白刻花《玉卉中餐具》以及该厂仿制的《华泰厚胎餐具》均获优胜产品奖。

1995 年，仁海大师作品《荷花女神》被选为国宾礼品。

2001 年，《丝海弦韵》荣获英国国际发明博览会金皇冠奖。

2007 年，曾逸腾的《梅开五福》在《历史的对话—德化古今陶瓷艺术展》现代陶瓷精品评选中荣获金奖。《清风亮节》在第九届中国（国家级）工艺美术大师精品博览会中荣获中国工艺美术金奖。

2013 年，在第三届中国国际轻工消费品展览会暨第三届中国陶瓷文化艺术创意设计精品展览会上，陈明良的《悟省》、赖礼同的《天问》、陈仁海的《富贵临门》等 23 件珍品佳作夺得金奖，曾映雪的《和谐》、陈丽玲的《中国梦·幸福梦》等 20 件作品获银奖，还有 38 件作品获铜奖。

2014 年，《民族风·魅力广西》荣获第四届"大地奖"金奖。

2018 年，陈金通"羊脂白糯米胎高密度丝光玉瓷及其制作工艺"荣获法国巴黎第 117 届国际发明展览会铜奖。

2022年8月，在中国轻工业联合会主办的第二届中国工艺美术博览会"百鹤杯"工艺美术设计创新大赛上，德化白瓷《筑梦》等4件作品获金鼎奖，《戏里戏外》等5件作品获百鹤奖，《八仙》等2件作品获百鹤新锐奖。

作为中国文化的重要象征，德化陶瓷一直扮演着文化使者的角色，代表着中国传统工艺美术的高水平。德化瓷器经常作为党和国家领导人在重要活动或出访国外时的重要礼品和驻外使领馆等专用瓷器。德化陶瓷大师创作的白瓷作品多次被选为国礼瓷器，馈赠给国外友人，成为中国向世界展示文化的重要窗口。以下为部分产品示例：

1. 上海世博会福建馆镇馆之宝：世博和鼎

为隆重庆祝上海世博会，世界瓷艺设计大师、中国白艺术宫主席、德化陶瓷学院客座教授陈仁海先生，运用中国白瓷花捏塑技艺，创作了世界第一尊纯手工制作的大型孤品瓷鼎，以庆祝上海世博盛典，彰显中华风采。德化白瓷作品《世博和鼎》如图4-1所示。❶

图4-1 德化白瓷作品《世博和鼎》

《世博和鼎》，专利号：20083031562.2，版权号：13-2008-F-2768。鼎

---

❶ 仁海网. 世博和鼎［EB/OL］.［2023-06-20］. http://zgb.renhainet.com/product.php?type=74&la=1&kid=430.

高129 cm，直径72 cm，形态雄浑壮观，鼎身有中国吉祥纹饰、世界和平标志性符号；鼎内玉兰花、梅花、牡丹花、菊花争相开放，繁花似锦，巧夺天工，如脂似玉，一派生机勃勃的自然和谐景象。《世博和鼎》运用德化瓷烧制技艺，将中国白艺术与现代科技完美融合，历经多次精雕细磨，制作而成。造就了《世博和鼎》的历史文物价值、艺术价值、研究价值，被陶瓷界誉为"千年一宝，世界瓷王"。

2.《四海同心》系列国宴瓷

陈仁海所作主题为"四海同心"系列国宴瓷套装，包括元首餐具套装、金砖元首杯、元首茶器等，多达118件（套），是厦门金砖会晤的国宴餐具用品。《四海同心》系列国宴瓷如图4-2所示。❶

图4-2 《四海同心》系列国宴瓷

《四海同心》系列国宴瓷以白色和金色为主色，代表德化的中国白和金砖五国的金色，金色线条勾勒点缀表达"一带一路"倡议精神，江崖海波纹象征海上丝绸之路，葫芦寓意着五湖四海、福禄万代，从抒情的形式美出发，以简炼、纯净和流畅的金色线条，描绘了鼓浪屿日光岩的雄浑形象。如闽菜代表佛跳墙的炖盅，形似帆船又似元宝，巧妙地将观赏性和菜品的保温功能

---

❶ 艺术中国．陈仁海：秉承匠人精神让世界共享"中国白"[EB/OL]．（2018-12-15）[2023-06-20]．http://art.china.cn/huodong/2018-12/15/content_40614672.htm.

融合在一起，这一设计体现了"开放、包容、合作、共赢"的金砖精神。

3. 文君瓶

"文君瓶"是北京冬奥会特许商品，包含"冬奥·文君瓶"和"冬残奥·文君瓶"，如图4-3所示。❶

图4-3　"冬奥·文君瓶"和"冬残奥·文君瓶"

2022年1月7日，北京2022年冬奥会和冬残奥会特许商品"文君瓶"发布会在北京首钢园举行。"文君瓶"以德化白瓷为载体，将中国瓷文化和现代奥林匹克精神融为一体，晶莹剔透的瓷身上体现了奥运元素，承载了独特的文化魅力和人文情怀，展现了中国虚怀若谷、沉稳低调的君子之风，是对北京2022年冬奥会的美好憧憬。编号为001-100的"冬奥·文君瓶"（高56 cm）、"冬残奥·文君瓶"（高56 cm），编号为001-200的"冬奥·文君瓶"经典版（高24 cm）、"冬残奥·文君瓶"经典版（高24 cm）被选为2022年冬奥会奥林匹克大家庭以及国际残奥委会官方礼物。"文君瓶"在设计上文儒雅致、理性静穆、舒展灵动、动静结合、器道合一，代表了当代中国白瓷艺术的较高水平。

---

❶　北京冬奥组委官网. 北京冬奥会特许商品"文君瓶"发布［EB/OL］.（2022-1-7）［2023-06-20］. https：//mp. weixin. qq. com/s?__biz = MzkzNDQzMTYxMw = = &mid = 2247509245&idx = 1&sn = 2fee76690935282fa1009ff4d3397004&source = 41#wechat_redirect.

4. 仿清乾隆白釉凸雕玉簪花式瓶

《仿清乾隆白釉凸雕玉簪花式瓶》❶原文物藏于故宫博物院，为乾隆时期清宫旧藏，如图4-4所示。

图4-4　仿清乾隆白釉凸雕玉簪花式瓶

《仿清乾隆白釉凸雕玉簪花式瓶》的花口、长颈、丰肩、圈足，胎体洁白细腻，通体施白釉，釉色恬淡，外壁颈部和腹部有凸雕玉簪花叶及花蕾纹饰，花叶内以极细的线条刻划经脉纹理，纹饰清晰，具有较强的装饰效果，外底篆体刻"大清乾隆年制"六字三行款。此瓶造型优美、构思巧妙、工艺精湛，彰显了乾隆时期高超的制花技艺。

4.1.1.2　产业现状

德化县高度重视陶瓷产业发展，先后出台了《德化县打造白瓷艺术品牌十条措施》《德化县乡村文化振兴工作实施方案》《关于支持"中国白·德化瓷"产业高质量发展若干措施的通知》等政策文件。

---

❶　三德陶瓷. 中国德化陶瓷版权保护成果展［EB/OL］.（2016-12-01）［2023-06-20］. https：//mp.weixin.qq.com/s/fvTpb6fFU53meBdi-zbtIw.

《德化县打造白瓷艺术品牌十条措施》制定的目标是打造德化白瓷艺术品牌，支持艺术陶瓷提高品质，提升德化陶瓷附加值，促进德化艺术陶瓷产业发展。主要措施有：鼓励德化陶瓷大师新秀积极加入行业协会；鼓励支持举办各类德化艺术陶瓷展览展销活动、支持德化县陶瓷艺术工作者参加各类陶瓷设计大赛、艺术作品展以及陶瓷技能大赛；鼓励支持专业营销机构团队拓宽德化艺术陶瓷市场营销渠道；鼓励壮大艺术陶瓷职业经纪人队伍；鼓励德化陶瓷文创营销机构（企业、团队、个人）以"大师 IP+文创""大师 IP+产品""大师 IP+产业"模式开发陶瓷文创产品，提升德化陶瓷附加值；鼓励线下市场布局，提高德化艺术陶瓷市场占有率；鼓励引进陶瓷文化艺术高端资源；支持打造一批可参观、宣传、借鉴、推广的大师工作室、艺术馆、美术馆；鼓励国内外学者、作家和陶瓷从业者开展德化陶瓷文化艺术研究、人才培养等。

《德化县乡村文化振兴工作实施方案》的发展目标是到 2021 年年底乡村文化振兴取得重要进展，持续做好德化窑（屈斗宫、尾林—内坂）宋元遗址申报世界文化遗产工作，统筹资源，突出重点，开创德化县文旅工作新局面。主要措施有：组织开展陶瓷文化等各类文化惠民活动，大力弘扬陶瓷文化等特色地域文化等，提升农村公共文化服务供给质量，传承弘扬农村优秀传统文化。

2022 年，福建省工信厅、省教育厅、省科技厅、省财政厅、省商务厅、省文旅厅、省市场监管局等七部门联合发文，出台《关于支持"中国白·德化瓷"产业高质量发展若干措施的通知》。这十条措施分别是：支持打造"中国白·德化瓷"产业高质量发展高地，壮大龙头骨干企业，推进企业创新发展，提升工业设计水平，加快数字化改造，铸造品牌拓展市场，培育引进高端专业人才，推动文旅融合发展，强化政策要素保障，加强行业引导服务。通过十个方面的举措，全力推动"中国白·德化瓷"产业高质量发展。

德化县还立足传统，不断鼓励以创新助推工艺的提升，如德化县的陶瓷企业不断地进行产品的设计研发，将文化创意元素融入各类陶瓷产品之中。为了拓展陶瓷产业的种类，德化县正计划进军卫浴陶瓷、建筑陶瓷、高科技陶瓷等新领域。为此，德化县引进了高性能碳化硅陶瓷及复合材料和技术创新研究院所生产的特种陶瓷、半导体、光伏等特殊陶瓷产品。同时，德化县还引进了超细环保矿物纤维材料项目,生产摩擦制动材料和机械密封材料,引进誉隆硅材料项目,成立石英板材和光电制品生产厂,并完成了部分生产线的调试和试产。这些措施旨在实现德化县陶瓷产业的多元化和高端化发展,提高其市场竞争力和附加值,推动德化县的经济发展。

根据德化县人民政府网站信息,2018—2022年,德化县实施陶瓷产业跨越发展五年行动,产值从328亿元增长到502亿元,产业规模持续壮大,焕发出巨大活力。2015年陶瓷产值188.2亿元,其中出口陶瓷126.86亿元,约占中国陶瓷出口总量的9%,销往五大洲190个国家和地区。2016年陶瓷产值199.5亿元,2017年陶瓷产值228亿元,2018年陶瓷产值328.46亿元,2019年陶瓷产值363亿元,2020年实现陶瓷产值402.5亿元,2021年陶瓷产值突破450亿元。截至2021年,德化有260多家大师工艺展馆、680多家陶瓷企业展馆。截至2022年,全县拥有陶瓷企业4000多家,从业人数10多万人,全县70%的陶瓷产品远销海内外。陶瓷品牌评估价值达1086亿元。依托陶瓷产业的发展,德化电子商务运用企业也达到7500多家、交易额达到150亿元,拥有3个淘宝镇、15个淘宝村,是全国最大的陶瓷电子商务产业基地,已连续四年进入"中国电子商务百佳县"榜单。

4.1.1.3 重点企业

根据福建省市场监督管理局官网数据,截至2023年3月31日,获准使用地理标志专用标志德化白瓷的企业有122家。以下对三家龙头企业进行简要介绍。

1. 福建泉州顺美集团有限责任公司

福建泉州顺美集团有限责任公司(以下简称顺美集团)于1998年3月16日在福建省德化县工商行政管理局登记成立。公司经营范围包括生产加工、制造及销售工艺美术瓷、日用瓷、建筑陶瓷等。顺美集团承接了冰墩墩、雪容融的陶瓷生产,制作了北京冬奥会高级别官方礼物"冬奥·文君瓶"和"冬残奥·文君瓶",为北京冬奥会助力,为"冰墩墩""雪容融""文君瓶"添加"中国白"元素,展示中国之美。

顺美集团所制作陶瓷先后被评为"中国出口名牌企业""国家文化出口重

点企业""中国驰名商标""2014年中国版权最具影响力企业""全国版权示范单位"。2013年顺美集团进行产业转型,从陶瓷外贸生产企业向文旅产业方向发展,建立了顺美陶瓷文化生活馆,目标是打造成陶瓷界的迪士尼乐园,成为集陶瓷文化体验、创作体验、观光工厂和研学教育于一体的大型陶瓷文化旅游综合体。

2. 福建省佳美集团公司

福建省佳美集团公司(以下简称佳美集团)于1993年7月经福建省经贸委批准成立,同年经国家对外贸易经济合作部批准,赋予集团核心企业佳美集团公司自营进出口经营权。2000年4月经国家对外贸易经济合作部批准,组建福建省佳美集团公司厦门国际货运有限公司,2001年7月组建福建省佳美集团厦门进出口有限公司。

佳美集团的佳美牌工艺陶瓷2006年荣获"中国名牌"称号,2007年荣获"福建名牌"称号。公司以生产工艺瓷、树脂工艺品、高档日用瓷、礼品艺术瓷为主,产品销往国际30多个国家和国内各大城市,是一家集生产、科研、彩印包装、贸易、仓储、运输于一体的高度外向型股份制民营企业。凸显各成员企业相互配套、共同发展的集团优势。

3. 福建省泉州龙鹏集团有限公司

泉州龙鹏集团有限公司组建于1999年1月,注册资金3000万元,主要生产陶瓷艺术品,是德化县陶瓷产业龙头企业,所生产的陶瓷产品造型精致、工艺优良、种类繁多、异彩纷呈。公司设有陶瓷技术研发中心(福建省省级企业技术中心),具有雄厚的科研、新产品开发及生产实力。"龙鹏和图形"商标被认定为"福建省著名商标","龙鹏"被认定为福建省知名字号,"蓝玉瓷"被认定为中国陶瓷行业名牌产品和福建省名牌产品。

德化县积极推动产业转型升级,大力培养和支持陶瓷行业的龙头企业,以推动陶瓷产业的可持续发展。许多陶瓷企业开始注重产品的设计和研发,加强与国内外知名品牌合作,推出了一批具有自主知识产权的高端陶瓷产品。此外,一些陶瓷企业也开始探索新的市场领域,如旅游陶瓷、艺术陶瓷等,拓展陶瓷产业的多元化应用。同时,德化县的陶瓷产业逐渐转型升级,朝着更加高端化、专业化、智能化、环保化的方向发展。

4.1.1.4 产业特点

德化白瓷在我国白瓷系统中具有独特的风格，在陶瓷发展史上占有重要地位，在国际上有"东方艺术"之美誉。近年来，随着国内外市场的不断扩大和经济的快速发展，德化白瓷的产业发展也得到了迅速的提升，已形成了以制瓷为主导的产业链，从原材料采集到成品制作，再到销售和服务，形成了一个相对完整的产业生态系统。德化白瓷具有一定的产业优势，在发展过程中也面临一些问题和挑战。

一是德化白瓷产品知名度较高。德化瓷始于新石器时代，兴起于唐宋时期，明清时期德化白瓷享誉海外，成为"海上丝绸之路"的主要畅销品之一，德化白瓷一直是我国重要的对外贸易商品。明清时期，德化瓷在国外享有盛誉，收藏爱好者和研究者甚多，英国收藏家唐·纳利先生所著的《中国白——福建德化瓷》、美国收藏家罗伯特所著的《中国白——伟大的德化白瓷》、新加坡收藏家海利所著的《中国白——德化白瓷》等书对德化陶瓷均做了详尽的论述。德化陶瓷远销海外也极大地促进了中外经济文化交流。

二是德化白瓷区域产业地位较高。坚持"传统瓷雕商品化，工艺陶瓷日用化，日用陶瓷艺术化"的发展思路，德化形成了传统瓷雕、西洋工艺瓷、日用瓷等齐头并进的陶瓷产业格局，陶瓷支柱产业地位突出。根据德化县人民政府官网公布的《2022年1—12月德化县经济运行情况分析》可以看到，陶瓷业、矿山冶炼业、电力业三大主要行业累计完成产值占全县规模以上工业产值比重达88.1%。其中，143家陶瓷业企业产值增长7%。产业规模持续壮大，充分显示出陶瓷业在德化县经济中的重要性。陶瓷产业链不断扩张，带动了相关行业的快速发展。在德化县的科技园工业区、城南工业区和环城路工业区等地，已经形成了陶瓷企业集群的形态，陶瓷企业之间的联系日益紧密。

三是德化白瓷产业加快升级。德化县制定了陶瓷产业跨越发展五年行动计划，启动了"中国白"未来共享、全球推广、创新提升三项计划。近年来，德化县政府不断加大对陶瓷产业的扶持力度，推动企业进行技术创新和产品升级，打造高端品牌，不断提高产品附加值和市场竞争力。德化县的陶瓷企业实现了从传统手工生产向数字化、智能化的转型，同时，引进先进的生产设备和技术，提高生产效率和产品质量，降低生产成本。德化县积极推动陶瓷产业与其他行业融合发展，如与互联网、文化旅游等行业融合，进一步拓宽市场和产业链。此外，德化县还注重开展技能培训和人才引进工作，持续提高企业的技术能力和管理水平，促进陶瓷产业可持续发展，使德化陶瓷产业不断升级，具有较大的发展潜力和市场前景。

当前，德化白瓷产业在发展过程中仍面临一些问题和挑战，主要面临市场竞争严峻、有同行抄袭风险、产业结构单一等问题。

一是德化白瓷产业面临严峻的市场竞争。在德化白瓷产业中，生产雷同的产品现象严重，市场上涌现出多种同类产品，重复建设、市场竞争问题明显。同时，陶瓷产业容易受到国内国际形势等因素影响，外贸出口等方面存在不确定因素。

二是德化白瓷产业存在同行抄袭的风险。虽然德化县的陶瓷企业生产日用瓷和工艺瓷的数量较多，如批量生产的日用瓷器，设计草稿、画样、图案等也是重要的要素，但始终面临着被同行抄袭的风险。不论是日用瓷还是艺术瓷，德化陶瓷产业都需要通过加强知识产权的保护来维护陶瓷业的创新创造活力，都需要营造德化陶瓷产业健康发展的知识产权保护环境。

三是德化白瓷产品的品类比较单一。即便是质地较好的德化白瓷，由于其造型和规格偏小，匠人也难以在作品上展示自己的技艺和技巧。德化白瓷在产品设计和创新方面还需要加强，以满足不同消费者的需求，使德化白瓷拥有更多审美的可能性、造型方面更多的可塑性、功能方面更多的实用性。

4.1.2 德化白瓷产业发展中的地理标志与版权的综合运用

在德化白瓷产业的发展过程中，审美设计成为吸引消费者的核心竞争力。对陶瓷作品而言，原创设计需要花费大量的心血，但抄袭复制的成本却很低廉，侵权现象极为普遍。大部分企业都有过版权侵权或者被侵权的经历，引进版权保护机制是德化陶瓷产业发展进程中的重大转折点。自 2001 年开始，德化县从政策上鼓励企业积极创新，强化版权保护，并广泛开展版权宣传教育，大力开展版权登记工作。德化县成立版权登记服务中心，利用各种形式加强版权登记及相关法律宣传，版权代理中介机构不断配合版权保护工作，在政府和企业的共同努力下，陶瓷产业版权保护成效显著。

企业应引入版权登记制度，一方面有利于宣传新作品，防止侵权；另一方面有利于企业进行自主维权。除此之外，版权登记为陶瓷企业申请行政保护和司法保护提供了重要依据。德化县目前已经形成"以版权保护为主，多种知识产权保护途径为补充"的战略思路，通过版权确权、版权维权、版权运用等保护阶段，推动德化陶瓷产业高质量发展，形成企业、协会、政府、司法、社会"五位一体、多元共治"的知识产权保护体系。

4.1.2.1 版权制度保障

1. 登记

《中华人民共和国著作权法实施条例》（以下简称《实施条例》）第二条规定："著作权法所称作品，是指文学、艺术和科学领域内具有独创性并能以某种有形形式复制的智力成果。"《实施条例》第四条第八项规定："美术作品，是指绘画、书法、雕塑等以线条、色彩或者其他方式构成的具有审美意义的平面或者立体的造型艺术作品。"我国著作权法保护的是作品中作者具有独创性的表达，而非作品中所反映的思想本身。实用艺术品既具有实用性，又具有艺术性。实用性虽然属于思想范畴不受著作权法保护，但其艺术性可受到保护，如实用艺术作品上具有独创性的艺术造型或艺术图案，该艺术品的结构或形式。作为美术作品中受著作权法保护的实用艺术作品，除同时满足关于作品的一般构成要件及其美术作品的特殊构成条件外，还应满足其实用性与艺术性可以相互分离的条件。德化白瓷产品满足作品一般要件（独创性、可复制性）、美术作品特殊条件（审美意义）、可分离要件，构成我国著作权法中的作品。

根据《作品自愿登记暂行办法》规定，作品登记证书是著作权归属的初步证明。作品登记具有简便快捷、费用低廉等特点，与陶瓷产业发展的需要相契合。为了鼓励企业开展作品登记，德化县在2001年就拨出专项资金，指定专人为陶瓷企业办理版权登记服务。2004年，德化县正式成立版权登记服务中心，2010年设立奖励机制，按照企业版权登记的数量进行阶梯式奖励。2013年开始，德化县政府结合"4·26"世界知识产权日等重要时间节点，利用各种形式加强版权登记，进行相关法律宣传，并实行各种奖励措施如对作品登记实行资金补贴等。2021年4月25日，福建省陶瓷产业知识产权运营保护中心正式揭牌，面向陶瓷产业开展专利预警、快速审查、快速确权、快速维权等服务。该中心的成立，有利于进一步优化德化县知识产权保护战略布局，培育高价值陶瓷产业知识产权，提高陶瓷产业核心竞争力，加快建立产业知识产权快速协同保护运营机制，为德化县陶瓷产业结构调整和转型升级提供服务支撑。

德化县成立了中国德化（陶瓷）知识产权快速维权中心，各职能部门先后出台多项扶持政策，完善"政府+司法+协会+企业+社会"五位一体的知识产权保护体系。同时，版权代理中介机构也发挥重要作用，多家知识产权代理公司积极配合政府的版权保护工作，在德化县设立分支机构，深入陶瓷企业进行宣传推介，为企业提供方便快捷的作品登记和版权维权服务。

2. 保护

（1）版权行政保护

近些年，德化县文化体育局充分发挥县级版权管理机构的职能，反应快速、取证及时，积极配合执法部门依法惩处版权侵权行为。德化县还开通了12318举报电话，相关执法人员会根据当事人的书面投诉申请，迅速进行介入，固定初步证据，及时查处侵犯著作权的行为。德化县对于版权案件的处理主要有责令停止侵权、行政处罚、赔偿损失等方式，打击各类版权侵权行为，以案释法，提高企业对版权保护的信任度。

德化县文化体育局根据实际需要，运用以案释法、事后许可、补偿出货等多种灵活处理方式。事后许可、补偿出货是指在处理侵权案件中，经与版权人协商，允许侵权人销售侵权产品，但必须赔偿经济损失，赔偿额相当于版权许可费，这种处理方式视为侵权发生后版权人在一定范围内许可侵权人使用其版权，尽可能将双方的损失和资源的损耗降到最低。

除了以上行政保护措施，在陶瓷电商知识产权保护方面，德化县委、县政府先后出台一系列政策激励措施，如对具有知识产权优势的优秀企事业单位给予不同标准的资金奖励和补助。德化县依托县产权办，完善快速维权机制，加大行政执法力度。政府通过举办陶瓷电商知识产权讲座、陶瓷电商知识产权竞赛等活动，全方位进行知识产权宣传教育。

（2）版权司法保护

对于陶瓷的版权保护，只靠行政执法还远远不够，还要依靠司法保护才能更全面有效。为方便德化陶瓷企业司法维权，德化县成立了知识产权审判巡回法庭及知识产权审判庭。2011年4月，泉州市中级人民法院在德化县设立全省首个知识产权巡回法庭，主要受理德化辖区内的一审有关著作权、专利权、商标权等知识产权纠纷案件。2014年，德化县成立了专门的知识产权审判庭，极大方便了陶瓷企业通过司法手段保护知识产权。为更好地推动企业创新驱动，德化县采取了一系列措施不断完善版权司法保护体系。例如，德化县人民法院在全省首推"1小时"诉前证据保全机制，有效防止侵权人转移灭失被控侵权产品和销售账册；德化县人民法院、县文化体育新闻出版局等部门联合出台了《诉调对接工作实施意见》，定期举行联席会议，以调解的方式化解知识产权纠纷；推出"互联网存证+司法鉴定"电商知识产权服务；建立电商园检察官联络室，为陶瓷电商企业提供法律咨询等。

（3）多方参与

近年来，德化县结合县域实情和产业特点，不断开拓工作思路，完善工作机制，加大扶持政策，强化多元共治，让各方了解和参与版权保护工作，提升版权工作效能，助推版权保护进入创造、运用和保护并重的新阶段。

在机制方面，德化县统筹推进版权保护工作。例如，成立以县政府主要领导任组长、相关部门为成员的版权工作领导小组；组建陶瓷行业诚信建设综合执法队；建立知识产权快速维权多方协作机制等。

在政策方面，德化县先后出台了扶持政策，包括促进知识产权高质量发展15条、促进陶瓷产业健康稳定发展58条、打造白瓷艺术品牌10条等，鼓励研发创新与版权登记，实现版权登记"由量向质"的飞跃。

3. 运用

德化县加强版权公共信息服务平台建设，充分发挥版权社会服务机构的作用，不断提升版权服务与管理能力，并不断强化宣传教育普及，让版权保护深入人心。

2021年4月26日，德化法院和德化县新闻出版广电局联合在德化县融媒体中心举行德化首部陶瓷版权保护微电影《爆款》首映式。该部微电影将陶瓷版权司法保护作为创作主线，直面仿冒、盗用、相互拐单、恶意压价等制约德化陶瓷产业发展的痛点、堵点，以陶瓷版权仿冒盗用为创作切入点，主要讲述了两个年轻陶瓷从业者从浮躁仿盗到忏悔自省再到沉心创作的蜕变历程。微电影宣传海报❶如图 4-5 所示。

图 4-5　微电影《爆款》宣传海报

4.1.2.2　版权保护成效

在版权保护方面，德化县起步较早、措施多样、成效显著，先后取得全球第二个版权保护优秀案例示范点、中国版权金奖保护奖等荣誉，版权保护促进了陶瓷产业发展的"德化经验"在全球推广。2016 年 11 月 14 日至 18 日，中国国家版权局在瑞士举办中国德化陶瓷版权保护优秀成果展，向全球推广德化在陶瓷产业版权保护方面的成功经验。

自 1999 年德化陶瓷产业版权保护不断加强以来，版权登记呈井喷式增长，年均作品版权登记数量占福建省近 40%，连续 20 年蝉联福建省各县（区、市）第一，近 10 年间合计登记作品版权 20 多万件。2022 年共执结涉陶瓷企业案件 850 余件，执行到位金额 1.5 亿余元，帮助 18 家被执行陶瓷企业

---

❶　泉州市中级人民法院.【4.26 知识产权日】泉州法院知识产权宣传周活动［EB/OL］.（2021-4-26）［2023-06-20］. https: //mp.weixin.qq.com/s/tfB1RsUzHyMMRdgbbVTDqg.

顺利获得融资3500余万元。近三年来,德化县人民法院共审结陶瓷类知识产权纠纷382件,以典型案例引导100多家企业申请专利300多件,注册商标100多件,登记版权3500多件,涵盖艺术陶瓷、日用陶瓷等多个领域。

4.1.2.3 版权保护案例

福建省各级政府及司法部门不断加大德化白瓷的版权保护力度,积极调处各类版权侵权纠纷案件,在调处版权纠纷时,查明事实、分辨是非、明确责任,让侵权方停止侵权并承担相应法律责任。以下为几个版权保护典型案例:

1. 陈某煌诉河间市天久玻璃制品有限公司、福建省德化造物居陶瓷有限公司著作权权属、侵权纠纷案

2018年1月19日,福建省版权局受理了作品《喜鹿》的著作权登记,登记号为"闽作登字-2018-F-00003521",作者及著作权人均为陈某煌。该作品通体采用典型的德化白瓷烧制而成,分为上部茶滤和下部鹿形支撑架。其中的茶滤采用荷叶状造型,茶滤支撑架整体为四蹄跪着的小鹿。小鹿鹿头采用写意手法,仅勾勒出微微张开的嘴角和眼睛,露出些许喜悦,呼应"喜鹿"主题。鹿头两侧有两只耳朵和两个鹿角,主鹿角合抱成一个四分之三的圆弧,整体微微上翘,用以拖住荷叶状茶滤。鹿颈向后微倾伸直,呈现优美的弧线,伸长的鹿颈正好为茶滤悬空留足了高度。鹿的躯干矫健,四蹄成跪状,使得整个茶漏四平八稳。整个作品构思巧妙、简洁流畅、寓意深刻,传达了作者对美好生活的热爱和祝福。2021年3月、4月,陈某煌经证据保全公证分别在"天猫"网站名称为"后芹旗舰店"的网店,"1688"网站名称为"河间市天久玻璃制品有限公司"的网店购买了"茶漏"共3件,于2021年6月4日向德化县人民法院提起诉讼。经庭审比对,被诉侵权的茶漏与陈某煌主张的《喜鹿》作品,虽在产品材质及鹿角、茶漏设计等方面有所差异,但并不足以使两者构成实质性区别。德化县人民法院判决河间天久公司、造物居公司应立即停止侵犯涉案作品《喜鹿》著作权的行为并销毁侵权产品,河间天久公司赔偿陈某煌经济损失(含合理维权费用)40000元,德化造物居陶瓷有限公司赔偿陈某煌经济损失(含合理维权费用)20000元。河间天久公司不服一审判决提起上诉,泉州市中级人民法院二审驳回上诉,维持原判。

对于具有独创性、艺术性、实用性、可复制性，且艺术性与实用性能够分离的实用艺术品，可以认定为实用艺术作品，并作为美术作品受著作权法保护。受著作权法保护的实用艺术作品必须具有艺术性，著作权法保护的是实用艺术作品的艺术性而非实用性。本案的核心问题在于河间天久公司生产的产品是否侵犯陈某煌涉案作品。法院认为，河间天久公司生产的涉案产品与涉案《喜鹿》作品均为茶滤托盘，属于实用工艺品范畴，同时具备实用性和艺术性，将鹿作为题材使用在茶滤托盘上，更多作者的选择会以鹿角作为实现托盘的托举功能，在此前提下鹿角依然存在较大的能够体现艺术美感的设计空间，而本案河间天久公司生产的产品虽然在鹿角小分支上多出一个小分支，但两者鹿角小分子的呈现方式依然十分近似，结合小鹿整体跪坐的姿势、鹿头朝向、仰角、鹿身弯曲的曲率等元素，应当认定两者构成实质性相似。由于涉案《喜鹿》登记时间在前且亦授权他人在天猫网店上销售，河间天久公司存在接触该作品的可能性，故应当推定河间天久公司的涉案产品是简单复制改动涉案作品而来。河间天久公司生产的涉案产品侵犯了陈某煌涉案作品《喜鹿》作品的著作权，应当承担停止侵权、赔偿损失等侵权责任。❶ 作品《喜鹿》❷ 如图 4-6 所示。

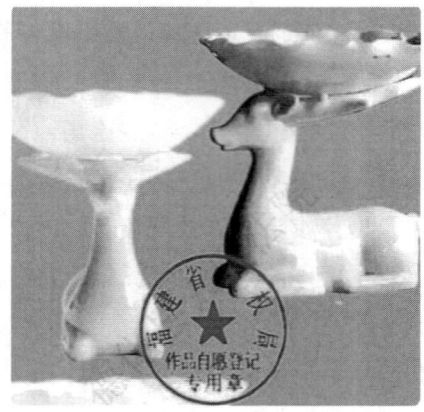

图 4-6　作品《喜鹿》

---

❶ 泉州市中级人民法院. 2020—2021 年泉州法院知识产权司法保护十大案例［EB/OL］.（2022-04-26）［2023-06-20］. https://mp.weixin.qq.com/s/OcfVyEgLa-x2Q9ezHjpHOA.

❷ 德化法院. 这些知产保护案例，有你眼熟的吗？［EB/OL］.（2022-04-24）［2023-06-20］. https://mp.weixin.qq.com/s/_MqOtGarQxHrkyFmHcA-qQ.

2. 颜某诉德化县某陶瓷厂案

颜某享有著作权的美术作品《柿柿如意—杯》《柿柿如意—壶》于2018年7月25日在福建省版权局进行版权登记。2022年年初，颜某发现德化县某陶瓷厂（以下简称瓷厂）未经许可，擅自大量生产、销售与上述作品实质性相似的产品，侵犯了其享有的著作权，造成了严重的经济损失。2022年7月21日，颜某向德化县人民法院申请诉前证据保全。经清点，瓷厂住所地存有涉嫌侵权产品成品杯600个、半成品杯1900个、成品壶600个、半成品壶1300个。

2022年8月8日，颜某向德化县人民法院提起著作权权属、侵权纠纷诉讼，法院经审理认为，瓷厂未经颜某许可，自行生产、销售与美术作品《柿柿如意—杯》《柿柿如意—壶》实质性相似的产品，且未能提供证据证明被控侵权产品来源合法或由其独立创作完成，侵犯了颜某的著作权。

根据瓷厂侵权行为的具体情节、主观过错以及颜某为维权支出合理费用等因素，判决瓷厂立即停止侵权，销毁侵权成品、半成品及模具，并赔偿颜某经济损失及为制止侵权行为所支出的合理开支合计3万元等。瓷厂不服一审判决，向泉州中院提起上诉。泉州中院经审理认为一审判决认定事实清楚，适用法律正确，应予维持。❶

3. 福建省德化县辉玉陶瓷有限公司诉德化某电商销售的陶瓷产品插线香炉侵权

2022年6月2日，德化县辉玉有限公司以德化某电商销售的陶瓷产品插线香炉侵犯其陶瓷美术作品为由，向德化县人民法院起诉著作权权属、侵权纠纷。德化县人民法院受理该案后，充分发挥"1个月"简易程序审理机制的优势，组织双方调解并促使达成和解。

经检索，截至2022年12月，德化县辉玉陶瓷有限公司登记著作权59件，且全部为美术作品，该公司对香炉（古韵炉）申请了外观设计专利，申请号为CN201830417616.8，公开（公告）号为CN305119446S。福建省德化县辉

---

❶ 泉州市人民政府. 4400件，德化集中销毁一批……［EB/OL］.（2023-04-26）［2023-06-20］. http://www.quanzhou.gov.cn/zfb/xxgk/zfxxgkzl/ztzl/yshjzchj/zxht/dxjy/202304/t20230426_2874106.htm.

玉陶瓷有限公司部分著作权信息见表 4-1。福建省德化县辉玉陶瓷有限公司登记的其中一款香炉（古韵炉）的外观设计专利如图 4-7 所示。

表 4-1　福建省德化县辉玉陶瓷有限公司部分著作权信息

序号	作品名称	作品类别	登记号	登记日期
1	古陶醒茶炉—枫叶	美术	闽作登字-2022-F-00763735	2022-07-05
2	古陶醒茶炉—蒸炉	美术	闽作登字-2022-F-00763742	2022-07-05
3	天池	美术	闽作登字-2022-F-00724924	2022-05-20
4	圆观山	美术	闽作登字-2022-F-00724936	2022-05-20
5	柿柿如意	美术	闽作登字-2021-F-00586521	2021-11-02
6	宝塔	美术	闽作登字-2021-F-00586487	2021-11-02
7	福鹿呈祥	美术	闽作登字-2021-F-00075036	2021-06-11
8	窗花电子熏香炉	美术	闽作登字-2021-F-00075031	2021-06-11
9	太湖石香炉	美术	闽作登字-2021-F-00046811	2021-04-20
10	宝莲炉	美术	闽作登字-2021-F-00000603	2021-01-04
11	萌猪香炉	美术	闽作登字-2019-F-00024522	2019-04-22
12	禅意炉	美术	闽作登字-2019-F-00008949	2019-02-19
13	莲心灯炉	美术	闽作登字-2018-F-00070538	2018-10-11
14	莲盘香炉	美术	闽作登字-2018-F-00021379	2018-04-17
15	浮雕缠枝莲盘香炉	美术	闽作登字-2018-F-00021380	2018-04-17
16	彩莲香炉	美术	闽作登字-2017-F-00038154	2017-08-01
17	盘香炉系列之兰	美术	闽作登字-2017-F-00038149	2017-08-01
18	盘香炉系列之梅	美术	闽作登字-2017-F-00038148	2017-08-01
19	盘香炉系列之竹	美术	闽作登字-2017-F-00038150	2017-08-01
20	盘香炉系列之招财进宝	美术	闽作登字-2017-F-00038152	2017-08-01
…	…	…	…	…
59	雕花信风香炉	美术	闽作登字-2017-F-00038155	2017-08-01

图4-7 香炉（古韵炉）的外观设计专利（申请号：CN201830417616.8）

4.1.2.4 版权与外观设计联合应用

版权是指自然人、法人或者其他组织对文学、艺术和科学作品享有的财产权利和精神权利的总称，又称著作权，是公民依法享有的一种民事权利。外观设计作为一种专利类型，是针对产品装饰性或艺术性的外形外表设计进行的保护，权利主体是外观设计者或公司。两者的保护对象和保护期限都有所差异。

从保护对象方面而言，外观专利指的是对产品的形状、图案或其结合及其色彩与形状、图案的结合所做出的具备美感并适于工业应用的新设计，要求必须具备实用性，且要有利于推广应用和产业化。版权则更加注重作者的独创性，保护对象相对更加宽泛，只要是作者原创的作品都可以申请版权登记保护。而从保护期限角度来看，版权的时效性为自作品完成的时候起至权利人终生，甚至于能够延续到权利人去世后五十年；外观专利的保护期为自申请的时候起十年，且无法申请延续。

一般来说，实用艺术品领域是版权和外观设计专利的"兵家必争之地"。

实用艺术品是指具有实际用途的艺术作品，兼具了美术作品的美感和工业品的实际用途，这使得以版权和外观设计专利两种手段联合对产品加以保护成为可能。事实上，著作权的保护范围及保护期限优于专利权，专利权的保护力度明显高于著作权，采用两者结合的方式，能够更长时间、更大范围、更强力度地对产品加以保护，有利于更好地维护创作者的权利。当同一事实行为侵犯不同法益造成权利人请求权竞合时，权利人有权择一主张进行维权，另一项权利可作为辅助性证据提供。

以下为几个版权与外观设计联合应用的案例：

1. 福建省德化县成艺陶瓷有限公司版权与外观设计联合应用

福建省德化县成艺陶瓷有限公司（以下简称成艺陶瓷）作为德化茶具瓷的一家头部企业，产品备受关注却常被侵权。对此，成艺陶瓷通过扩大申请量、提高占有率、加快知识产权转化"三步走"，加强原创产品知识产权保护。

成艺陶瓷多年来对知识产权高度重视，经企查查检索，成艺陶瓷自2012年开始有专利申请，截至2022年12月底累计申请专利118项，包含实用新型专利和外观专利。该公司拥有作品著作权1864件，其中美术作品1862件，文字作品2件，包括壶、杯、碟等多种日用瓷产品。成艺陶瓷的部分外观专利信息见表4-2，部分著作权信息见表4-3。

表4-2　福建省德化县成艺陶瓷有限公司的部分外观专利信息

序号	发明名称	申请号	申请日	公开（公告）号	公开（公告）日期
1	茶叶罐（8号罐）	CN202230243248.6	2022-04-27	CN307619843S	2022-10-28
2	茶壶（上品侧把壶）	CN202230243552.0	2022-04-27	CN307629301S	2022-11-01
3	茶壶（上品提梁壶）	CN202230243534.2	2022-04-27	CN307629300S	2022-11-01
4	茶杯（上品四件杯）	CN202230243386.4	2022-04-27	CN307687113S	2022-11-25
5	保温杯（7号双层能量杯）	CN202230226732.8	2022-04-21	CN307687110S	2022-11-25
6	茶杯（上品瓢口杯）	CN202230221346.X	2022-04-19	CN307605579S	2022-10-21
7	茶杯（上品饮杯）	CN202230221320.5	2022-04-19	CN307619839S	2022-10-28

续表

序号	发明名称	申请号	申请日	公开（公告）号	公开（公告）日期
8	烧水壶（五行烧水壶5）	CN202230221350.6	2022-04-19	CN307687377S	2022-11-25
9	茶杯（上品大杯）	CN202230221327.7	2022-04-19	CN307605578S	2022-10-21
10	茶杯（思缘杯）	CN202230167036.4	2022-03-28	CN307837238S	2023-02-10
11	茶杯（纳川杯）	CN202230165830.5	2022-03-28	CN307503549S	2022-08-19
12	盖碗（融香介杯）	CN202230166493.1	2022-03-28	CN307508697S	2022-08-23
13	茶壶（聚香壶）	CN202230119749.3	2022-03-09	CN307508679S	2022-08-23
14	单杯（融香）	CN202230119751.0	2022-03-09	CN307508680S	2022-08-23
15	茶壶（融香茶壶）	CN202230120182.1	2022-03-09	CN307508681S	2022-08-23
16	茶杯（慈心）	CN202230046393.5	2022-01-24	CN307524877S	2022-09-02
17	茶杯（宽心）	CN202230046501.9	2022-01-24	CN307529861S	2022-09-06
18	茶杯（净心）	CN202230046499.5	2022-01-24	CN307524879S	2022-09-02
19	杯子（莲心）	CN202230046274.X	2022-01-24	CN307508648S	2022-08-23
20	茶杯（福心）	CN202230046445.9	2022-01-24	CN307529860S	2022-09-06
…	…	…	…	…	…

表 4-3　福建省德化县成艺陶瓷有限公司的部分著作权信息

序号	作品名称	作品类别	登记号	登记日期
1	禅韵杯	美术	闽作登字-2023-F-01119471	2023-03-29
2	耳把壶	美术	闽作登字-2023-F-01119476	2023-03-29
3	瓜甜壶	美术	闽作登字-2023-F-01119466	2023-03-29
4	龙胆壶	美术	闽作登字-2023-F-01119475	2023-03-29
5	傲梅壶	美术	闽作登字-2023-F-01119479	2023-03-29
6	四方壶	美术	闽作登字-2023-F-01119474	2023-03-29
7	瓜甜公道杯	美术	闽作登字-2023-F-01119468	2023-03-29
8	反口迷你杯	美术	闽作登字-2023-F-01119470	2023-03-29
9	瓜甜杯	美术	闽作登字-2023-F-01119464	2023-03-29
10	素竹壶	美术	闽作登字-2023-F-01119477	2023-03-29
11	瓜甜茶罐	美术	闽作登字-2023-F-01119467	2023-03-29

续表

序号	作品名称	作品类别	登记号	登记日期
12	圆球西施壶	美术	闽作登字-2023-F-01119473	2023-03-29
13	六方壶	美术	闽作登字-2023-F-01119472	2023-03-29
14	松雪壶	美术	闽作登字-2023-F-01119478	2023-03-29
15	烤茶炉	美术	闽作登字-2023-F-01119463	2023-03-29
16	吉祥手抓壶	美术	闽作登字-2022-F-00765547	2022-08-01
17	成小艺2	美术	闽作登字-2022-F-00778881	2022-07-29
18	玛瑙山水（青）6	美术	闽作登字-2022-F-00788562	2022-07-21
…	…	…	…	…

值得关注的是，该公司对杯子相关产品申请了多项外观专利，其中3项保温杯相关专利如图4-8所示。同时，该公司关于杯子拥有多项作品著作权。可见，该公司综合运用版权和外观设计等多类型知识产权，对产品进行严密的知识产权保护。

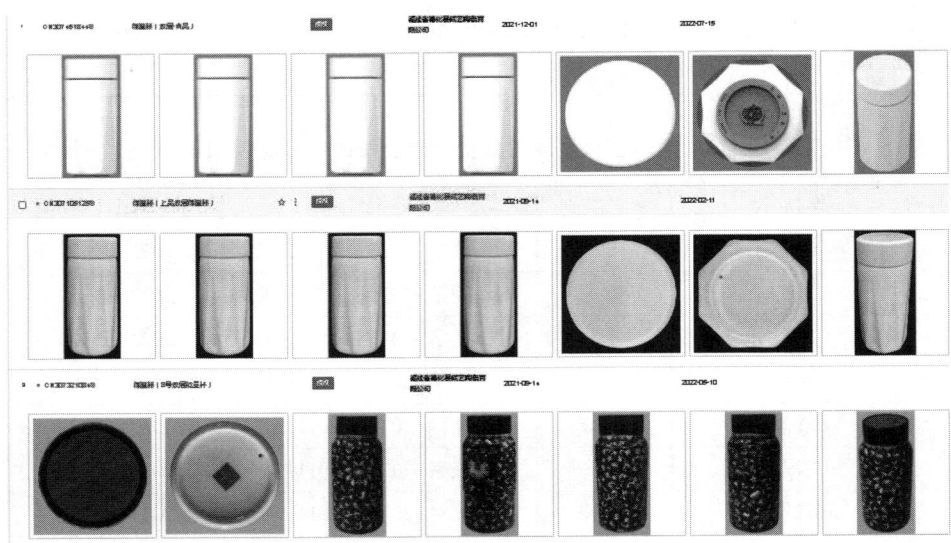

图4-8　福建省德化县成艺陶瓷有限公司的3项保温杯相关专利

2. 福建泉州顺美集团有限责任公司版权与外观设计联合应用

福建泉州顺美集团有限责任公司（以下简称顺美集团）生产的日用陶瓷、工艺品陶瓷等陶瓷产品，远销世界100多个国家和地区。顺美集团开拓创新，避免了市场同质化生产等问题，不断提升企业的核心竞争力。2017年10月，顺美集团获国家版权局颁发的"全国版权示范单位"。

经企查查检索，截至2022年12月底，顺美集团拥有作品著作权3706件，其中美术作品3700件，工程设计图、产品设计图作品3件，建筑作品2件，文学作品1件，包括盘子、杯、摆件等多种日用瓷产品。顺美集团专利申请54件，包括碗、灯具等多种陶瓷产品。顺美集团的部分著作权信息见表4-4。

表4-4　顺美集团的部分著作权信息

序号	作品名称	作品类别	登记号	登记日期
1	圣诞水球（38）	美术	闽作登字-2022-F-00738663	2022-08-25
2	圣诞水球（12）	美术	闽作登字-2022-F-00738605	2022-08-12
3	建党百年	美术	闽作登字-2022-F-00733567	2022-08-12
4	圣诞摆件带IC灯（4）	美术	闽作登字-2022-F-00738504	2022-07-05
5	饕餮水杯	美术	闽作登字-2022-F-00738480	2022-07-05
6	花形酒壶	美术	闽作登字-2021-F-00586888	2021-11-02
7	花形酒盅	美术	闽作登字-2021-F-00586887	2021-11-02
8	花形杯	美术	闽作登字-2021-F-00586890	2021-11-02
9	福禄杯	美术	闽作登字-2021-F-00586886	2021-11-02
10	福禄茶具	美术	闽作登字-2021-F-00586883	2021-11-02
11	卵石自动茶具	美术	闽作登字-2021-F-00586885	2021-11-02
12	福禄酒壶	美术	闽作登字-2021-F-00586884	2021-11-02
13	齐风鲁韵	美术	闽作登字-2021-F-00584046	2021-10-27
14	鼎盛中国杯底碟	美术	闽作登字-2021-F-00584063	2021-10-27
15	一笔齐鲁	美术	闽作登字-2021-F-00584056	2021-10-27
16	齐风鲁韵·陶瓷	美术	闽作登字-2021-F-00584025	2021-10-27
17	月球之旅	美术	闽作登字-2021-F-00101640	2021-07-12
18	嫦娥揽月	美术	闽作登字-2021-F-00101636	2021-07-12

续表

序号	作品名称	作品类别	登记号	登记日期
19	岁朝清贡	美术	闽作登字-2021-F-00101627	2021-07-12
20	花鸟图餐具	美术	闽作登字-2021-F-00073172	2021-05-31
…	…	…	…	…

3. 原告谢某华与被告福建省德化弘福陶瓷有限公司著作权侵权纠纷案

为了维护自身的知识产权，谢某华状告弘福陶瓷有限公司。弘福陶瓷有限公司未经著作权人允许，便在网上大量销售涉嫌侵权产品，给原告造成了经济损失。

2014年5月10日，原告谢某华就涉案作品向国家知识产权局申请外观设计专利，于2015年1月14日获得申请号为201430133206.2的《茶叶罐（典雅）》外观设计专利证书。2015年7月6日，福建省版权局就美术作品《典雅》颁发了闽作登字-2015-F-00012207《作品登记证书》，该美术作品的作者及著作权人均为原告谢某华，并载明首次发表时间为2014年5月10日。

法院认为，原告创作的作品《典雅》的创作题材和灵感来源于德化县农村传统舂米用的土砻，巧妙地将土砻、陶瓷、茶三者有机结合在一起，其作品的形态、美感、意境以及表达方式均体现了作者的创造性劳动。经庭审实物比对，被告被控侵权产品与原告作品《典雅》在元素运用、排列布局、表现手法、结构大小、整体视觉效果上均高度相似，导致普通消费者根本无法区分，构成实质性相似。因此，应当认定被告被控侵权产品构成对原告作品的侵权。福建省德化弘福陶瓷有限公司立即停止侵权并销毁侵权产品、删除电商平台上销售侵权产品的网络链接、登报消除影响、赔偿谢某华经济损失，以及为制止侵权行为所支付的合理开支合计50000元。《茶叶罐（典雅）》外观设计专利证书如图4-9所示。被告弘福陶瓷有限公司的相关侵权产品如图4-10所示。❶

---

❶ 瓷都德化.以案说法整体效果无差别侵权赔偿5万元［EB/OL］.（2020-4-25）［2023-06-20］. https://mp.weixin.qq.com/s/HzjaraipDZcVugXyHYKoCw.

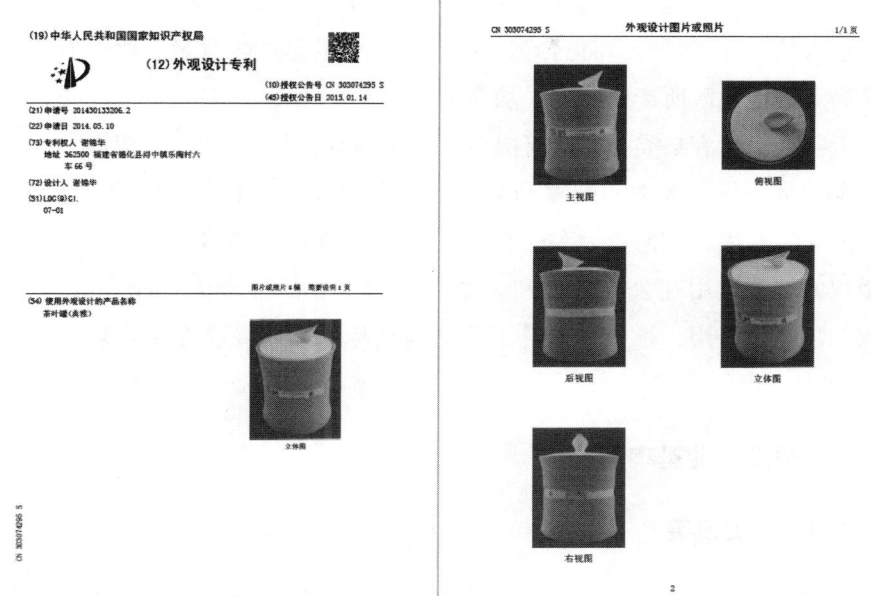

图 4-9 《茶叶罐（典雅）》外观设计专利证书（申请号：201430133206.2）

图 4-10 被告弘福陶瓷有限公司的相关侵权产品

德化白瓷企业和个人知识产权保护意识强烈，积极采取措施，加强知识产权保护和管理，通过版权保护和外观设计专利保护，创新设计、发掘独特的文化内涵，保护了德化白瓷产品的外观独特性，防止他人抄袭和模仿，进而推动了德化白瓷产业的持续发展。

4.2 蕲艾产业

蕲艾是湖北省蕲春县特产，"蕲春四宝"（蕲竹、蕲艾、蕲蛇、蕲龟）之一，《道地药材标准汇编》中记载蕲州艾叶为道地药材。2010 年 12 月，国家质量监督检验检疫总局批准对"蕲艾"实施地理标志产品保护。蕲艾的茎、叶均可入药，含 17 种已知化合物，挥发油含量、总黄酮含量、燃烧发热量等显著高于其他地区所产艾叶的平均含量。

近年来，蕲春县委、县政府提出"养生蕲春，从艾出发"，建设"中国艾都"的发展目标，大力实施"药旅联动"发展战略，形成了种植、加工、物流、文化、养生、旅游"六位一体"的蕲艾产业化发展格局。蕲艾地理标志与版权的综合运用在公共品牌和企业品牌两个层面都有优秀经验值得借鉴。版权的创作、应用、推广，提升了蕲艾地理标志品牌及企业的市场影响力和竞争力。

4.2.1 蕲艾产业基本情况

4.2.1.1 历史沿袭

在宋代，著名诗人苏东坡邀请朋友去蕲州古城游玩时，看到当地的药店数量众多，药品种类繁多，购销繁荣，写下了"千门万户悬菖艾，出城十里闻药香"的古城药景。明朝著名的医学家李时珍是蕲春县人（古时称蕲春为蕲州），他的父亲李言闻曾在太医院任职，对艾叶有深入研究，并著有《蕲艾传》一书，称艾叶"产于山阳，采用端午节期间，可以治疗疫病、用于灸法，功效非常显著"。李时珍在《本草纲目》中记载："自成化以来，则以蕲州者为胜，用充方物，天下重之，谓之蕲艾。"明朝卢之颐在《本草乘雅半偈》中提到："蕲州贡艾叶，叶九尖，长盈五七寸，厚约一分许，岂唯力胜，堪称美艾。"蕲州的贡品艾叶不仅功效卓越，而且十分美丽，这说明在明代蕲艾已成为一种向朝廷进贡的贵重品种。《蕲州志》中也提到，"白艾蕲州出"，可见自明代起，蕲艾就已经非常有名，至今已有超过 500 年的历史，可谓闻名遐迩。

2010 年，蕲艾被批准为国家地理标志保护产品。2013 年，蕲艾艾灸被列为湖北省非物质文化遗产。2016 年，蕲春被中国中药协会授予"中国艾都"称号。2018 年，蕲艾被列入国家《"一带一路"中医药发展规划》。2019 年，蕲艾被列为湖北省重点发展的两大核心品牌和"一县一品"特色支柱产业。2020 年，蕲艾入列"中国特色农产品优势区"。2020 年，"蕲艾"地理标志以总分第一名，荣获第二届湖北地理标志大会暨品牌培育创新大赛金奖。2021年，蕲春艾灸疗法被列为国家级非物质文化遗产。2021年8月，蕲艾入选国家地理标志产品保护示范区创建名单，蕲艾品牌价值逐年攀升。2022年7月19日，湖北省知识产权局印发《关于公布2022年湖北地理标志产业发展十大典型案例的通知》，蕲艾成功入选2022年湖北地理标志产业发展十大典型案例。

4.2.1.2 产业现状

根据蕲春县人民政府官网信息，截至2022年7月，蕲春县蕲艾种植面积22.19万亩，注册登记的涉艾市场主体2977家，蕲艾系列注册商标2970件，蕲艾加工企业565家，农民种植合作社达345家，解决12.3万人就业，通过种植、加工、艾灸培训等方式，帮助全县3万多人脱贫，成为当地经济发展和农民脱贫致富的支柱产业。2021年，蕲春大健康产值达到138亿元，其中蕲艾产值80亿元，创税收过2.6亿元，带动全产业链劳动人口16万余人。

近年来，蕲艾生产产业不断集聚，蕲春县将产业园区作为促进区域经济发展的重要平台，并致力于培育和整合各企业需求，以整体规划和发展定位来促进产业集聚和区域经济动力的提升。蕲春县主要产业集群包括蕲春县国家现代农业（蕲艾）产业园、李时珍医药工业园区、李时珍中医药大健康科技产业园、蕲艾产业发展示范园、蕲艾物流园等。通过集中资源和力量，蕲春县致力于进一步提升产业园区的发展水平，从而推动整个区域经济的快速发展。

蕲艾品牌建设也在稳步推进之中，蕲春县聚力打造蕲艾品牌特色，铸就"中国艾都"品牌，并举办了世界艾草大会，深度挖掘李时珍中医药文化，高位推进集种植、加工、康养等于一体的产业链融合发展。在"2023中国品牌价值评价信息"发布活动中，蕲艾以品牌强度884和品牌价值110.05亿元继续荣登全国区域品牌（地理标志）第30位。蕲艾产值不断攀升，蕲艾品牌效应越发凸显。

蕲春县一直积极推行蕲艾地理标志产品的产地登记、原料追溯、产品贴标和市场打假等制度，以此来加强地理标志领域的行政保护、跨部门协同保护和跨区域联动保护，并严厉打击地理标志侵权和其他违法行为。这些举措旨在加强对蕲艾地理标志产品的保护，确保其质量和信誉，并为蕲春县的地理标志产业的发展提供有力支持。蕲春县通过规范蕲艾产品市场，提高地理标志产品的含金量，进一步提高了蕲艾产品市场竞争力。

4.2.1.3 重点企业

蕲春县汇聚各方智慧，蕲艾协会和涉艾企业强化合作意识，致力于蕲艾产业的创新发展。截至2022年12月底，获准使用地理标志专用标志蕲艾的企业有79家。根据2021年中国品牌促进会的有关数据，湖北蕲艾堂科技有限公司以品牌价值3.47亿元，李时珍国灸集团蕲艾产业（蕲春）有限公司品牌价值2.84亿元，湖北鼎艾科技有限公司品牌价值2.56亿元，蕲春千年艾科技有限公司品牌价值2.57亿元，这些企业荣登中国品牌自主创新品牌榜单，全国艾草企业唯蕲春4家企业上榜。以下为产业协会及部分企业的简要介绍。

1. 蕲艾产业协会

2015年1月8日，蕲艾产业协会正式成立，主要由蕲艾制品生产企业、全县蕲艾种植大户、生产合作社、蕲艾养生保健企业、蕲艾产品经销商、电商大户及科研机构等组成，目前有团队会员100多名。蕲艾产业协会以"科学发展观"为指导，发挥政府、市场主体和行业间的桥梁纽带作用，为促进蕲艾产业发展服务。协会维护会员的合法权益，协调会员关系，加强行业自律和规范管理，促进了蕲艾行业健康有序地发展，并加强成员间交流合作。

2. 湖北蕲艾堂科技有限公司

湖北蕲艾堂科技有限公司于2013年成立，是一家集蕲艾种植、研发、生产、销售、蕲艾制品、技能培训、艾灸馆加盟及品牌运营于一体的现代化科技型企业，累计获得国家授权专利116项。2020年公司年产值达到1.2亿元，2021年荣登"中国品牌价值榜"，品牌价值3.47亿元。蕲艾堂以国家地理标志保护产品"蕲艾"为核心原材料，糅合现代生产工艺，开发出七大系列100多种蕲艾养生产品，包括艾条、艾绒等传统原料类；蕲艾灸贴、蕲艾足贴、蕲艾眼贴、蕲艾颈贴、蕲艾腰腹贴等各种灸贴类；蕲艾精油、蕲艾足浴、蕲艾礼盒、蕲艾日化、蕲艾家纺等深加工系列。

3. 李时珍国灸集团蕲艾产业（蕲春）有限公司

李时珍国灸集团蕲艾产业（蕲春）有限公司于2017年1月18日成立。前身为2006年成立的蕲春李时珍地道中药材有限公司，是一家集蕲艾种植、研发、生产、销售于一体的科技型的集团公司。该公司是蕲艾龙头骨干企业，是蕲艾协会常务副会长单位。公司实施质量品牌战略，制定了蕲艾6大系列20个产品标准，并与大专院校合作，先后开发出蕲艾灸、蕲艾贴敷、蕲艾消毒、蕲艾化妆品、蕲艾洗护、蕲艾灸器具等6大系列200多个品种，先后获得15项国家专利（发明1项），产品远销全国20多个省市和地区。该公司先后被授予"国家地理标志专用标志使用企业""国家高新技术企业""首届中国艾产业发展最具规模影响力企业"等荣誉称号，并获得"2020湖北省地理标志品牌培育创新大赛金奖（第一名）"。

4. 湖北鼎艾科技有限公司

湖北鼎艾科技有限公司于2014年6月26日成立，是一家以"蕲艾"为核心原料，集种植、研发、生产、销售、养生保健于一体的现代化公司。公司融合古方养生和现代生产工艺，开发了蕲艾灸系列、蕲艾日化系列、蕲艾香薰系列、蕲艾足浴系列、蕲艾精油系列、蕲艾家居系列等蕲艾养生系列产品100余种，注册商标有60余项，各种发明专利20项。已获得蕲艾国家地理标志保护产品核准使用，获时珍质量奖等荣誉称号。

5. 蕲春千年艾科技有限公司

蕲春千年艾科技有限公司成立于2014年9月23日，是一家以蕲艾养生文化传播为宗旨，集蕲艾种植、产品研发、生产、品牌运营管理、养生加盟、养生文化研究于一体的全产业链蕲艾企业。公司拥有蕲艾种植基地、蕲艾制品生产基地、蕲艾养生馆、蕲艾养生培训中心、运营中心、电商平台等多个业务实体。2016年2月1日，获准使用蕲艾地理标志产品专用标志；2017年11月14日，获国家生态原产地产品保护标志，也是全国艾产品首家荣获国家生态原产地产品保护标志的公司。

蕲艾龙头企业在行业或地区内具有重要的带动、引领和推动作用，是产业发展和经济增长的重要支撑和动力。它们在产品研发、生产技术、营销策略和管理模式等方面具有一定的创新能力和引领作用，在研发和创新方面加大投入，促进了产业升级和技术进步。

4.2.1.4 产业特点

蕲艾除了具有较高的健康价值和传统文化价值，还具有生态环保和经济价值等多方面的优势。蕲艾产品具有文化底蕴厚重、品质独特、应用前景广阔等优势。近年来，蕲春县政府虽依托国家的优惠政策和经济支持，大力发展蕲艾产业，坚持"养生蕲春，从艾出发"的发展方向，积极搭建平台，推进了蕲艾产业发展。

1. 产品文化底蕴厚重

蕲艾作为一种传统的中药材，源远流长，历史悠久，历经千年仍被人们广泛使用。蕲艾在中国文化中有着重要的地位，被誉为"百草之王"，被列为中药材中的上品，有"养生之宝"的美称。在传统中医理论中，蕲艾有温中散寒、理气通经、增强免疫力等多种功效，被广泛用于保健和治疗各种疾病。除此之外，蕲艾还是蕲春文化的重要组成部分，蕲春的历史、地理、人文等各个方面都与蕲艾有着密不可分的联系，形成了一种独特而深厚的蕲艾文化。由此可见，蕲艾产品的文化底蕴非常厚重。

2. 产品品质独特

蕲艾相比于普通艾有更高的挥发油含量、总黄酮含量、侧柏酮和异侧柏酮含量，同时还含有更多的微量元素、维生素和化学物质，具有更好的治疗功效。研究表明，蕲艾在鞣酸、燃烧热值和醇溶性浸出物、微量元素含量等方面均有明显优势。蕲艾的生长地区独特性也很明显，如果不在蕲春地区种植，品质会有所不同。蕲艾相对于其他艾来说不仅产量高、质量好，而且易制成艾绒，出绒率高，制成艾条，艾柱易燃持久，热穿透力强。

3. 产业政策支持力度较大

蕲春的蕲艾产业得到国家、省、市、县各级政府的全面支持和政策保障，政府为产业的高质量发展提供了方向指导和政策支持。蕲艾产业是蕲春县的主导、支柱、特色、富民和希望产业，政府在项目、资金和人才等方面加大了支持力度，为促进蕲艾产业链的升级和跨越式发展提供了各种资源倾斜。

4. 产品开发前景广阔

蕲艾不仅可以用于中药治疗，还可以应用于食品、饮料、保健品等领域，如蕲艾饮料、蕲艾面、蕲艾蒸饺等，具有广泛的应用范围。蕲艾药疗应用十分广泛。《本草纲目》载：蕲艾"灸百病。可作煎，止吐血下痢，下部匿疮，妇人漏血，利阴气；生肌肉，辟风寒，使人有子。作煎勿令见风，捣汁股，止伤血，杀蛔虫，水煮及丸散任用。止崩血，肠痔血，拓金疮，止腹痛，安胎。苦酒作煎，治癣甚良……"。蕲艾在中医药疗学中应用非常广泛，蕲艾研究现已形成了完整的理论体系和临床应用体系。随着人们健康意识的提高，传统的中草药材逐渐受到消费者的青睐，蕲艾作为其中的一种，也呈现出快速的市场增长。蕲艾含有丰富的营养成分和化学物质，可以提供多种健康功效，除了传统的中药市场之外，蕲艾也可以应用于美容、保健、食品、香料等领域。因此，蕲艾产品的开发前景非常广阔，具有很大的市场潜力。

当前，蕲艾产业在快速发展的同时，仍面临一些问题和挑战，主要有产品品牌声誉容易受到影响、产品竞争压力较大、产业规模化发展有待提升等问题。

第一，产品品牌声誉容易受到影响。作为蕲春县强县富民支柱产业，蕲艾产业对于促进当地经济社会发展具有重要意义。然而，由于市场需求巨大，不少外地艾叶被冒充成蕲春蕲艾，并被加工成蕲艾产品，这对蕲艾品牌及产业发展造成了一定影响。此外，一些涉艾企业未经授权就滥用蕲艾、李时珍等品牌商标，并将非蕲艾产品冠以蕲艾品牌售卖于各大电商平台，出现以次充好、虚假宣传、制假售假等违法行为，不仅影响了消费者的体验，还损害了蕲艾品牌的声誉和形象。

第二，产品同质竞争压力较大。随着社会的发展和科技的进步，市场上出现了越来越多的中草药品牌和产品，蕲艾在市场上的竞争压力越来越大，需要不断提升产品的品质和服务才能保持竞争力。因气候以及品质质量的影响，蕲艾的价格也会产生波动，在艾草的大收获季节，货存较多会导致艾草的价格下跌严重。

第三，产业规模化发展有待提升。艾草适合大面积种植，不适合小地块种植。蕲艾后期机械化程度较高，面积太小的地块机械作业、收割晾晒都不方便。若机械化应用范围较少，劳动成本加大，容易挫伤农户种植蕲艾的积极性。艾草的根系发达很容易吞噬地邻，地邻喷洒除草剂会对艾草造成影响。当地政府不断扶持蕲艾企业进行差异化生产，但企业规模差距悬殊，过少的企业支撑当地蕲艾企业市场的现象依然存在。

4.2.2 地理标志与版权的综合运用情况

从蕲艾地理标志的产业历程来看，蕲春县拥有深厚的蕲艾文化底蕴，历史最早可追溯至宋朝，明代李时珍所著《本草纲目》的"自成化以来则以蕲州者为胜"，充分肯定了蕲春县蕲艾的优异品质。《本草纲目》中同样记载了"蕲艾"的多重功效，上可止腹痛、辟风寒，下可止伤血、杀蛔虫，可谓"一艾治百病"。正是得益于蕲艾的多重功效，使蕲艾相关产品拥有了广阔的开发前景，可用于制作保健品、茶饮、食品等。

针对蕲艾网络制假售假等现象，政府一方面加强对蕲艾的宣传力度，另一方面及时制定蕲艾的质量标准及品牌的保护措施，保护蕲艾产品的声誉，维护企业利益，打造良好的营商环境。近年来，各级政府十分重视蕲艾产业的发展，从宣传、项目、资金、人才等多维度对产业发展提供大力支持、利好政策频频颁布，产业发展方兴未艾。政府以互联网平台等为载体，以影视作品等作为媒介，对本地蕲艾产业进行大力推广。推广蕲艾知识和文化，提高消费者的认知度和满意度，是增强蕲艾品牌声誉的重要手段。与此同时，本地蕲艾企业借政府发展的春风，利用抖音、微信公众号等多重手段进行自我宣传，以蕲艾版权作为重要武器，打开全球蕲艾市场，面向全球消费者树立自身形象、推广蕲艾品牌、宣传蕲艾产品。在政府和企业的携手努力下，蕲艾地理标志和版权在公共和企业层面均取得了一定的宣传成果。

在公共品牌层面，蕲春县所创作、借力的版权主要包括视听作品、文字作品、美术作品、民间文学艺术作品等形式。在多类型版权创作的基础上，蕲春县借力打力，顺势输出自有品牌，实现从品牌打造到品牌输出，IP协助品牌快速深入人心。在企业品牌层面，多家蕲艾生产企业在宣传标语、音视频广告的创作中形成了自有版权，包括文字作品、美术作品、视听作品等不同形式。同时，还灵活运用微信公众号、抖音、广告宣传、商务活动等丰富的表现形式，帮助企业在各类型平台中更加自如地对自己的品牌、服务、产品进行演绎，聚焦重点新闻，讲好品牌故事。自有版权的创作、应用推广，提升了企业品牌的知名度，增加了品牌的凝聚力。

4.2.2.1 公共品牌

蕲艾是引领蕲春大健康产业高质量发展的主力军，湖北蕲春县坚持"养生蕲春，从艾出发"，积极搭建平台，不断打造品牌，积极进行品牌输出和文化输出，全力推进蕲艾产业的发展，着力提升蕲艾的品牌附加值。

1. 版权创作打造品牌

公共品牌层面，蕲春县所创作、借力的版权主要包括视听作品、文字作品、美术作品、民间文学艺术作品等形式。

（1）视听作品

在视听作品上，蕲春县主要借助蕲艾宣传片、各媒体宣传报道及《湖北非遗声音馆》等蕲艾相关栏目，对蕲艾进行了广泛宣传。同时，以蕲艾相关纪录片及电视剧拍摄为契机，不断将蕲艾推向全国公众视野，全面提升蕲春、蕲艾的知名度。

①蕲艾宣传片

蕲艾宣传片登上《中国推介》栏目，《中国推介之湖北蕲春》和《中国1分钟之蕲春蕲艾》两个短片中，重点介绍了蕲春县独特的蕲艾产业。通过这种全新的方式，向全球传播蕲春、蕲艾的声音，展示蕲春的独特魅力。蕲艾宣传片《中国推介之李时珍故里——蕲春》视频截图❶如图4-11所示。

图4-11 《中国推介之李时珍故里——蕲春》（视频截图）

---

❶ 爱奇艺. 中国推介之李时珍故里——蕲春［EB/OL］. （2018-12-18）［2023-06-20］. https://www.iqiyi.com/w_19s3wsata9.html.

中草药宣传片《湖北蕲艾》聚焦中医药,聚焦大健康产业。《湖北蕲艾》中介绍:"蕲艾,叶大质厚,绒毛细密。"

黄冈广播电视台出品的《蕲春蕲艾宣传片》中介绍:"蕲春蕲艾,不仅植株高大,叶片肥厚,而且挥发油、热燃烧值高,尤其是侧柏酮含量明显高于普通艾叶。"

2021年4月26日,央视财经频道的《第一时间》通过8分钟的报道解读了蕲春和蕲艾产业(视频截图如图4-12所示)❶。报道从蕲春这个蕲艾的源产地入手,介绍了蕲春的历史、传统风俗等相关故事。而且,从蕲艾的种植品种到产业类型,深入探讨了蕲艾产业的全产业链构成。整个报道以蕲艾产业为切入点,并将生活延伸到全产业链上,让观众能够更好地了解和认识蕲艾产业。

图4-12 央视财经频道《第一时间》解读蕲春与蕲艾(视频截图)

2022年9月,新华社以《中国人的养生之道》为题,全英文版向海外报道了蕲春艾灸疗法。

《湖北非遗声音馆》:该栏目由湖北省文化和旅游厅主办,湖北省非物质文化遗产保护中心和湖北广播电视台新闻广播事业部联合承办。其中,第九集为:择一事,"艾"一生,介绍到2020年1月吕志斌成为传统艾香制作技艺湖北省级非物质文化遗产项目代表性传承人。择一事,"艾"一生主要介绍了艾香的制作和革新。《湖北非遗声音馆》宣传海报如图4-13所示。

---

❶ 湖北蕲艾堂科技有限公司. 4月26日,央视财经频道《第一时间》8分钟完美解读蕲春与蕲艾[EB/OL]. (2021-12-09) [2023-06-20]. http://www.hbqat.com/index.php?c=content&a=show&id=41.

4 / 地理标志与版权的综合运用

图 4-13　《湖北非遗声音馆》宣传海报

②纪录片及电视剧

蕲春蕲善堂蕲艾制品有限公司和中央新闻纪录电影制片厂（集团）合作制作的纪录片《为艾传承》于 2022 年 5 月 31 日在蕲春正式开机（开机仪式如图 4-14 所示）。纪录片将拍摄李时珍纪念馆、蕲艾基地、蕲艾产品的研发生产以及艾灸培训等内容，并着重展示蕲艾的独特魅力和中医药文化的奥秘。通过央视平台播出，将再一次将蕲艾推向全国公众视野，全面提升蕲春的知名度、美誉度和影响力。

图 4-14　《为艾传承》开机仪式

139

2022 年 8 月 11 日，电视剧《大医李时珍》的创作团队来到蕲春县展开为期两天的采风活动。他们实地考察了李时珍医药集团、蕲艾小镇等地，并详细了解了与电视剧相关的历史、人文、医药和医案资料。同时，他们还探讨了如何更好地实现文艺资源与旅游资源的融合开发利用等问题。电视连续剧《大医李时珍》的故事大纲研讨会于 2022 年 10 月 13 日在武汉举行，研讨会报道视频截图如图 4-15 所示❶。该电视剧由湖北省广电局组织策划，旨在充分展现传统中医药文化，再现著名中医药学家李时珍的悬壶济世精神，大力传承弘扬传统中医药文化。

图 4-15　电视连续剧《大医李时珍》故事大纲研讨会报道（视频截图）

（2）文字作品

地理标志产品的版权保护与运用，有利于形成独特的地理标志文化，打造地理标志产业集群，并不断延长和拓宽产业链。在公共品牌层面，文字作品等多种形式是蕲艾和蕲春艾灸疗法的载体。

记录蕲春艾灸疗法的文献有《本草纲目》《本草品汇精要》《群芳谱》《本草乘雅半偈》《蕲州志》《得配本草》《清宫医案研究》《湖北医学史稿》等；现代研究著作有《蕲艾艾灸师职业培训教材》《蕲艾灸法》《蕲艾灸治百病》《艾灸养生术》《蕲艾保健灸疗》《家庭保健蕲艾艾灸》等。以下主要对

---

❶　云上黄冈. 电视连续剧《大医李时珍》故事大纲研讨会在武汉举行［EB/OL］.（2022-10-14）［2023-06-22］. http://huanggang.cjyun.org/p/386007.html.

《本草纲目》《蕲艾保健灸疗》《家庭保健蕲艾艾灸》进行简要介绍。

《本草纲目》是蕲春艾灸疗法的传世载体。李时珍在《本草纲目》中记载："艾叶，本草不著土产，但云生田野。宋时以汤阴复道者为佳，四明者图形。近代惟汤阴者谓之北艾，四明者谓之海艾。自成化以来，则以蕲州者为胜，用充方物，天下重之，谓之蕲艾。相传他处艾灸酒坛不能透，蕲艾一灸则直透彻，为异也。"《本草纲目》中340次提到蕲艾，近代英国生物学家李约瑟称赞蕲艾为"奇草珍药"。

2022年，中国劳动社会保障出版社出版了首套"中字号"教材——《蕲艾保健灸疗》和《家庭保健蕲艾艾灸》，如图4-16所示。这是专门针对"蕲春艾灸师"进行的培训教材。这些教材是由湖北省人才事业发展中心按照紧缺技能人才的培训需求编写的，参照了相关国家职业技能标准，不仅可以作为蕲艾保健灸疗职业紧缺技能人才培训的教材，也可以作为全国中高等职业院校相关专业的教学参考书。这些教材的出版发行，将艾灸技能培训学习由"土教材"转变为"精品课程"，推动"蕲春艾灸师"培训实现标准化、职业化和精品化。蕲春艾草作为道地的药材，融入蕲春灸法技艺，是李时珍中医药文化的重要载体和活态记忆。

图4-16　《蕲艾保健灸疗》与《家庭保健蕲艾艾灸》

（3）美术作品

蕲春县在蕲艾公共品牌建设过程中，通过品牌标识征集、宣传册设计等方式，创作/委托创作美术作品，提升品牌形象。

①品牌标识VI征集

为了更好地宣传和提升"蕲春艾灸师"劳务品牌的知名度、美誉度和品牌辨识度，蕲春县人力资源和社会保障局启动了"蕲春艾灸师"劳务品牌标识VI征集活动，以响应湖北省人力资源和社会保障厅的要求。该活动旨在通过征集标识VI设计，进一步提高品牌的可视性和辨识度，从而更好地推广和传播"蕲春艾灸师"劳务品牌。

2022年8月，"蕲春艾灸师"劳务品牌标识VI征集活动发布。活动要求设计图形围绕"蕲春艾灸师"劳务品牌展开，突出"蕲春""蕲艾""工匠精神"为主要元素，并带有行业特点。设计图形应简洁明快、特点突出、辨识度高，并具有鲜明的时代感、独特的艺术创意和视觉冲击力。活动强调，此次应征作品著作权受中国相关法律保护。该活动投票截止时间为2022年11月8日。

②宣传册封底封面设计征集

为充分展示蕲艾产业六年来的丰硕成果，蕲艾产业协会决定编印蕲艾产业蓬勃发展历程宣传册。为此，他们发起了全国性的征集宣传册封面和封底设计活动，要求设计作品具有主题鲜明的蕲艾元素，构思巧妙，立意新颖，文稿独立完成等。经过编委会的认真甄选，最终确定入围作品❶，如图4-17所示。

图4-17　蕲艾产业蓬勃发展历程宣传册封底封面

---

❶ 蕲艾产业协会. 蕲艾产业协会征集蕲艾设计作品结果揭晓［EB/OL］.（2021-06-05）［2023-06-20］. https://mp.weixin.qq.com/s/KTM3IsDF7UxXlUU8Z1pcEA.

(4) 民间文学艺术作品

非物质文化遗产是中国传统文化的重要组成部分，是中华民族历史文化传承的生动见证，中医药学则是古代中华科学的珍贵遗产。保护、传承和合理利用非物质文化遗产对于维护历史文脉、增强文化自信、促进文明交流互鉴及推动建设社会主义文化强国具有重要意义。

自2013年蕲春艾灸疗法被列入省级非物质文化遗产代表性项目名录以来，传统艾灸技艺得到不断创新和发展，使其适用范围更广，疗效更加显著。同时，该疗法的职业培训也得到蓬勃开展，传承群体不断扩大。2021年6月10日，"蕲春艾灸疗法"入选第五批国家级非物质文化遗产代表性项目名录。

2. 版权运用输出品牌

在多类型版权创作的基础上，蕲春县借力打力，顺势输出自有品牌，实现从品牌打造到品牌输出，IP协助品牌快速深入人心。根据李时珍形象或作品衍生的艺术作品不在少数。通过各种艺术作品，塑造"李时珍"品牌，通过视听、文学作品、李时珍形象公仔等宣传方式，开发李时珍IP，打造李时珍品牌。同时，还借力宣传推广蕲春艾灸疗法国家非遗品牌和蕲春艾灸师国家劳务品牌，形成品牌矩阵，从产品到劳务全方面输出，不断推动蕲艾大健康产业发展。

(1) 艺术作品

根据李时珍形象或作品衍生的艺术作品不在少数，如电视剧《大明医圣李时珍》、黄梅戏《李时珍》、歌曲《本草纲目》等。通过流行的手段和艺术对传统中医文化进行加工，不仅能传播李时珍中医药文化知识，也使不少年轻人开始重视中医文化和中国文化。

(2) 其他作品

设计李时珍形象公仔进行宣传。2018年，Q版李时珍亮相《养生堂》栏目，其视频截图如图4-18所示。❶ 在本草纲目圆梦园，也摆放着Q版李时珍

---

❶ 腾讯视频. 北京卫视《养生堂》李时珍的传世名方 [EB/OL]. [2023-06-20]. https://v.qq.com/x/cover/mzc00200cjup893/c004653elm2.html?ptag=11976.

公仔（视频截图如图4-19所示）❶。

图4-18　《养生堂》栏目中Q版李时珍（视频截图）

图4-19　本草纲目圆梦园中的Q版李时珍

（3）李时珍品牌

蕲春县历史底蕴深厚，拥有丰富的文化资源，历史名人IP成为其中重要的一部分，李时珍作为中医药史上不可忽视的重量级人物，拥有巨大的开发潜力。蕲春县高举高打李时珍品牌，高位推进蕲艾产业发展，传播中医药文化。近年来，蕲春县举办了多个与李时珍相关的纪念活动，如李时珍诞辰500

---

❶ 李时珍医药集团. 北京卫视《养生堂》带您走进李时珍医药集团 [EB/OL]. (2018-06-14) [2023-06-20]. http://www.chinabencaogangmu.com/article/article.html?id=374.

周年系列活动、李时珍蕲艾健康旅游文化节、中国湖北李时珍中药材交易会等。同时，蕲春县还举办了世界艾草产业大会、世界中医药学会联合会艾产业国际联盟成立大会、世界艾草产业发展高峰论坛等重要活动，旨在聚集各方力量，共同打造以蕲艾产业为引领的千亿大健康产业。这一系列活动的举办，不仅充分彰显了蕲春县深厚的历史文化底蕴和医药传统，更为该地区的经济发展和人民健康做出了积极的贡献。利用李时珍的名人 IP，充分开发李时珍中医药文化，不仅可以宣传中医药文化，还可以将李时珍的形象与蕲春县城市形象紧密结合，在城市形象塑造、知名度提升和湖北文化名片打造等方面发挥推动作用。通过深入挖掘李时珍文化，可以促进李时珍形象和中医文化内涵在国内和国际上的传播，从而更好地展示中华文化，并为提升我国文化软实力和国际竞争力提供宝贵的创新型资源。

（4）"蕲春艾灸疗法""蕲春艾灸师"两大品牌

蕲春县集中推介蕲春艾灸疗法国家非遗品牌和蕲春艾灸师国家劳务品牌。近年来，蕲春县委县政府一直致力于推广李时珍品牌，积极发展大健康产业。县人社局以打造"蕲春艾灸师"劳务品牌为重点，致力于培训、就业和创业工作，不断推进蕲艾大健康产业的发展，已成功举办湖北省级一类赛事——"湖北工匠杯"艾灸职业技能大赛。2021 年，"蕲春艾灸疗法"被列入国家级非物质文化遗产名录，并且"蕲春艾灸师"荣获"全国我最关注的劳务品牌"第一名的荣誉。

根据蕲春县人民政府信息，截至 2022 年 7 月，蕲春县内"蕲春艾灸师"培训机构达 19 家，全国"蕲春艾灸师"连锁培训机构达 200 余家，累计培训蕲春艾灸师 58000 余名，全国蕲春艾灸直营或加盟店达 1.5 万多家，带动全产业链就业创业 30 万余人，帮扶农村贫困家庭子女就业 5000 余人，年创造劳务经济收入 90 亿元。

推动中医药文化传播及产业发展，为服务蕲春县域经济发展、为乡村振兴注入新动能。蕲春县一直致力于推广中医艾灸文化和产业发展，促进蕲春艾灸品牌化和标准化，推动产业升级，引领蕲艾全产业链高质量快速发展，为中医艾灸文化的传播和发展也做出了积极的贡献。

4.2.2.2 企业品牌

企业经营过程中，宣传标语、音视频广告的创作可以形成自有版权，包括文字作品、美术作品、视听作品等不同形式。自有版权的应用推广，能够提升企业品牌的知名度，增加品牌的凝聚力。

随着自媒体和社群营销深入人心，越来越多企业通过传统媒体和新媒体进行企业宣传。表现形式主要包括文字、图片、视频、音频等，平台主要有微信公众号、抖音、广告宣传、商务活动等，丰富的表现形式可以让企业在各类型平台中更加自如地对自己的品牌、服务、产品进行演绎，聚焦重点新闻，讲好品牌故事。

1. 蕲春唯艾科技有限公司

（1）版权创作

经企查查检索，蕲春唯艾科技有限公司拥有 6 件作品著作权，作品类别均为美术作品。其中，让世界爱上中国艾（登记号：国作登字－2022－F－10047431）、一片艾叶改变世界（登记号：国作登字－2022－F－10047432）广泛应用在不同场合的宣传中。蕲春唯艾科技有限公司著作权信息见表 4-5。

表 4-5 蕲春唯艾科技有限公司著作权信息

序号	作品名称	作品类别	登记号	登记日期
1	让世界爱上中国艾	美术	国作登字-2022-F-10047431	2022-03-03
2	一片艾叶改变世界	美术	国作登字-2022-F-10047432	2022-03-03
3	中艾国灸爱满全球	美术	国作登字-2022-F-10047434	2022-03-03
4	唯艾图形Ⅰ	美术	鄂作登字-2021-F-00040264	2021-11-05
5	唯艾图形Ⅱ	美术	鄂作登字-2021-F-00040265	2021-11-05
6	唯艾	美术	国作登字-2020-F-01094048	2020-08-10

（2）版权应用

①新媒体应用

抖音、微信公众号上以"让世界爱上中国艾"这一作品为头像和名称，进行企业官方账号相关内容的更新。湖北蕲艾科技集团有限公司（以下简称蕲艾集团）是由蕲仁堂集团、山东星光集团、蕲春唯艾科技有限公司共同出资注册的。蕲春唯艾科技有限公司登记的"让世界爱上中国艾"广泛应用在蕲艾集团官方宣传中，如抖音和微信公众号头像。蕲艾集团"让世界爱上中国艾"的抖音头像如图4-20所示，蕲艾集团"让世界爱上中国艾"的微信公众号头像如图4-21所示。

图4-20　蕲艾集团"让世界爱上中国艾"的抖音头像

图4-21　蕲艾集团"让世界爱上中国艾"的微信公众号头像

②活动宣传

以"让世界爱上中国艾""一片艾叶改变世界"为话题和内容，进行活动宣传。2022年3月28日，蕲春县举行了集中开工仪式，开工仪式上，"一片艾叶改变世界"标语出现在活动现场，如图4-22所示。❶

---

❶ 唯艾科技公司. 15.8亿元投资项目正式开工奠基！［EB/OL］.（2022-03-30）［2023-06-20］. https://baijiahao.baidu.com/s?id=1728692684457444602&wfr=spider&for=pc.

图 4-22 "一片艾叶改变世界"标语应用在开工仪式上

③广告宣传

火车站、广告牌、广告车上均可看到"让世界爱上中国艾""一片艾叶改变世界"等宣传。"一片艾叶改变世界"的广告路牌示例如图 4-23 所示。

图 4-23 "一片艾叶改变世界"的广告路牌

④市场宣传

企业以"让世界爱上中国艾"进行市场宣传。例如,"让世界爱上中国艾 蕲艾集团亮相上海进博会"的微信报道,介绍了蕲艾集团亮相上海世博会,进行了产品展示、贸易洽谈、技术交流等,引导蕲艾走出中国、走向世界。

2. 李时珍医药集团有限公司

李时珍医药集团有限公司（以下简称李时珍医药集团）一直重视版权创作和版权保护。作为一家以中草药配方为主的医药企业，李时珍医药集团拥有大量研发团队和专利技术，也有自己的品牌形象和文化传承。在品牌推广方面，李时珍医药集团也充分利用了自己的版权创作和版权保护成果。比如，在集团的各种宣传资料和广告中，经常使用自己独有的中草药配方、作品信息和产品图片，来展示自己的品牌形象和产品特色。这不仅增强了品牌吸引力和美誉度，还让消费者能够更好地了解和认识中草药文化和保健知识。

（1）版权创作

经企查查检索，李时珍医药集团有作品著作权8件，其中美术作品7件，其他作品1件，对中成药药盒外包装进行了版权登记。李时珍医药集团登记作品著作权8个。其中，Q版李时珍公仔、手绘Q版李时珍24节气宣传画应用在推广中。李时珍医药集团作品著作权情况见表4-6。

表4-6 李时珍医药集团作品著作权情况

序号	作品名称	作品类别	登记号	登记日期
1	李时珍Q版图像	美术	国作登字-2019-F-00739840	2019-06-13
2	Q版李时珍（十二生肖）	美术	国作登字-2019-F-00739841	2019-06-13
3	纪念李时珍诞辰500周年	美术	国作登字-2019-F-00704316	2019-02-21
4	手绘Q版李时珍24节气宣传画	其他	国作登字-2018-L-00632260	2018-10-15
5	中成药药盒外包装（二）	美术	国作登字-2018-F-00493030	2018-03-12
6	中成药药盒外包装（一）	美术	国作登字-2018-F-00493012	2018-03-12
7	本草纲目状元郎系列作品	美术	国作登字-2017-F-00452140	2017-07-31
8	Q版李时珍公仔系列作品	美术	国作登字-2017-F-00452139	2017-07-31

李时珍医药集团制作宣传视频包括《从艾出发》《李时珍诞辰500周年》《纪念李时珍诞辰500周年全国各省启动仪式》等30余个，发布两会专刊《中医药再起航》《读本草享人生1、2》《医圣故里话药草》《中医院》《李时珍》等电视节目播出100余次。

（2）版权应用

①文创产品

李时珍医药集团打造 Q 版李时珍，进行文化和品牌宣传。2017 年 4 月 19 日至 23 日，李时珍医药集团在台湾文化博览会上推出了"李时珍本草纲目文物馆"项目，这也是该集团首次在台湾进行展示活动。该文物馆展出了大健康文化相关展品，其中 Q 版的李时珍（如图 4-24 所示）形象备受青睐❶。

图 4-24　台湾文博会李时珍本草纲目文物馆中 Q 版李时珍

李时珍医药集团将手绘 Q 版李时珍二十四节气宣传画灵活应用在微信公众号宣传上。手绘 Q 版李时珍二十四节气宣传画之立春如图 4-25 所示。❷

▲二十四节气-立春

图 4-25　手绘 Q 版李时珍二十四节气宣传画之立春

---

❶ 李时珍医药集团.『李时珍本草纲目文物馆』圆满谢幕台湾文博会　文创蕲艾产品深受民众喜爱 [EB/OL]. （2017-06-19）[2023-06-20]. http://www.chinabencaogangmu.com/article/article.html?id=302.

❷ 李时珍医药集团有限公司. 旧岁此夕尽，新春今日回 [EB/OL]. （2017-06-19）[2023-06-20]. https://mp.weixin.qq.com/s/bEze9bNIwkQ8LKzI7JggCQ.

②活动推广

2005年为纪念李时珍诞辰500周年，李时珍医药集团筹划了一系列活动，旨在发扬李时珍精神，推广中医药文化，促进大健康产业的繁荣。这些活动包括祭拜大典、中医药寻根之旅、学术论坛以及中医药文化体验活动等。这些活动的影响深远，得到了广泛认可和高度评价。通过传承和弘扬李时珍精神，李时珍医药集团提升了企业的知名度，并进一步增强了湖北中医药文化品牌的价值。同时，这些活动也有助于推广湖北中医药资源优势，将其转化为产业优势，促进湖北中医药产业的快速发展。

③纪念品

为纪念李时珍诞辰500周年，李时珍医药集团联合促进会推出了一系列具有中医药气息的主题纪念品，包括蕲艾系列文化用品、中医疗法用具、纪念养生酒、书籍专刊、各类雕艺和陶瓷品、刺绣香包、潮装配饰、邮票纪念币、国画纸艺、卡通人偶、巾服箱包等。通过将文化嫁接在产品中，李时珍医药集团可以进行品牌输出，提高产品品质的同时，还可以进行文化输出，从而推广中医药文化，促进产业发展。

蕲艾地理标志和版权保护相互补充、相互促进。通过地理标志的保护，可以提高蕲艾产业的品牌知名度和市场竞争力；通过版权保护，可以维护蕲艾产业的质量和声誉，避免不良竞争和侵权现象的出现。蕲艾产业将地理标志和版权综合运用，为消费者提供更加优质的产品和服务。蕲春县在公共品牌层面和企业品牌层面，打造品牌、输出品牌，提升了蕲艾和企业品牌知名度，增加了品牌凝聚力。

4.3 地理标志与版权综合运用的作用及启示

4.3.1 地理标志与版权综合运用的作用

面向高质量发展，德化白瓷通过版权保护，实现了产业的健康良性发展；蕲艾通过版权运用，实现了产业链的拓宽和延展。本节初步探索总结地理标志与版权综合运用对产业促进的作用与启示，旨在为相关产业的高质量发展提供经验和借鉴。

第一，地理标志产品的版权保护与运用，特别是视听作品的制作、宣传与推广，提升了产业的知名度和市场影响力，有利于区域公共品牌的打造。在本章的案例中，可以看到，德化县通过加强非遗著作权、商标权、专利权等专属性权利保护，使德化陶瓷的知名度进一步提升；蕲春县通过版权保护与运用，不断打造品牌，积极进行品牌输出和文化输出，全力推进蕲艾产业的发展，着力提升蕲艾的品牌附加值。在多类型版权创作的基础上，蕲春县借力打力，顺势输出自有品牌，提升了品牌影响力，实现从品牌打造到品牌输出，知识产权协助品牌快速深入人心，形成品牌矩阵，提升了蕲艾的品牌附加值，推进蕲艾产业面向高质量发展。通过视听作品的制作、宣传和推广，地理标志产品可以更好地传递品牌价值和文化内涵，提高品牌的知名度和美誉度，促进产业的可持续发展。

第二，地理标志产品的版权保护与运用，有利于形成独特的地理标志文化，打造地理标志产业集群，不断延长和拓宽产业链。地理标志产品的版权保护和运用，有助于保护和弘扬地理标志文化，形成独特的地域文化特色，进而推动地理标志产业的发展和壮大。版权保护能够有力促进产业的转型升级，版权还能够有效激活市场活性，是助推产业链转型升级的重要手段。德化县加强版权保护促进了陶瓷配套产业的发展，如加工业、物流业、旅游业、文化创意产业等。陶瓷配套产业链的成熟促进了第二产业的发展，陶瓷文化创意产业的发展为第三产业发展提供了助力，产业结构升级优化成效显著。蕲艾特色产业发展成为蕲春地区支柱性产业，蕲艾向医疗保健、旅游观光等领域延展，药、农、文、旅等深度融合，实现了产业链的扩展，推动了产业集群化发展。地理标志产品的版权保护和运用非常重要，可以促进地理标志文化的传承和弘扬，推动地理标志产业的发展和壮大，形成地理标志产业集群，不断延长和拓宽产业链，提高产业的经济效益和社会效益。

第三，与外形设计相关的地理标志产品的版权保护与运用，有利于促进艺术创作主体的创作热情，保障其创作利益，不断丰富产品形式，拓宽市场空间，形成企业独特的特色产品品牌，增加产品附加值，提升企业市场竞争力。版权保护的加强，使越来越多德化陶瓷企业更加重视科技研发，对陶瓷产品图案及造型设计等方面增加资金投入，设计图案造型各异、符合市场需要的陶瓷产品。蕲艾相关企业利用在 Logo、宣传标语、音视频广告的创作中形成的自有版权,积极提升企业品牌知名度,增加品牌凝聚力。同时通过传统媒体和新媒体等多种渠道宣传企业品牌,在各类型平台中对自己的品牌、服务、产品进行演绎,聚焦重点新闻,讲好品牌故事,提升企业知名度,提高市场竞争能力。与外形设计相关的地理标志产品的版权保护和运用是非常重要的,可以保障艺术创作主体的创作权益和利益,促进地理标志产品的市场营销和推广,提高产品的附加值和市场竞争力,进一步推动地理标志产业的发展和壮大。

4.3.2 地理标志与版权综合运用的启示

通过地理标志与版权在德化白瓷和蕲艾产业的综合运用的分析,我们可以获得同类型地理标志产业面向高质量发展的启示。

第一,地理标志产业的高质量发展,需要通过市场知名度和美誉度的品牌打造,需要高质量的宣传与推广,需要通过视听作品、文字作品等多样化的版权形式赋能品牌建设。通过建设地理标志品牌并进行宣传推广,能够有效提升产品的知名度与美誉度,增强消费者对产品的信任度和忠诚度,进而推动相关产业的发展。宣传与推广是品牌建设中不可或缺的重要环节,一方面可以通过包括广告、微电影、宣传片等在内的视听作品来展示地理标志产业的特色和优势,让消费者更加深入地了解产品和品牌;另一方面可以以新闻稿、报道、文章等形式的文字作品来向公众传达地理标志产业的最新动态和成果。总的来说,以多维度、多样化的版权形式赋能地理标志品牌建设,能够有效提高地理标志产业的知名度与美誉度、增强地理标志的品牌价值和影响力,进而推动整个产业的蓬勃发展。

第二,政府可以通过多种形式的版权,加强宣传推广,塑造地理标志公共品牌的良好形象,拓展产业链;通过提升版权保护意识并强化版权保护,维护地理标志相关经营主体的利益,形成良好的竞争秩序。政府可以鼓励引导通过视听作品等多种形式的版权运用,推动地理标志产品的营销和推广,增强地理标志品牌的可视化形象,提高品牌的识别度和记忆度,提高地理标志产品在市场上的竞争力,形成良好的竞争秩序。同时,政府通过高质量版权保护,积极保护地理标志相关企业的商标、标识和包装设计等知识产权,防止其他企业进行恶意模仿、抄袭或盗版,维护个体品牌的声誉和知名度,推动产品高质量发展。

第三,地理标志相关的经营主体,应当通过版权保护和运用,保护自身的创新创作成果,多渠道多形式加强宣传,推广自身的产品,形成个性化的品牌,拓展产品链条,增强产品的市场竞争力。地理标志产业相关企业,应该积极学习德化白瓷和蕲艾相关企业的版权保护和利用策略,提高企业的核心竞争力和产品附加值,促进本企业的可持续发展。以专利、商标等多重手段保护自身现有成果,并不断在产品上推陈出新,紧跟时代潮流,在增强品牌的个性化和吸引力的同时牢牢把握住市场。此外,企业还应该重视宣传和推广工作,树立个性化的品牌形象,让更多消费群体认识、接纳、喜爱自身产品,不断提高品牌与产品的用户黏性。总的来说,企业应当利用好知识产权手段保护已有产品,加强宣传工作,树立品牌形象,增强产品的市场竞争力,提升品牌的知名度和美誉度,实现企业可持续发展。

第四,在运用版权对地理标志产业产品的宣传推广中,应该主动运用新媒体新技术,创新传播内容,丰富传播渠道,满足多层次多群体受众心理需求,努力实现高品质精准宣传推广。地理标志产业需要积极运用新媒体和新技术,创新传播内容,丰富传播渠道,提高品牌知名度和美誉度,吸引更多消费者,实现长期的可持续发展。充分利用社交媒体,分享产品图片、视频、典型保护案例,提高产品的曝光度和影响力。同时还可以利用创意短视频宣传、虚拟现实技术等多种宣传方式,运用新媒体和新技术,创新传播方式和渠道,提高地理标志产业产品的知名度、美誉度和市场竞争力,这些新的方法都值得学习借鉴。

5 地理标志与多类型知识产权的综合运用

如前述案例所述,"地理标志+商标""地理标志+专利""地理标志+版权"等地理标志与单一类型知识产权的运用为当地特色产业带来了销量、技术创新或品牌推广方面的提升。试想,如果某一地理标志产业能同时灵活运用商标、专利、版权等多种知识产权,会为产业发展带来何种助益?显然,其效果是不言而喻的。

综合发挥商标在助推品牌打造、市场拓展等方面的独特优势,发明和实用新型专利在助推技术攻关、前瞻布局等方面的能力,版权和外观设计专利在产品设计、概念打造、品牌策划方面的显著作用,全方位服务支撑地理标志相关产业的产品研发、生产、包装、销售等全生命周期流程,打通产业发展的"任督二脉",综合发挥知识产权运用效能,从"单一生产"到"多元发展",促进地理标志产业高质量发展。

本章以四川郫县豆瓣产业为例,阐述其如何通过综合运用发明和实用新型专利、外观设计专利、商标、版权等多种知识产权,让不同类别的知识产权协同发挥作用,引导产品附加值从生产环节向研发环节、营销环节攀升,最终实现"1+1>2"的综合运用效应。

5.1 郫县豆瓣产业

郫县豆瓣又被称为"川菜之魂",是川味中必不可少的重要辣味调味品。

2000年4月21日,"郫县豆瓣"证明商标经原国家工商总局商标局核准注册。2005年12月31日,郫县豆瓣地理标志产品保护经原国家质量监督检验检疫总局公告正式批准。郫县豆瓣还开展了商标国外注册工作,2008年5月30日申请977147号商标,通过马德里体系在71个国家(含地区或组织)申请保护。2021年3月1日正式生效的《中华人民共和国政府与欧洲联盟地理标志保护与合作协定》中,我国100个地理标志正式获得欧盟保护,郫县豆瓣位列其中。

近年来,郫县豆瓣通过知识产权综合保护和运用,提高了产品市场竞争力,维持并扩大了品牌优势。知识产权在郫县豆瓣产业的升级发展中发挥了方向指引、路径规划的作用,协同各方凝聚发展合力,优化配置各类创新资源,引导规范区域特色产业良性竞争,实现了可持续发展。

5.1.1 郫县豆瓣产业基本情况

5.1.1.1 历史沿袭

郫县豆瓣,是川味中必不可少的重要辣味调味品。用郫县豆瓣烹制的"回锅肉""豆瓣鱼""麻婆豆腐"等菜肴具有浓郁的四川风味,被公认为是川菜家常味中的代表作。郫县豆瓣具有"色红褐、油润、酱酯香、味鲜辣"之特色,采用传统的特殊工艺,以优质红辣椒为主要原料经过盐渍制成辣椒胚;蚕豆制曲、发酵6个月以上制成甜豆瓣;辣椒胚按比例拌合甜豆瓣入缸翻、晒、露,历时3个月以上酿造成熟。

郫县豆瓣的历史,可追溯到清朝康熙年间。在"湖广填四川"的迁徙大潮中,陈氏族人携家人迁居郫县(现在的郫都区),入蜀途中将发了霉的蚕豆拌以剁碎的鲜辣椒佐餐而食,取名为"辣子豆瓣",味道鲜美无比,深受赞誉,这就是郫县豆瓣的雏形。后来,陈氏家族后裔开始对郫县豆瓣进行规模化生产,大批研制、生产和销售。在一代又一代人的潜心研究中,郫县豆瓣的生产技艺和口感日臻完美,其足迹也开始走进千家万户。

5.1.1.2 产业现状

"郫县豆瓣"作为地理标志产品,在未获得保护前,总产量只有20万吨,收入总额 6 亿元，利税总额约 5000 万元。2005 年获得地理标志产品保护后，产品效益明显提升，特别是通过地理标志产品保护示范区建设后，经济效益、品牌效应都有了更加显著的提高。2021 年，郫县豆瓣总产量达 160 万吨，产值增长到近 200 亿元。"郫县豆瓣"商标已完成多个国家和地区的注册，其品牌价值早在 2019 年就已达 656 亿元，2020 年更是突破 661.09 亿元。2022 年，郫县豆瓣荣登 2022 中国品牌价值评价区域品牌百强榜第 7 位。

郫都区委、区政府高度重视"郫县豆瓣"品牌发展战略，积极推进郫县豆瓣产业的发展。《中共成都市郫都区委关于制定国民经济和社会发展第十四个五年规划和二〇三五年远景目标的建议》中明确提出，"依托成都川菜产业园，重点发展以郫县豆瓣为核心的复合调味品和休闲食品产业"。

除了将郫县豆瓣列为重点发展的产业，郫都区委、区政府还注重对郫县豆瓣企业给予资金、政策等实实在在的支持。2022 年为降低新冠疫情对行业的影响，解决郫县豆瓣行业面临的流动资金紧张问题，郫都区经信局组织银监会、人行、金控、兴业银行、建设银行等多家金融机构，召开郫县豆瓣行业金融服务专题协商会，确保企业原材料收购资金，实现郫县豆瓣产业平稳过渡与发展。郫都区还积极组织展览会、推介会等活动，吸引更多龙头食品企业走进郫都，通过豆瓣博览会、川菜大会等加强品牌输出。

郫都区以郫县豆瓣为核心，大力发展食品饮料产业。围绕"高水平建设川菜产业城""壮大绿色食品千亿级产业集群"的目标，加力加劲发展川菜产业城绿色食品重点产业链，增强产业生态圈集聚力、核心产业链竞争力、关键支撑要素运筹力，推动绿色食品产业链高质量发展迈上新台阶。

5.1.1.3 企业情况

截至 2023 年 3 月，核准使用郫县豆瓣专用标志的企业有 82 家。包括四川省丹丹郫县豆瓣集团股份有限公司（以下简称丹丹公司）、四川省郫县豆瓣股份有限公司（以下简称鹃城郫县豆瓣）、成都市旺丰食品有限责任公司、四川饭扫光食品集团股份有限公司（以下简称饭扫光公司）等知名企业。

从企业生产规模来看，郫县豆瓣生产企业数量多、规模偏小。在 82 家企业中，年销售收入过 1 亿元的企业仅 5 家，占比不到 5%，而 95% 以上的企业年销售收入不足 1 亿元。

目前，豆瓣酱体量排名的前两位分别是丹丹公司与鹃城郫县豆瓣，以下对两家企业简要介绍。

（1）丹丹公司

①基本情况

丹丹公司创立于1984年，总部位于享有"川菜之乡"美誉的成都市郫都区中国川菜产业化园区，是一家集原料种植、"郫县豆瓣"及川菜调味料精深加工、品牌营销为一体的农业产业化重点龙头企业，也是郫都区出现的第一批豆瓣民营企业。

丹丹公司在传承郫县豆瓣300多年传统工艺的基础上，建立了"国家豆瓣酱加工技术研发专业中心""食品用酶生物技术国家和地方联合工程研究中心"等技术创新平台。

②发展战略

2016年，丹丹公司改制为股份有限公司；2021年，川菜产业园川菜路"丹丹"绿色工厂落成，规划总占地面积100亩。

根据备案，丹丹公司于2022年6月17日与招商证券签署协议进行上市辅导，并持续至2023年4月，如若进展顺利，丹丹公司也将成为"郫县豆瓣酱第一股"。

③经营状况

目前，丹丹公司的主要产品有郫县豆瓣酱、火锅底料、泡菜、多功能复合调味料等。2015—2021年，丹丹公司的销售收入从4.05亿元突破至7亿元，产量也从5万吨增加到6万余吨，是郫县豆瓣行业纳税第一名。

（2）鹃城郫县豆瓣

①基本情况

鹃城郫县豆瓣前身为元丰源、益丰和号酱园，位于有着"中国川菜之城，郫县豆瓣之乡"美誉之称的成都市郫都区安德镇中国川菜产业城，是西南地区历史最悠久的规模化豆瓣酱生产企业。公司占地10万余平方米，产能规模10万吨，员工500余人。

鹃城郫县豆瓣作为中国非物质文化遗产郫县豆瓣传统制作技艺的传承企业，是郫县豆瓣行业龙头企业及行业标准化生产示范工厂，目前主营"鹃城牌""益丰和"郫县豆瓣、即食及复合调料等系列产品。产品远销日本、韩国、新加坡、美国、加拿大、澳大利亚、荷兰、英国、德国、法国、巴西、智利、俄罗斯等 80 多个国家和地区。

"鹃城牌"郫县豆瓣,其产品源于清代康熙二十七年(1688 年),取其蜀国发源地成都市郫都区城市"鹃城"的简称。产品工艺采用新鲜的"二荆条"伏椒和优质干蚕豆,经过切、剁、酿、酵、翻、晒、露等传统制作工序精酿而成,产品红润亮泽,独具浓郁酱香和酯香味。

2009 年,公司经批准使用"郫县豆瓣"地理标志证明商标,先后通过了ISO9001 质量体系、"国家 A 级绿色食品"、"全国轻工业优质产品"、"中国国际农业博览会名牌产品"、"全国食品工业企业诚信体系建设试点企业"等认证,获"中华老字号""中国非物质文化遗产"及"中国食品工业优质龙头食品企业""四川省农业产业化经营重点龙头企业""四川省调味品十强品牌企业""四川省农产品加工业示范企业"等荣誉。

②技术实力

公司技术中心先后通过市级、省级企业技术中心认定,拥有四川省川菜特色调味品工程技术研究中心、西华大学-鹃城产学研联合实验室、四川旅游学院-川菜特色调味品研究所、郫县豆瓣资源微生物研究实验室等科研协同创新平台,建有专用实验场地(占地面积 1800 m^2),具有中高级专业研发人员 48 名,非物质文化遗产项目豆瓣制作技艺(郫县豆瓣传统制作技艺)代表性传承人 14 人,国家调味品评委 2 人。

③经营状况

2018 年年初,公司开始技改工程,围绕物料运输方式、灭菌方式、晒场大棚、产品包装形态等难题开展研究论证,形成瓣子及椒醅负压输送、发酵池自动循环补水、大棚自动开启控制等研究成果 30 余项。历时 780 天奋战完成,技改非标设备占比达 70%,推动公司从传统豆瓣生产企业向现代化工业企业转型升级发展。

5.1.1.4 产业特点

郫县豆瓣产业作为郫都区支柱产业之一,已成为中国加工食品类地理标志产品的领头羊。郫都区更是以郫县豆瓣为核心,大力发展复合调味品和休闲食品两大主导产业,建设中国川菜产业园,打造城市特色名片。郫县豆瓣的发展有其独特优势,但要继续做大做强,还要清楚了解自身发展的特点和问题。郫县豆瓣产业的特点和问题如图 5-1 所示。

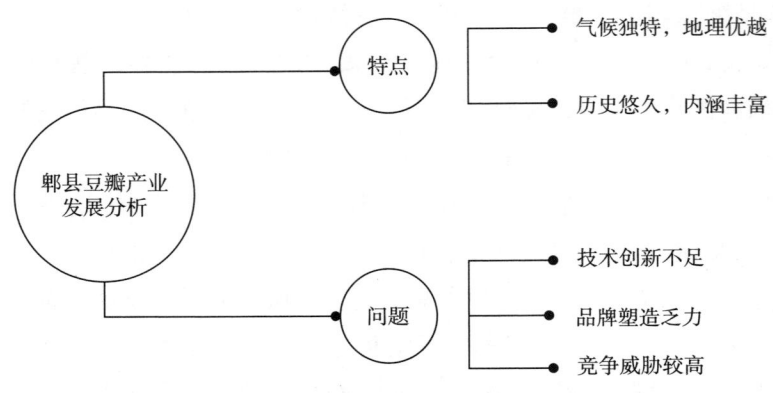

图 5-1 郫县豆瓣产业的特点和问题

1. 郫县豆瓣产业的特点

(1) 气候独特,地理优越

郫都区地处四川盆地,拥有温和湿润的气候、土壤肥沃的耕地以及便于灌溉的水资源,历来被誉为成都平原的"上风上水"之处,属于成都平原的"膏腴"之地。盆地的中亚热带湿润气候,在风力的作用下,形成潮湿空气的流动循环,为郫县豆瓣微生物菌群的生存提供了丰富的矿物质养料及水分,使其充分生长并分泌大量的酶类。如图 5-2 所示的天然晒场环境,造就了郫县豆瓣独特的外观品质和内在风味。

图 5-2 本书主编李备战在四川省郫县豆瓣股份有限公司调研

（2）历史悠久，内涵丰富

中国调味品与中国传统文化密切相关，国内调味品最不可替代的就是"中国味"。郫县豆瓣自诞生之日起，迄今已有300多年的历史，已深深地融入川人的胃口和川菜的风味中。

市场竞争在经历了产品竞争、品牌竞争后，现已上升为文化竞争。郫县豆瓣是传统文化的代表，悠久的文化底蕴可以转化成为郫县豆瓣的独特优势，这是潜在的商业价值。

2. 郫县豆瓣产业的问题

在深厚历史和悠久文化的背后，郫县豆瓣行业也存在不可回避的痛点。从产品属性上看，郫县豆瓣主要供应家庭消费和餐饮需求，消费频次低，是一种慢速消费品。产品本身附加值较低，原材料价格上涨不断压缩企业的利润空间，导致郫县豆瓣企业成本压力大，缺少资金和动力去投资技术创新和品牌建设。在现代食品工业的浪潮冲击下，传统食品的生存空间一再被压缩。

（1）技术创新不足

传统食品生产企业普遍存在生产工艺原始、繁杂，生产效率偏低、标准化程度不高等劣势，难以适应现代市场环境对产品的要求。"吃得，看不得"，是很多人对传统豆瓣、泡菜、酱油的看法。郫县豆瓣现有的生产工艺机械化程度较低，现有的陶缸发酵和条池发酵制作的郫县豆瓣产品质量不稳定，制作工艺难以得到有效的控制，批次间存在一定的质量差异。传统晾晒易使豆瓣在加工过程中受粉尘、重金属、蚊蝇鼠蚁等外来污染。

大部分郫县豆瓣企业基本上处于半手工半机械化的生产状态，现有产能难以支撑迅速扩张的市场需求。但是，脱离了传统日晒夜露的条件，进入发酵罐的发酵产品虽然能够大大提高产量，但在感官、风味上都和传统露天发酵产品有着明显的差异。

由于对郫县豆瓣的发酵机理研究不足，风味如何形成、哪些菌种在起作用均不清楚，所以在向现代食品工业化迈进的道路上，郫县豆瓣面临着很大的技术障碍。

(2) 品牌塑造乏力

在营销环节，由于产品本身附加值较低，郫县豆瓣企业本身利润空间很小，一般都没有更多资源去做品牌。除了"鹃城""丹丹"等品牌在省内外有一定知名度，其他中小企业主要靠"郫县豆瓣"这个区域大品牌的支撑，形成了"大树底下好乘凉"的局面。

然而，乘凉易，浇树难。从企业的微观角度来看，如果其为了维护区域品牌的声誉进行品牌宣传，其他企业也会因区域品牌的提升而受益，收益无法根据个体对资源的贡献程度分配。对进行宣传投入的企业而言，其投入和收益不对称，因此大企业维护公共品牌的积极性不高；为数众多的小企业，因为其规模较小、负担能力较差，甚至可能通过不当方式损害地理标志的品牌价值，而对其他生产者和整个群体造成负外部性影响。

区域品牌的外部性造成生产企业投入品牌塑造与营销的意愿低，不走精品化、品牌化路线，而进行低价格、低附加值产品的生产，从而导致无序竞争，劣币驱逐良币。

(3) 竞争威胁较高

内部竞争。在郫县豆瓣产业链中，内部竞争十分激烈。企业生态位重叠，产品同质化严重，市场趋于饱和甚至过剩。因此，企业为了获得更多客户，纷纷采取"价格战"，导致原本就激烈的市场竞争变得更加激烈。同质化严重、质量良莠不齐以及低价竞争等问题严重影响着郫县豆瓣产业的发展。

外部竞争。随着海天、欣和（葱伴侣六月香）等调味酱大品牌的强势入局，越来越多的传统产品因其外观、口感、方便性等不符合现代人的要求而日渐消亡，郫县豆瓣同样面临强劲挑战。现代食品工业生产的豆瓣酱多采用圆盘制曲、发酵罐恒温发酵、巴氏杀菌、自动灌装等工艺，以保证产品的品质稳定和安全卫生，这是传统露天发酵的郫县豆瓣酱难以比拟的。

替代品威胁。对于郫县豆瓣来说，除了本领域的直接挑战，还面临着来自替代品的威胁。复合调味品正在日渐取代酱醋等单一调味品，成为新生代消费者和连锁餐饮店的宠儿。这类产品虽不是豆瓣产品的直接竞争对手，但它削弱了豆瓣产品的消费群体及消费量。主要原因是它使用方便，口味可以根据消费者需求迅速迭代。对标日本市场，复合调味品已取代酱油成为调味品市场更大的分支。

5.1.2 郫县豆瓣产业发展中的多种知识产权综合运用

郫县豆瓣产业在发展过程中采取的知识产权策略是多角度、全方位的。

通过地理标志与商标的综合运用，塑造了一批个性化的企业品牌，打造出了一些企业高端品牌，知名品牌在同质化竞争中脱颖而出，并积极运用商标策略打击侵权对象，维持竞争优势。

通过地理标志与专利（发明、实用新型）的综合运用，不断探索和突破郫县豆瓣存在的生产工艺原始、生产效率偏低、标准化程度不高、发酵机理研究不足等问题，延展了传统产业生命力，增强了传统地理标志产业的时代亲和力，助力产业适应新形势、应对新挑战、适应时代新要求。

通过地理标志与版权、外观设计专利的综合运用，郫县豆瓣企业实现了品牌的高端化、年轻化、便利化转型，在一定程度上克服了营销环节品牌塑造乏力的问题，找到了营销的新突破口，突破了消费群体，增加了新的消费场景。

5.1.2.1 灵活运用商标策略维护竞争优势

针对内部、外部竞争严重的问题，郫县豆瓣企业积极注册商标，打造自有品牌，力求在同质化竞争中脱颖而出。郫县豆瓣企业和协会积极运用商标策略打击侵权对象，维持竞争优势。总结郫县豆瓣企业或协会使用的商标策略，可以分为以下几类。

（1）海外布局策略。多家郫县豆瓣企业走出国门，通过马德里体系注册海外商标，进行海外商标布局，积极开拓海外市场。

（2）联合商标策略。在主商标周围注册相近的商标，进行保护防御性商标注册，在主商标周围建立起一道防火墙，阻止他人注册和使用近似商标，避免他人借用主商标的影响力"搭便车"。

（3）服务商标布局，积极撤三申请。与企业字号同名的商标落入其他公司之手。经过商标撤三申请，撤销掉已经注册的商标，为自家商标注册扫除障碍，拿回重要的商标注册类别，完善公司的商标战略布局。

（4）灵活运用商标权质押融资。郫县豆瓣企业灵活运用知识产权"轻资产"，以商标权质押的方式，获得必要资金补给，缓解企业"融资难、融资贵"的难题，保障企业现金流充沛。

（5）驰名商标维权，避免淡化企业驰名商标显著性。郫县豆瓣生产企业拥有多件驰名商标，如"丹丹""鹃城""饭扫光"等。在一如既往地坚持品质和信誉的同时，郫县豆瓣生产企业通过维权行动积极维护自身利益，对摹仿的大量商标申请采取异议、无效等手段阻止授权。避免在关联性较强的商品上摹仿自有驰名商标，避免淡化企业驰名商标显著性。

（6）证明商标积极维权，打击侵权假冒。对从包装到商标的结构、偏旁、笔画等方面与证明商标"郫县豆瓣"极为相似的"郫县豆瓣"，食品协会积极维权，将生产单位、销售单位告上法庭，要求其立即停止侵权、消除影响，赔偿经济损失，并最终获得法院支持，入选当年四川法院知识产权司法保护十大典型案例。

商标策略作为企业经营战略执行的重要组成部分，与企业的许多活动有着非常密切的联系，它影响着企业的产品面、经营面、法律面等层面的运作，并且商标策略执行的好坏也与这些层面有着密不可分的关系。具体商标策略分析如下：

1. 海外布局策略

多家郫县豆瓣企业走出国门，进行海外商标布局，积极开拓海外市场。企业国外商标的申请注册主要通过马德里国际商标注册体系，它受两个条约约束：1981年签订的商标国际注册马德里协定和1989年通过的商标国际注册马德里协定有关议定书，两个条约的目标是为商标所有人简化行政程序，使其能在最短时间内以最低成本在所需国家获得商标保护。经检索，企业通过马德里体系注册的海外商标见表5-1。

表 5-1 海外布局商标企业名单

申请人	商标号	注册日	商标样式	保护国家
四川省郫县豆瓣股份有限公司	825206	2004年3月19日	益丰和号	日本、韩国、新加坡、美国
	1463496	2019年1月7日	鹃城牌 JUANCHENG BRAND	印度尼西亚、韩国、墨西哥、新西兰、菲律宾、西班牙、法国
四川省丹丹郫县豆瓣集团股份有限公司	942589	2007年10月24日	丹丹	英国、美国、澳大利亚、德国、西班牙、法国、意大利、朝鲜、葡萄牙、俄罗斯、乌克兰、越南
	1009266	2009年3月11日	丹丹	日本
	1458762	2018年11月23日	DAN DAN 丹丹	澳大利亚、文莱、欧盟、英国、印度尼西亚、印度、日本、韩国、新西兰、菲律宾、新加坡、泰国、美国、瑞士、肯尼亚、俄罗斯
四川饭扫光食品集团股份有限公司	994057	2008年8月31日	饭扫光	丹麦、芬兰、英国、爱尔兰、奥地利、瑞士、德国、西班牙、肯尼亚、波兰、葡萄牙、澳大利亚、法国、意大利、俄罗斯、新加坡、美国、越南
	1310637	2016年3月11日	川老匯	澳大利亚、丹麦、芬兰、英国、爱尔兰、日本、韩国、新加坡、美国、奥地利、瑞士、德国、西班牙、法国、意大利、肯尼亚、波兰、葡萄牙、俄罗斯

以丹丹公司的第 942589 号商标为例,通过马德里体系先后指定了英国、

美国、澳大利亚、德国等多个国家或地区。其中，在日本、韩国、新加坡被驳回，于是丹丹公司在上述目标国家继续发起了后续申请。

2. 联合商标策略

如本书 2.2 节介绍的联合商标策略，郫县豆瓣企业也普遍使用了联合商标策略。例如：丹丹公司的主要商标"丹丹"，及其联合商标"舟舟""金丹丹""丹丹调味""丹丹夹馍酱"等，如图 5-3 所示；四川饭扫光食品股份有限公司的主要商标"饭扫光"，及其联合商标"饭抢光""菜扫光""面扫光""饭遭殃"等。

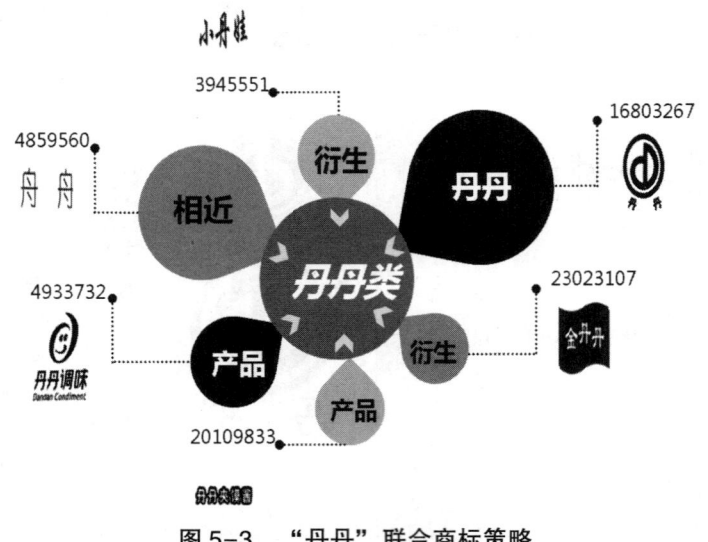

图 5-3　"丹丹"联合商标策略

3. 服务商标布局，积极撤三申请

成都健心食品有限公司（以下简称健心公司）一直没有企业字号中的"健心"商标，本书分析其原因在于，雀巢产品有限公司在先申请的"健心"商标成为健心公司商标注册的"拦路虎"。

第 1987593 号"健心"商标由雀巢产品有限公司于 2000 年 9 月 6 日申请，如图 5-4 所示，指定使用在第 29 类肉、牛奶等商品上，2002 年 8 月 7 日获准注册，商标专用期限至 2022 年 8 月 6 日。

健心

图 5-4　雀巢产品有限公司的第 1987593 号"健心"商标

健心公司认为雀巢产品有限公司在该注册商标上连续三年不使用,申请撤销该注册商标。根据雀巢产品有限公司提供的商标使用证据,商标局不予撤销商标。健心公司申请复审,认为雀巢公司并未提供任何"健心"奶粉进行商业流通的具有第三方公信力的发票等证据材料,仅提供部分网页复印件,不能证明其在"奶粉"上进行了使用,亦不能证明"健心"在指定使用的商品上的使用。故复审商标的注册应予撤销。

最终商标局就复审商标在复审商品上的注册予以撤销。健心公司于 2020 年成功注册第 50708787 号"健心"商标,如图 5-5 所示。

图 5-5　健心公司第 50708787 号商标

4. 灵活运用商标权质押融资

四川饭扫光食品股份有限公司通过质押"川老汇""饭扫光"等商标的专用权,从银行获得 5500 万元贷款,商标质权登记公告如图 5-6 所示。

第1679期商标公告　　　　　　　　　　　　　　　　2020年01月13日

商标质权登记公告

注册号/申请号：　36246040

商标：　川老汇

类别：　30

出质人：　四川饭扫光食品集团股份有限公司

质权人：　成都市现代农业融资担保有限公司

质权登记期限：　自　2019年12月09日　至　2022年12月31日

注册号/申请号：　32753942

商标：　川老汇

类别：　29

出质人：　四川饭扫光食品集团股份有限公司

质权人：　成都市现代农业融资担保有限公司

质权登记期限：　自　2019年12月09日　至　2022年12月31日

图5-6　饭扫光公司商标质权登记公告

知识产权质押融资可在一定程度上缓解企业"融资难、融资贵"的难题，支持具有发展潜力的生产型企业。企业灵活运用知识产权"轻资产"，获得必要资金补给。

5. 驰名商标维权，避免淡化企业驰名商标显著性

郫县豆瓣生产企业拥有多件驰名商标，如"丹丹""鹃城""饭扫光"等。在一如既往地坚持品质和信誉的同时，郫县豆瓣生产企业通过维权行动积极维护自身利益，对摹仿的大量商标申请采取异议、无效等手段阻止授权。

例如，应城市绿舟园农业发展有限公司于 2018 年 6 月 11 日向商标局提出注册申请"丹舟"商标，如图 5-7 所示。经商标局初步审定在第 30 类"茶；糖；甜食（糖果）；以米为主的零食小吃；人食用的去壳谷物；面条；以谷物为主的零食小吃；酱油；调味料"商品上，经商标局初步审定并公告后，予以核准注册，专用期限至 2029 年 5 月 27 日。

图 5-7　第 31518430 号争议商标

丹丹公司认为其在明知"丹丹"系列商标具有较高知名度的情况下申请与其持有的第 3616429 号、第 4859560 号商标近似，如图 5-8、图 5-9 所示，具有傍名牌、搭便车的故意，违反了诚实信用原则。请求依据《商标法》第四条、第七条、第十三条、第三十条、第三十二条、第四十四条第一款等相关规定，宣告争议商标无效。丹丹公司积极向商标局提交了企业荣誉、质量体系认证证书及绿色食品证书、"丹丹"品牌获得驰名商标及荣誉证书、"丹丹"商标实际使用证据、"丹丹"产品部分销售合同、媒体投放合同等证据，避免在关联性较强的商品上摹仿自有驰名商标，避免淡化企业驰名商标显著性。

图 5-8　丹丹公司持有的第 3616429 号商标

图 5-9　丹丹公司持有的第 4859560 号商标

商标局判定，争议商标"丹舟"与引证商标"丹丹""舟舟"在文字构成、整体外观等方面相近，已构成近似商标。争议商标指定使用的茶；调味料等商品与引证商标核定使用的调味品等商品在销售渠道、消费对象等方面存在一定关联，属类似商品或关联性较强商品。加之，"丹丹"商标具有较强的显著性和独创性，同时考虑到丹丹公司提交的证据可以证明"丹丹"商标经过长期使用已具有一定知名度，争议商标与丹丹公司上述引证商标若并存使用于类似商品上，容易使相关公众误以为该商标所标识的商品来自丹丹公司或与丹丹公司存在某种特定联系，使消费者误认为是同一企业生产的商品，进而对商品来源产生混淆、误认。最终争议商标被宣告无效。

6. 积极维权，打击侵权假冒

2000 年 4 月 21 日，成都市郫都区食品工业协会（以下简称食品协会）就"郫县豆瓣"文字商标在第 30 类"豆瓣"商品上获得注册，如图 5-10 所示。2009 年 4 月 24 日，原国家工商行政管理总局商标局认定使用在"第 30 类豆瓣商品上的'郫县豆瓣'注册商标为驰名商标"。

图 5-10　第 1388982 号商标

食品协会近年发现，全国各地出现一款名为"郫县豆瓣"的产品，该商品"红油郫县风味豆瓣"正面中部为横排"郫县豆瓣"四个大字，如图 5-11 所示。"郫县""豆瓣"用较大字体黑色显示，二者上部的"红油"二字用较小字体浅色显示，二者中间为竖排更小浅色字体的"风味"二字。从包装到商标的结构、偏旁、笔画等方面与"郫县豆瓣"极为相似，极易使普通消费者混淆商品来源。针对此种情形，食品协会积极维权，将生产单位、销售单位告上法庭，要求其立即停止侵权、消除影响，赔偿经济损失。

图 5-11　郫县豆瓣产品❶

经法院认定，涉案产品上使用"郫县豆瓣"字样，其中"郫县豆瓣"字体较大，属突出使用，有明显的提供识别功能，且"郫县豆瓣"字体与食品

---

❶ 法治郫都. "郫县豆瓣"还是"郫（dān）县豆瓣"你中招了吗？［Z/OL］. （2021-01-22）［2023-06-01］. https://mp.weixin.qq.com/s?src=11&timestamp=1687156968&ver=4599&signature=qu*1ZkT1i084uTime92HD6njDXrFmq9jiqNs59Ou19yCZBRR1bcuXE9DGmvtuBI9tl2bZbolTPxU8v6j1eXjfz0P9tUIC9-BcUfIt2HWC4qBWEE-ESqM0Yg-xCrM-x6d&new=1.

协会享有的"郫县豆瓣"商标高度近似，以一般公众的注意力，容易将"郫县豆瓣"误认为"郫县豆瓣"，故构成对食品协会第1388982号商标的侵权。该案件入选了四川省高级人民法院发布的2020四川法院知识产权司法保护十大典型案例。

5.1.2.2　保护专利技术推动产业升级

针对郫县豆瓣存在的生产工艺原始、生产效率偏低、标准化程度不高、发酵机理研究不足的问题，郫县豆瓣企业积极创新，在郫县豆瓣的发酵机理研究、机械化生产和口味创新等方面进行积极探索。

在郫县豆瓣的发酵机理研究方面，郫县豆瓣的生物技术改进主要围绕三个方面展开：高品质菌株筛选、复合菌株发酵和人工构建组合菌剂。通过采用高品质菌株筛选的方式，提升原料利用率，提升豆瓣酱氨基酸态氮和风味物质的含量；通过复合菌株发酵的方式，弥补单菌株制曲酶活力不足的缺陷；通过在后发酵阶段人工构建组合菌剂的方式，抑制有害成分的产生，解决产品均一性、安全性等一系列问题。

在机械化生产方面，采用发酵罐发酵制作郫县豆瓣，相比原有技术的陶缸和条池发酵蚕豆瓣，发酵条件可控性好，更利于产业化、规模化生产，发酵罐发酵能更好地实现发酵的工业化和自动化生产；发酵罐发酵时，可大大地降低外界影响，有利于发酵条件的控制和稳定，从而保证各批次产品质量稳定。从专利中可以看出，越来越多郫县豆瓣企业开始进行现代化食品工业的创新探索。

在口味创新方面，调味酱的产品特点决定了调味酱很大程度上依赖于口味的推陈出新，产品使用场景的丰富扩展，郫县豆瓣超半数的发明、实用新型专利集中在口味改进、场景拓展的复合调味领域。在复合调味领域的技术改进，包括增加产品保健效果、扩大豆瓣应用场景、丰富产品口味等。

以下将郫县豆瓣在技术创新及其专利保护方面做出的努力进行定性和定量的分析阐述。

1. 申请态势

为更好地观察和发现郫县豆瓣专利申请所针对的技术重点，本书根据郫县豆瓣所属发酵豆制品行业的技术特点，将技术分为工艺、应用和设备3个一级分支。在中国专利文摘数据库和德温特世界专利数据库中进行检索，还综合利用了部分其他专利数据库，通过初步检索、扩展检索和补充检索等，检索了郫都区郫县豆瓣相关专利。下面以五年为一时间段，对各一级分支的申请态势进行分析，如图5-12所示。

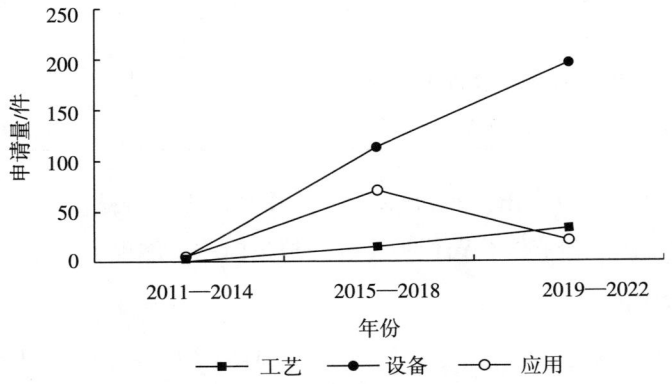

图 5-12 郫县豆瓣产业专利一级分支申请趋势

从图 5-12 中可以发现，设备是近年来的技术重点，其专利申请量快速增长，且申请量明显高于工艺和应用；而工艺和设备的技术在近年来也得到提升，专利申请不再是零申请，而是逐渐呈持续申请态势。究其原因，与郫县豆瓣企业纷纷开展传统行业智能升级密不可分。多家郫县豆瓣企业正逐步从手工作坊模式向现代化食品工业企业转型。

2. 申请主体

郫县豆瓣产业的发明、实用新型专利申请量排名前 10 位的申请主体见表 5-2。

表 5-2 郫县豆瓣产业发明、实用新型专利申请主体前 10 位

企业名称	发明或实用新型数量/件
四川省丹丹郫县豆瓣集团股份有限公司	106
四川省郫县豆瓣股份有限公司	56
四川饭扫光食品集团股份有限公司	54

续表

企业名称	发明或实用新型数量/件
四川友联味业食品有限公司	51
四川省丽通食品有限公司	25
四川省郫筒酱园有限责任公司	24
成都圣灵生物科技有限公司	20
成都市旺丰食品有限责任公司	19
四川省满江红食品科技有限公司	16
郫县恒星调味品有限公司	15

从表5-2中可以看出，丹丹公司、四川省郫县豆瓣股份有限公司、四川饭扫光食品集团股份有限公司位列专利申请量前三，体现了较强的研发实力。

3. 协同创新

郫县豆瓣产业发明、实用新型相关专利协同创新逐渐打开局面。2018年之前，联合创新集中在本地企业与西华大学之间。2018年之后，出现了四川省郫县豆瓣股份有限公司与江南大学、丹丹公司与四川省食品发酵工业研究设计院等产学研联合，技术合作主题也从应用口味开发向菌剂开发、发酵工艺研究等转变。四川省郫县豆瓣股份有限公司还与调味品行业智造升级综合服务的专业公司四川伟士多科技有限公司联合开发新型设备。郫县豆瓣企业协同创新的选择不断增多，创新质量不断提高，联合申请专利见表5-3。

表5-3 郫县豆瓣产业联合申请专利列表

联合申请人	专利名称
江南大学｜四川省郫县豆瓣股份有限公司	一种发酵食品的组合菌剂及其应用
江南大学｜四川省郫县豆瓣股份有限公司	优质米曲霉组合菌剂及其在制备郫县豆瓣酱中的应用
四川新希望味业有限公司｜成都市金福猴食品股份有限公司	一种椰奶味纯植物油固体火锅底料及其制备方法
四川省丹丹郫县豆瓣集团股份有限公司｜四川省食品发酵工业研究设计院	一种豆瓣精及其制备方法

续表

联合申请人	专利名称
成都市金福猴食品股份有限公司｜四川新希望味业有限公司	一种甜瓣子及其制备方法
江南大学｜四川省郫县豆瓣股份有限公司	一株产蛋白酶的诞沫假丝酵母
江南大学｜四川省郫县豆瓣股份有限公司	一株产酸性蛋白酶的地衣芽孢杆菌
四川伟士多科技有限公司｜四川省郫县豆瓣股份有限公司	一种豆瓣酱恒温发酵罐
四川徽记豆匠食品有限公司｜四川徽记食品股份有限公司	一种燃面酱料及其制备方法
成都君乐园调味品开发有限公司｜四川佳谷食品科技有限公司	一种低盐豆瓣酱及其生产工艺
四川省丹丹郫县豆瓣集团股份有限公司｜西华大学	一种利用生物酶改良的郫县豆瓣及其生产方法
四川省丹丹郫县豆瓣集团股份有限公司｜西华大学	一种基于酶解和食品级运载体系包埋的郫县豆瓣颗粒粉的生产工艺
四川省丹丹郫县豆瓣集团股份有限公司｜西华大学	一种郫县豆瓣黄曲霉毒素B1检测的前处理方法
西华大学｜四川友联味业食品有限公司	一种川味烧烤复合调味品及其制备方法
西华大学｜四川友联味业食品有限公司	一种麻辣香锅煲及其制备方法
西华大学｜四川友联味业食品有限公司	一种即食冲调型川味火锅底料的制作方法
西华大学｜四川省丹丹调味品有限公司	一种四川泡菜酸菜鱼方便复合调味料的制作方法
西华大学｜四川省丹丹调味品有限公司	一种川味火锅专用红油豆瓣的制备方法
西华大学｜四川省丹丹调味品有限公司	一种家用方便川味红卤复合调味料的制备方法
西华大学｜四川省丹丹调味品有限公司	一种川香低脂美味香辣酱复合调味料的制备方法
西华大学｜四川省丹丹调味品有限公司	一种川味红汤水煮鱼复合调味料的制作方法

4. 热点技术剖析

（1）生物技术

在传统调味食品酿造过程中，发酵所用各种微生物的生长受到各种因素的影响，如菌种组成及比例、发酵温度、发酵时间、盐度等，它们直接影响发酵食品的风味物质、色泽、品质等。

目前，郫县豆瓣的酿造多使用纯培养的米曲霉制曲，米曲霉酶系的强弱对原材料利用率、酱醪成熟时间以及产品风味和色泽等品质都起着决定性作用。常用的米曲霉菌株有 AS3.863、沪酿 3.042（AS3.951）、UE336、UE328、961、渝 3.811、10B1 等。其中，沪酿 3.042 适宜固态制曲，蛋白酶活力高，具有生长快、易管理、较粗放、原料全氮利用率稳定等特点，是郫县豆瓣生产厂家普遍使用的优良菌株，但单一菌种制曲有酶系不全、酸性蛋白酶活力弱、原料总氮利用率低等缺点，另外，在酿造过程中较低的 pH 值和较高的盐浓度都会抑制蛋白酶的活力。

郫县豆瓣的生物技术改进主要围绕三个方面展开：高品质菌株筛选、复合菌株发酵和人工构建组合菌剂。通过采用高品质菌株筛选的方式，提升原料利用率，提升豆瓣酱氨基酸态氮和风味物质的含量；通过复合菌株发酵的方式，弥补了单菌株制曲酶活力不足的缺陷；通过在后发酵阶段人工构建组合菌剂的方式，抑制有害成分的产生，解决产品均一性、安全性等一系列问题。郫县豆瓣产业生物技术代表性专利见表 5-4。

表 5-4 郫县豆瓣产业生物技术代表性专利

技术创新方向	公开（公告）号	标题	申请人
高品质菌株筛选	CN114350523A	优质米曲霉组合菌剂及其在制备郫县豆瓣酱中的应用	江南大学 四川省郫县豆瓣股份有限公司
	CN111647517B	一株产蛋白酶的诞沫假丝酵母	江南大学 四川省郫县豆瓣股份有限公司
	CN111718871B	一株产酸性蛋白酶的地衣芽孢杆菌	江南大学 四川省郫县豆瓣股份有限公司

续表

技术创新方向	公开（公告）号	标题	申请人
复合菌株发酵	CN109105751A	一种复合菌株发酵的豆瓣及其制备方法	西华大学
	CN102911880B	一种改善郫县豆瓣色泽的红曲霉和米曲霉复合发酵菌剂及其制备方法	西华大学
	CN107279748A	一种混合米曲霉和植物乳杆菌发酵的豆瓣及其制备方法	四川大学
人工构建组合菌剂	CN114107138A	一种发酵食品的组合菌剂及其应用	江南大学 四川省郫县豆瓣股份有限公司
	CN111996142B	一种用于强化豆瓣后发酵菌剂组合物的制备方法和应用	四川饭扫光食品集团股份有限公司
	CN106520583B	一种用于强化豆瓣后发酵菌剂组合物的制备方法和应用	西华大学

高品质菌株筛选

江南大学与四川省郫县豆瓣股份有限公司携手对菌种开发进行了研究。CN114350523A 专利申请中，从日本传统酿造曲精中筛选到了一株食品安全菌株米曲霉。该菌株能够提高中性蛋白酶活性水平、弥补强烈鲜味缺乏的不足，将其与同样方法筛选到的米曲霉 LBM 30007 及商用菌株米曲霉沪酿 3.042 混合后制备得到微生物菌剂，将此微生物菌剂应用于制备蚕豆曲并进一步制备豆瓣酱中，能够使得鲜味氨基酸含量和中性蛋白酶活性显著提升，亮氨酸氨肽酶的活性也显著提升，有利于在蚕豆曲、酱油或豆瓣酱的制备中提升原料利用率及产品品质。

江南大学联合四川省郫县豆瓣股份有限公司寻找到一株在高渗状态下表达蛋白酶的诞沫假丝酵母，这是可在高渗状态下产蛋白酶的菌株，将该菌株添加入高渗酱醅阶段，可以适应酱类产品的发酵环境，生产的蛋白酶酶活性高，能够促进原料中蛋白质的分解，提高发酵体系中的氨基酸态氮和风味物质的含量，进而提高酱类产品的品质。根据 CN111647517B 的披露，该株诞沫假丝酵母筛选自郫县豆瓣蚕豆醅高渗酱醅发酵体系中，具有耐受郫县豆瓣生产中的酸性（pH 值为 4.4～4.6）、高盐（18% NaCl）的酿造环境的特性，可在极端环境中长期保持生长。该株诞沫假丝酵母在高盐条件下生产的蛋白酶，总酶活性达 21.91U/mg；在 pH＝3 的条件下，蛋白酶酶活性可达 6.73U/mg；在 pH＝7 的条件下，蛋白酶酶活性可达 4.68U/mg；在 pH＝10 的条件下，蛋白酶酶活性为 10.50U/mg。利用其制备的豆酱，可生产得到 50 种风味物质，物质种类丰富，其中，具有清甜的玫瑰样花香的苯乙醇含量可达 187.6mg/L，能够使豆酱的风味得到提升。

类似地，CN111718871B 专利从郫县豆瓣酿造体系（蚕豆醅）中分离得到了一株在高渗发酵条件下生产蛋白酶的地衣芽孢杆菌，所生产出的蛋白酶在 pH＝3 的条件下具有较高的酶活性，且在发酵前期就能够产生 102 种风味物质，可将该菌株应用于郫县豆瓣蚕豆醅生产，提升豆瓣酱氨基酸态氮和风味物质的含量，从而提高豆瓣酱的品质。

复合菌株发酵

目前，我国的豆瓣酱生产制曲阶段，多使用米曲霉单一菌株制曲，而米曲霉主要以产中性蛋白酶为主，产酸性蛋白酶能力较低，发酵酱醪呈酸性条件时，这些中性蛋白酶活性往往受到抑制，导致原料利用率低，而黑曲霉产酸性蛋白酶等活力远高于米曲霉；红曲霉被广泛应用于食品着色、防腐等，并且拥有较高的酯化酶活力，对豆瓣风味的形成具有重要贡献。因此，西华大学在 CN109105751A 专利申请中，提供了一种复合菌株发酵的豆瓣及其制备方法，利用米曲霉、黑曲霉和红曲霉进行复合发酵有效提高了蚕豆曲酶系活力，弥补了单菌株制曲酶活力不足的缺陷，从而有效提高了豆瓣氨基酸含量，并且制得的豆瓣产品色泽红亮、风味浓郁。

类似地，西华大学在 CN102911880B 专利中，提供了一种改善郫县豆瓣色泽的红曲霉和米曲霉复合发酵菌剂及其制备方法。该复合发酵菌剂不仅能够提高传统郫县豆瓣产品的色泽 30% 以上，提升感官品质，而且保持了传统郫县豆瓣产品的风味、特色和营养价值，同时还增加了米曲霉发酵过程中特有的保健功效。

除了不同曲霉复合发酵外，西华大学还尝试利用混合米曲霉和植物乳杆菌进行发酵。CN107279748A 专利申请中的一种混合米曲霉和植物乳酸菌发酵的豆瓣生产工艺，提高了豆瓣酱的黏稠度，使每批次豆瓣的品质保持均匀，同时降低了产品受黄曲霉毒素污染的风险，安全可食性明显增强。

人工构建组合菌剂，保持产品稳定性

传统的郫县豆瓣发酵方式属于开放式发酵，这种发酵方式的一个重要特点就是不可控。这导致了许多问题，例如发酵过程中的环境微生物入侵导致有害化合物的产生。而人工构建的组合菌剂的引入将有可能解决产品均一性、安全性等一系列问题。江南大学联合四川省郫县豆瓣股份有限公司，在CN114107138A专利申请中对发酵食品的天然暴露发酵的发酵菌剂做出了改进，提供了一种自下而上理性构建的以乳酸片球菌、肉葡萄球菌、易变假丝酵母依次等比例接种的合成微生物菌剂。风味接近天然发酵，并具有一定的特色，与原位体系相比，组合菌剂产生了9种特异性的风味化合物。

通过在豆瓣后发酵过程中的不同时期加入用于强化豆瓣后发酵菌剂组合物的不同有效成分，可以有效地抑制有害成分的产生，同时强化产酯生香。四川饭扫光食品集团股份有限公司在CN111996142B专利中，设置冻干机体、电机和磨盘，在冻干机体的内部设置处理箱，在处理箱的内部设置电机和磨盘，有效地实现了菌剂组合物预冷冻、冰晶块的破碎以及快速干燥的一体化工作，减少了工艺流程。同时通过对冰晶块的研磨破碎，使组合物与周围环境的接触面积得到了极大提高，干燥过程中冰晶块内部的水分可以快速地升华，大幅提高了冻干效率，降低了冻干成本。

西华大学在CN106520583B专利中提出了一种用于强化豆瓣后发酵菌剂组合物的制备方法和应用。菌剂组合物包括酵母菌剂、米曲霉菌剂和格孢腔菌菌剂，分别制备三种菌剂，然后按比例与后发酵豆瓣混合用于豆瓣后发酵。整体工艺适合工业化连续生产，综合利用了郫县豆瓣生产副产物（辣椒桔梗），生产周期可节约6个月，氨基酸态氮提高20%，挥发性呈香组分提高3倍以上（总酯、总酸和总醛含量），在黄曲霉毒素B1产生的高峰（发酵30~60天）接入酵母菌剂，强化了产酯生香过程，竞争性抑制了产毒黄曲霉和部分寄生曲霉的代谢，降低了黄曲霉毒素B1的含量，黄曲霉毒素B1低于0.5ppm（百万分之一），提高了食品安全性。

（2）发酵设备

郫县豆瓣的传统发酵过程讲究"晴天晒、雨天盖、白天翻、夜晚露"，2017年以前，郫县豆瓣设备的改进主要集中于对车间、大棚的改进，仍未脱离传统的陶缸发酵、条池发酵方式，代表性专利见表5-5。

表5-5　郫县豆瓣传统改进方式下代表性专利

公开（公告）号	标题	申请人
CN202269229U	豆瓣生产大棚	四川省郫县豆瓣股份有限公司
CN204104747U	一种多功能立体酿造车间结构	四川省满江红食品科技有限公司
CN204519198U	水浴保温发酵池	四川省满江红食品科技有限公司
CN204534917U	全自动吸露机	四川省满江红食品科技有限公司

在CN202269229U专利中，提供一种塑料薄膜可以自动遮盖或者敞开大棚骨架的豆瓣生产大棚，如图5-13所示。这种大棚克服了现有的豆瓣生产大棚在操作过程中，通过人工实现遮雨以及通风晾晒、操作难度大、效率低的缺点。

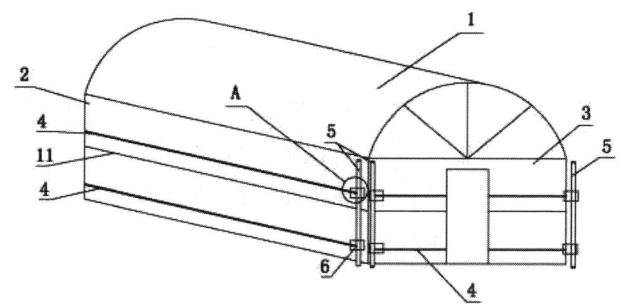

图5-13　豆瓣生产大棚示意图

2017年之后，郫县豆瓣开始加速向现代食品工业发展。设备层面的改进突破了原有的适应性改进，开始在罐式发酵、智能控制等方面进行改进。郫县豆瓣发酵设备（罐式）代表性专利见表5-6。

表5-6　郫县豆瓣发酵设备（罐式）代表性专利

公开（公告）号	标题	申请人
CN209268632U	一种制备蚕豆酱瓣用发酵罐	四川饭扫光食品集团股份有限公司
CN209268633U	一种蚕豆瓣发酵接种装置	四川饭扫光食品集团股份有限公司
CN215627996U	基于水循环的发酵罐体控温系统	四川省丹丹郫县豆瓣集团股份有限公司

续表

公开（公告）号	标题	申请人
CN207828278U	一种豆瓣发酵制备系统	四川饭扫光食品集团股份有限公司
CN209338526U	一种豆瓣酱盐渍发酵罐	郫县恒星调味品有限公司

2018年，四川饭扫光食品集团股份有限公司在CN209268632U专利中提出了一种制备蚕豆酱瓣的发酵罐，如图5-14所示。该设备旨在解决现有技术中陶缸或条池发酵制备郫县豆瓣时存在发酵周期长，发酵过程中易受其他杂菌污染，产品质量不稳定，产量不高，存在较大的食品安全风险，造成环境破坏等问题。在满足品质的要求上，进一步提升了产品的香味和鲜味，避免了制作过程中的污染，同时还保留了传统郫县豆瓣独特的风味，占地少，适合大规模工业化生产。罐式发酵是郫县豆瓣现代生产具有创新突破意义的改进。该发酵罐适用于各种吨位的蚕豆瓣发酵过程中物料的搅拌混合的均匀性，为蚕豆酱瓣规模化生产提供设备基础。采用发酵罐发酵制作郫县豆瓣用的蚕豆瓣，相比现有技术的陶缸和条池发酵蚕豆瓣，发酵条件可控性好，更利于产业化、规模化生产，发酵罐发酵能更好地实现发酵的工业化和自动化生产；发酵罐发酵时，可大大地降低外界影响，有利于发酵条件的控制和稳定，从而保证各批次产品质量稳定。

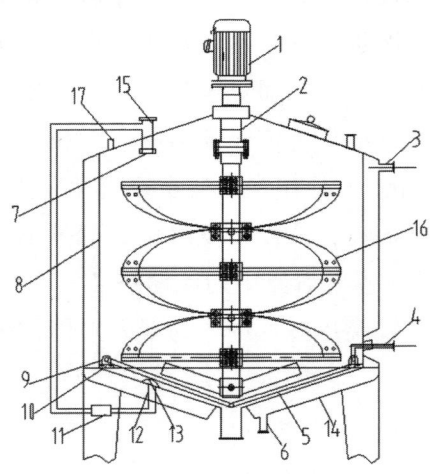

图5-14 饭扫光提出的豆瓣发酵罐方案示意图

郫县恒星调味品有限公司在CN209338526U专利中公开了一种豆瓣酱盐

渍发酵罐，如图 5-15 所示。该发酵罐将立式结构改为卧式结构，增加豆瓣酱的摊酵面积，并且通过外部的传动机构能使罐体内下部豆瓣酱与上部的豆瓣酱实现充分交换。通过设置鼓风机与排风孔，可及时带走罐体内因发酵产生的热量，保证发酵后豆瓣酱的口感质量。

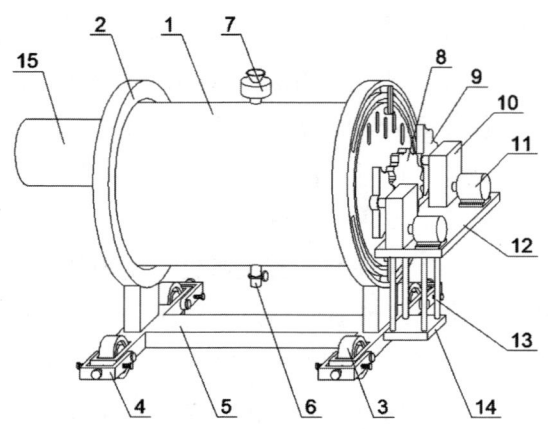

图 5-15　郫县恒星公开的卧式结构发酵罐示意图

2021 年，丹丹公司提出了一种基于水循环的发酵罐体控温系统，如图 5-16 所示。该系统通过功能罩和支撑柜的设置，便于直接在罐体外部进行改装，以提高原有设备的使用周期，通过热水腔和冷水腔满足热介质和冷介质供给需求，通过隔断板使冷水腔的冷水与热水腔中的温水相对独立，避免热水腔与冷水腔进行换热。功能罩通过隔热罩和导热罩的设置，避免了外部温度影响换热管路，通过接头管道保证第一水泵和第二水泵能够输送不同温度的介质到换热管路，从而有效调整换热管路中的水温。通过换位管，能够调整导热罩的局部温度，从而当发酵罐储蓄量不足时，可通过换位管和三通阀门调整循环水在换热管路中的流动路径，从而实现罐体局部控温。这就可以改善现有发酵罐温控过程中容易导致热能散失，且不易改造控温系统的问题。

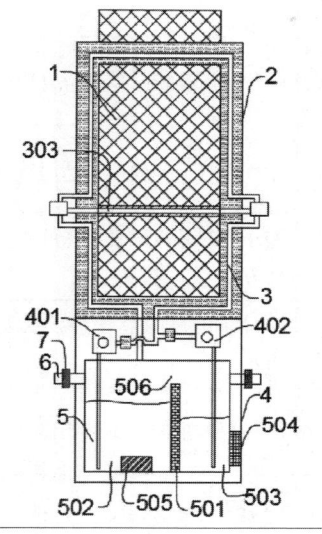

图 5-16　发酵罐体控温系统

从专利中可以看出，越来越多的郫县豆瓣企业开始现代化食品工业的创新探索。

（3）复合调味

调味酱的产品特点决定了调味酱很大程度上依赖于口味的推陈出新，产品使用场景的丰富扩展。因此，不难理解为何郫县豆瓣超半数的发明/实用新型专利集中在口味改进、场景拓展的复合调味领域。在复合调味领域的技术改进，包括增加产品保健效果、扩大豆瓣应用场景和丰富产品口味（见表5-7）。

表 5-7　郫县豆瓣复合调味技术改进

技术创新方向	公开（公告）号	标题	申请人
增加保健效果	CN110200218A	一种袋装低盐豆瓣及其生产加工方法	四川望红食品有限公司
	CN109007612A	一种低盐豆瓣酱及其生产工艺	四川佳谷食品科技有限公司｜成都君乐园调味品开发有限公司

续表

技术创新方向	公开（公告）号	标题	申请人
扩大产品应用场景	CN107927584A	一种豆瓣蘸粉及其制备方法	四川省郫县豆瓣股份有限公司
	CN108552479A	一种即食豆瓣蘸酱及其制备方法	四川省丹丹郫县豆瓣集团股份有限公司
	CN113951447A	基于豆瓣基料配置风味的蘸酱制作方法	四川省丹丹郫县豆瓣集团股份有限公司
丰富产品口味	CN110754614A	一种海鲜风味豆瓣酱及其制备方法	四川省丹丹郫县豆瓣集团股份有限公司
	CN109222047A	一种豆瓣牛肉酱及其制作方法	四川省郫县豆瓣股份有限公司
	CN107114756A	豆瓣香菇酱及制备方法	四川省郫县豆瓣股份有限公司

增加保健效果

现有的郫县豆瓣食品的食用盐含量偏高，一般在15%～22%（参照GB/T 20560—2006国家标准《地理标志产品 郫县豆瓣》中食用盐含量的规定）。但是在实际制作过程中，由于需要与空气接触，需要细菌产生菌株等进行发酵，因而当含盐量过低后，很容易在制作过程中腐败变质，一方面导致豆瓣食品成品率低，材料浪费严重，另一方面容易导致豆瓣食品成品质量低，且影响其保存时间，但是当前的健康理念倡导低钠低盐，长期食用盐含量高的食品，容易导致心血管等疾病，对于食用者健康存在威胁。因此，多家郫县豆瓣企业在增加产品保健效果方面做出积极尝试。

四川望红食品有限公司在CN110200218A专利申请中提出，正常生产豆瓣食品制作之后增加一步去盐处理的步骤，通过加入去盐吸附包，可以有效吸附豆瓣食品中的食用盐，从而将盐分从豆瓣食品中被转移至去盐吸附包内的盐分转移材料中，实现豆瓣食品的低盐效果。

四川佳谷食品科技有限公司和成都君乐园调味品开发有限公司采用了淘洗操作的预处理方法，复水处理，通过两次拌料和两次发酵，实现了对豆瓣酱的护色和调味，减少了盐的使用，得到的低盐豆瓣酱含盐量为6～12wt%，相对于传统豆瓣酱为低盐豆瓣酱。

扩大产品应用场景

现有的豆瓣酱主要是半固态，用于烹调或用作复合调料，虽然保持了豆瓣酱的原汁原味，但是在运输过程中具有一定困难，销售范围和使用形式单一，使豆瓣酱的推广面临极大的局限性。现代社会家庭平均人数下跌、社会老龄化和职业妇女比例增加导致出外用餐次数增加、在家烹调减少和简便食品消费增加。这些因素变化将影响调味品的消耗样式：家庭用消耗量降低，但是餐饮业用途消耗量持续增加。

以日本市场份额第一的调味品生产公司龟甲万为例，龟甲万为扭转酱油直接消耗量不断减少、酱油的人均使用量及频度日渐下降的不利局面，开发出一系列适用于餐饮业的酱油派生产品，从而不断维持其在调味品领域的霸主地位。派生产品包括粉状、糊状、乳化液体调味料等适应餐馆使用的产品类型。

郫县豆瓣企业也在积极探索扩大豆瓣应用方法的创新，主要指对传统产品功用的进一步复合化，以提高应用方法的便捷化和高效化。

例如，郫县豆瓣公司2018年推出的豆瓣蘸粉就属于基于应用方法的创新。豆瓣蘸粉改变了原有郫县豆瓣半固态的特点，厨师、消费者可以根据自身需要灵活应用液态、固态的"郫县豆瓣+"产品，郫县豆瓣可以从厨房产品转换为餐桌产品，属于对传统郫县豆瓣应用方法的创新。CN107927584A专利申请中公开了一种豆瓣蘸粉及其制备方法，采用磨细处理、调浆处理、烘干处理及过筛处理的方式制备豆瓣酱粉，能够最大限度地保存豆瓣酱的风味，同时也能保持最佳发酵状态的风味。该工艺实现了豆瓣酱的由半固态酱料向固体粉料的形态转变，有效地扩展了豆瓣酱的使用范围，为豆瓣酱的深加工提供了一种新思路和实现途径，有利于扩大豆瓣酱的深加工方式。

传统郫县豆瓣或红油豆瓣大多数情况下为火锅、炒菜、卤制增添鲜辣味。将仅供烹调使用的豆瓣酱改良为可以即食的佐餐食品，可以极大地增加豆瓣酱的应用场景。丹丹公司在CN108552479A专利申请中公开了一种即食豆瓣蘸酱及其制备方法，将红油豆瓣制成即食产品，可以用于火锅蘸料、蔬菜伴侣等，拓展了豆瓣酱的使用范围，并在红油豆瓣中添加了洋葱等实物，入口时实物感强，口感厚实、丰富。

丰富产品口味

郫县豆瓣在保留郫县豆瓣的风味基础上，不断尝试加入蔬菜类、肉类等常见的调味辅料，并在口味上形成微辣、香辣、甜辣、麻辣的系列产品，丰富产品口味。

丹丹公司在 CN110754614A 专利申请中公开了一种海鲜风味豆瓣酱及其制备方法，加入黄花鱼、鲳鱼、柠檬酸等原料，使产品具有独特的海鲜风味，同时兼具果蔬的甘甜味，克服了原有产品口味单一的缺点，满足了人们对口味的需求。

类似地，四川省郫县豆瓣股份有限公司通过香菇柄与郫县豆瓣、牛肉的有机结合，形成酱酯香浓郁、牛肉风味突出、鲜香麻辣的新型产品。

5.1.2.3 外观设计版权创作塑造优质品牌

针对在营销环节品牌塑造乏力的问题，郫县豆瓣企业在外观设计和著作权美术作品设计方面齐发力。部分郫县豆瓣企业在包装上升级换代，向高端化、便利化、年轻化转变。部分豆瓣企业借助著作权的跨界营销，将旅游与豆瓣酱两个原本不相干的概念进行融合渗透，找到了营销的新突破口，突破了消费群体覆盖，增加了新的消费场景。

高端化。通过整体色相减少而色彩明度增加，产品形象在整洁的基础上，进一步实现高端化。

便利化。通过包装设计更新包装结构，例如采用自立袋的形式，增加挤压嘴的结构，挤压嘴的结构考虑到二次密封的问题，方便重复封闭和重复开启，大大提升了产品的方便卫生。

年轻化。针对调味品主力消费人群的学生、白领等年轻群体，郫县豆瓣企业的外观设计也不断"投其所好"，产品包装向年轻化转变。基于著作权的跨界营销，借势宽窄巷子的品牌元素，抓住郫县豆瓣与成都之间的共性，将旅游与豆瓣酱两个原本不相干的概念进行融合渗透，找到了营销的新突破口，实现了品牌年轻化。

1. 外观设计专利

经检索，郫县豆瓣产业外观设计申请量为 589 件，除自然人外，归属于

48家企业。进入21世纪以来，郫县豆瓣产业外观设计专利一直保持高位运行态势，每年平均申请公开量在20件以上。具体申请公开趋势如图5-17所示。

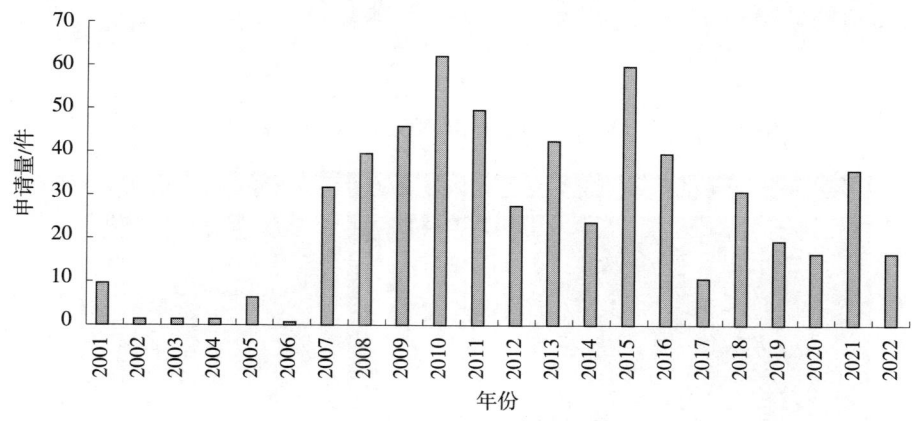

图5-17 郫县豆瓣产业外观设计专利申请公开趋势

外观设计专利分类号采用洛迦诺分类。郫县豆瓣产业外观设计专利申请类别集中于09类（用于商品运输或装卸的包装和容器）和19类（文具、办公用品、美术用品和教学用品），见表5-8。

表5-8 外观设计专利申请主要类别统计表

洛迦诺分类	含义	数量/件
09	用于商品运输或装卸的包装和容器	461
19	文具、办公用品、美术用品和教学用品	127

观察申请数量较多的09类和19类外观设计的演进路线，可发现其呈现包装色彩向高端化演变、结构设计向便利化演变、产品形态向年轻化演变等趋势。

（1）包装色彩向高端化演变

以四川省郫县豆瓣股份有限公司用于瓶贴的两件外观设计（CN302314267S、CN306714190S）为例，如图5-18、图5-19所示，整体色相减少而色彩明度差增加，图案面积进一步增大，设计趋向高端化。

主视图

图 5-18　标贴（红油豆瓣 2）CN302314267S（2012 年申请）

图 5-19　外观设计专利瓶贴（郫县豆瓣 2）CN306714190S（2021 年申请）

2012 年的外观设计中色相数量多，使产品的醒目度不高，缺乏视觉焦点。在 2021 年的设计中，依旧以郫县豆瓣标志性的红色为主色调，整体色相减少而色彩明度增加，产品形象在整洁的基础上，进一步高端化。

（2）结构设计向便利化演变

2010 年前后，不同品牌郫县豆瓣均以袋装产品为主，如图 5-20、图 5-21 所示，不同品牌的袋装尺寸和样式基本相似，缺少独特性。

主视图

图 5-20　包装袋（恒星）CN302307069S（2012 年申请）

后视图

图 5-21　包装袋（老吉师郫县豆瓣 2）CN301544523S（2010 年申请）

2020 年之后，多家郫县豆瓣企业更新袋装结构，采用了自立袋的形式，如图 5-22 所示，通过底部的水平支撑结构，产品无须其他支撑即可自行站立，自立袋的结构在强化货架视觉效果、提升产品档次方面较传统袋装产品更具优势。CN307411206S 专利的包装袋还增加了挤压嘴的结构，挤压嘴的结构考虑到二次密封的问题，方便重复封闭和重复开启，大大提升了产品的方便卫生。

图 5-22　包装袋（郫县豆瓣）CN307411206S（2022 年申请）

（3）产品形态向年轻化演变

伴随调味酱的口味不断创新，调味酱的消费群体逐渐增加，并且年轻化趋势明显。郫县豆瓣企业以传统豆瓣、红油豆瓣、佐餐豆瓣为核心，衍生出香辣酱、鸡精、卤料、火锅料等多种调味料，扩大产业边界，增强消费者黏度。针对调味品主力消费人群的学生、白领等年轻群体，郫县豆瓣企业的外观设计也不断"投其所好"，产品形态向便利化、年轻化转变，如图 5-23、图 5-24 所示。

图 5-23 包装盒
CN302313391S（2012 年申请）

图 5-24 包装盒（豆瓣蘸料）
CN307111935S（2021 年申请）

以 CN307111935S 专利为例，结合四川熊猫、火锅、老街等特色元素，通过切、剁、酿、酵、翻、晒、露等郫县豆瓣传统、独特的制作工序，组合形成了"成都"的创意造型，用设计将产品与文化、旅游紧密结合在一起，打造了郫县豆瓣应用新业态。

2. 版权创作运用

郫县豆瓣企业的版权以应用到产品包装、店面装潢的美术设计为主。

以鹃城公司为例，截至 2023 年 3 月，共登记作品著作权 41 项，其中美术作品 34 项，文字作品 7 项，部分作品见表 5-9。

表 5-9 鹃城公司 2020 年以来登记的著作权

序号	作品名称	创作完成日期	登记号	登记日期	登记类别
1	甜面酱标签系列（1-3）	2022-08-03	川作登字-2022-F-00158232	2022-09-26	美术
2	豆瓣牛肉酱电商版标签系列（1-3）	2022-08-03	川作登字-2022-F-00158231	2022-09-26	美术
3	蒸肉米粉标签系列（1-4）	2022-08-03	川作登字-2022-F-00158233	2022-09-26	美术
4	PET 红油郫县豆瓣标签系列（1-2）	2022-08-03	川作登字-2022-F-00158230	2022-09-26	美术

续表

序号	作品名称	创作完成日期	登记号	登记日期	登记类别
5	PET 插画（绿）	2022-07-22	川作登字-2022-F-00123885	2022-08-04	美术
6	鹃城匠心插画	2021-10-14	川作登字-2022-F-00002817	2022-01-19	美术
7	鹃城宽窄插画	2021-10-14	川作登字-2022-F-00002818	2022-01-19	美术
8	鹃城熊猫贵妃系列插画（1-3）	2021-10-20	川作登字-2022-F-00001257	2022-01-11	美术
9	鹃城品牌插画	2019-06-29	川作登字-2020-F-00006862	2020-02-09	美术

以美术作品《鹃城宽窄插画》（川作登字-2022-F-00002818）为例，结合鹃城公司的"宽窄"系列产品，可以看出该作品已经应用在产品线中，如图 5-25 所示。不仅如此，根据文化和旅游厅发布的《关于第二批拟命名"天府旅游名牌"名单的公示》，"宽窄·郫县豆瓣联名系列"产品入选了天府旅游名品。

2022 年 1 月 19 日，《鹃城宽窄插画》（川作登字-2022-F-00002818）进行著作权登记；1 月 20 日，鹃城公司位于宽窄巷子景区的郫县豆瓣文化体验店隆重开业，如图 5-26 所示。"宽窄·郫县豆瓣联名系列"产品成为体验店的主打产品。知识产权先行，体现了鹃城公司良好的权利保护意识。

图 5-25　鹃城公司"宽窄·郫县豆瓣联名系列"产品❶

---

❶　四川省郫县豆瓣股份有限公司. 鹃城牌旗舰店［Z/OL］.［2023-06-01］. https://m.tb.cn/h.UzUmlfo.

图 5-26　鹃城公司位于宽窄巷子景区的体验店店内设计❶

此次基于著作权的跨界营销，借势宽窄巷子的品牌元素，抓住郫县豆瓣与成都之间的共性，将旅游与豆瓣酱两个原本不相干的概念进行融合渗透，找到了营销的新突破口，实现了品牌年轻化。借用宽窄巷子的旅游资源，将原有的调味品消费群体扩大到成都旅游消费群体，突破了原有消费群体，增加了新的消费场景。

5.1.2.4　龙头企业的综合运用典型案例

以鹃城郫县豆瓣的知识产权运用策略为例，其通过灵活知识产权综合运用策略吸引目标客户，提升品牌形象，如图 5-27 所示。

---

❶ 四川省郫县豆瓣股份有限公司. 亚洲首家郫县豆瓣文化体验店宽窄巷子盛装开业——打造传统与潮流融合的酱文化空间 [EB/OL]. （2022-01-20）［2023-06-01］. http://www.pxdb.com.cn/companynews/202203/427.html.

5／地理标志与多类型知识产权的综合运用

图 5-27　鹃城公司"食魂"系列知识产权综合运用

在"食魂"系列产品线中，鹃城郫县豆瓣以郫县豆瓣的主要原料蚕豆和辣椒为主体设计元素，创作了卡通形象豆豆侠，意在吸引年轻消费群体。为充分保护并形成统一的品牌形象，鹃城郫县豆瓣使用了地理标志、外观设计专利、商标协同的知识产权综合策略。

1. 外观设计与地理标志协同

外观设计中形象主体为蚕豆，以辣椒为剑，构成了侠客的形象，如图 5-28 所示。蚕豆和辣椒正是郫县豆瓣地理标志的主要原料。另外，外观设计中豆豆侠头顶戴的斗笠与郫县豆瓣发酵的陶缸顶部的盖子（如图 5-29 所示）形似，整体形象潇洒中透露着憨厚可爱。

193

图5-28　CN306150365S 外观设计

图5-29　郫县豆瓣传统晒场❶

通过建立豆豆侠形象与郫县豆瓣的关联，强化其是郫县豆瓣衍生产品的品牌形象。

2. 外观设计与商标协同

对于豆豆侠的人物形象，产品名称"食魂"，鹃城公司分别进行了图形商标和文字商标的保护，如图5-30所示。

图5-30　第46314605、45284958、45299934号商标

---

❶ 四川省郫县豆瓣股份有限公司. 云端游鹃城［Z/OL］.（2023-06-01）. https://www.720yun.com/t/88vk0qq7Ode?scene_id=57579776.

3. 外观设计、商标与品牌宣传协同

对于塑造的豆豆侠形象，除通过外观设计、商标保护之外，鹃城郫县豆瓣还以实物的形式，将形象置于公司的非物质文化遗产记忆体验基地，使其成为网红打卡地，如图 5-31 所示，增加了品牌形象的传播力和影响力。

图 5-31　实物形象

4. 知识产权运用与产品协同

如图 5-32 所示，鹃城公司在实际产品中使用受保护的外观设计形象和商标，建立视听记忆，提升了消费者的辨识度和记忆度。

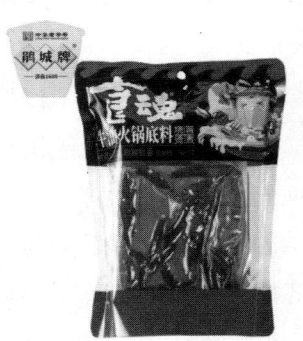

图 5-32　"食魂"系列实物产品

鹃城公司通过灵活运用地理标志、外观设计专利、商标的知识产权综合策略，建立了统一的品牌形象。

5.2 综合运用的产业效果及启示分析

5.2.1 知识产权综合运用对地理标志产业发展的作用

多类型知识产权综合运用的效果，不仅是单一知识产权单独效果的叠加，而是"整体大于部分之和"的有机协同。全方位、多元化的知识产权聚势，激发了郫县豆瓣产业"1+1+1+1>4"的聚合效应。郫县豆瓣产业通过知识产权综合保护和运用，提高了产品市场竞争力，维持并扩大了品牌优势。知识产权综合运用在地理标志产业的升级发展中发挥了聚合多种发展力量，优化配置各类创新资源，引导规范区域特色产业良性竞争，实现可持续发展的重要作用。

1. 地理标志与商标的综合运用推动塑造企业品牌

①地理标志与商标的综合运用提升了地理标志的市场知名度，提升了产业发展效益。郫县豆瓣通过积极注册商标，打造自有品牌，培育出"丹丹""鹃城""饭扫光"等多个知名品牌，在激烈的市场竞争中脱颖而出。多家郫县豆瓣企业走出国门，通过马德里体系注册海外商标，进行海外商标布局，积极开拓海外市场。

②地理标志与商标的综合运用有效打击了侵权假冒，维持竞争优势。郫县豆瓣食品协会对证明商标积极维权，打击侵权假冒产品。对从包装到商标的结构、偏旁、笔画等方面与证明商标"郫县豆瓣"极为相似的"郫县豆瓣"，食品协会积极维权，将生产单位、销售单位告上法庭，要求其立即停止侵权、消除影响，赔偿经济损失，并最终获得法院支持，有力地维护了自身合法权益，防止他人"搭便车"，维持了竞争优势。郫县豆瓣生产企业也积极通过维权行动维护自身利益，对摹仿自身注册商标的申请采取异议、无效等手段阻止授权。

③灵活运用商标权质押融资，帮助地理标志生产企业"知产"变"资产"。知识产权质押融资可在一定程度上缓解企业"融资难、融资贵"难题，支持具有发展潜力的企业灵活运用知识产权"轻资产"，获得必要资金补给。四川饭扫光食品股份有限公司通过"川老汇""饭扫光"等商标的专用权质

押,从银行获得贷款,缓解了企业"融资难、融资贵"难题。

2. 技术创新及其专利保护促使产业迸发新活力

①纵向上,技术创新及其专利保护延展了地理标志产业的生命力。传统食品与现代工业产品相比,在安全性、效率、标准化程度等方面存在不小的差距。针对郫县豆瓣存在的生产工艺原始、生产效率偏低、标准化程度不高、发酵机理研究不足的问题,郫县豆瓣企业积极创新,在郫县豆瓣的发酵机理研究、机械化生产和口味创新等方面进行积极探索。技术创新及其专利保护极大地延展了郫县豆瓣产业的生命力。

在郫县豆瓣的发酵机理研究方面,郫县豆瓣围绕高品质菌株筛选、复合菌株发酵和人工构建组合菌剂开展创新,探索提升原料利用率、提升产品风味、解决产品均一性、安全性等一系列问题。在机械化生产方面,越来越多的郫县豆瓣企业开始现代化食品工业的创新探索,采用发酵罐发酵制作郫县豆瓣,在工业化和自动化生产方向上迈出坚实步伐。

②横向上,技术创新及其专利保护拓宽了传统地理标志产业的产业链。郫县豆瓣在复合调味领域积极改进技术,增加应用场景,极大地拓宽了原有产业链。研制具有保健效果的低盐豆瓣酱将消费群体扩展到健康敏感人群;将原有的半固态酱料转变为固体粉料,有效地扩展了豆瓣酱的使用范围,为豆瓣酱的深加工提供了一种新思路和实现途径;在保留郫县豆瓣的风味基础上,不断尝试加入蔬菜类、肉类等常见的调味辅料,并在口味上形成微辣、香辣、甜辣、麻辣的系列产品,丰富产品口味系列。

3. 版权和外观设计助力品牌向中高端转型

①地理标志产品的美术作品的制作、宣传与推广,提升了产业的知名度和市场影响力,有利于区域公共品牌的打造。基于著作权的跨界营销,借势宽窄巷子的品牌元素,郫县豆瓣抓住与成都之间的共性,将旅游与豆瓣酱两个原本不相干的概念进行融合渗透,找到了营销的新突破口,实现了品牌年轻化。借用宽窄巷子的旅游资源,将原有的调味品消费群体扩大到成都旅游的消费群体,突破了原有消费群体,增加了新的消费场景。

②与外形设计相关的地理标志产品的版权与外观设计运用,有利于产业向高端化、年轻化转型。越来越多的企业选择以郫县豆瓣标志性的红色为主

色调,整体色相减少而色彩明度增加的设计,使得产品形象在整洁的基础上,进一步高端化。自立袋加挤压嘴新设计,强化了货架视觉效果、提升了产品档次和方便卫生,结构设计向便捷化演变。与四川熊猫、火锅、老街等特色元素的结合,帮助郫县豆瓣覆盖年轻化消费群体。

4. 多类型知识产权综合运用激发协同效应

不同类型的知识产权在郫县豆瓣产品研发、生产、销售的不同环节发挥着不同的作用,商标、发明/实用新型专利、版权、外观设计专利等各类型知识产权作为知识产权的子系统,相互协调、合作和同步联动,产生"1+1+1+1>4"的管理效应。

从消费者视角出发,消费者最先感知的是品牌广告或品牌包装,以商标为区分,消费者在货架或购物平台看到产品包装,联想到品牌广告后做出消费选择,品尝过产品后形成完整的品牌印象。下一次购买中品牌广告、产品包装、产品定价和上一次消费体验将共同决定用户黏度。对消费者感知层次进行反向溯源,老产品的改进或新产品的上市最内在的支撑是工艺、设备等专利技术,技术创新是降低产品售价、改善产品风味、开发新型产品、保证产品质量的驱动因素。协调统一的品牌印象对消费者形成了强大的冲击力,有效捕获了用户的视线。

5.2.2 知识产权综合运用对其他产业发展的启示

实践表明,越来越多的传统地理标志产品因其外观、口感、方便性等不符合现代人的要求而日渐衰落。因此,地理标志产业要想永葆青春,实现可持续发展,就需要充分利用商标、专利、版权、地理标志等不同类别知识产权的各自特点和优势,联动发挥综合协同效应,促进企业创新发展和推动产业高质量发展。

1. 地理标志产业的高质量发展需要多种知识产权齐发力

本章的案例表明,在几乎所有类型的地理标志产业发展中,都不可能仅运用地理标志一种知识产权而实现地理标志产业整体的高质量发展,因此在推动地理标志产业高质量发展的过程中,要注意综合发挥商标、专利(发明、实用新型、外观设计)、版权各自的作用,发挥各自的优势,使其围绕高质量发展都能够发挥自己的力量。"研发—生产—营销—再改进"本就是一条紧密关联、不断迭代的产业升级路线。商标品牌提升引起销量和产能的增长需求，会对生产技术工艺创新提出要求，而创新带来的产品质量和品质的提升，又会进一步提升商标品牌的价值，因此产业发展离不开各类型知识产权在各个产业环节上的发力。

2. 地理标志产业的高质量发展需要多种知识产权发对力

所谓发对力，就是在高质量发展的不同阶段、不同产业环节，发挥不同知识产权的不同力量类型和力度。具体就是，要发挥商标在助推品牌打造、市场拓展等方面的独特优势，发明和实用新型专利在助推技术攻关、前瞻布局等方面的能力，版权和外观设计专利在产品设计、概念打造方面的独到作用，从而全方位服务支撑地理标志相关产业的产品研发、生产、包装、销售等全生命周期流程，打通产业发展的"任督二脉"，综合发挥知识产权运用效能，从"单一生产"到"多元发展"，促进地理标志产业高质量发展。

商标作用的发挥：商标的保护和运用，能够提升地理标志的市场知名度，打击侵权假冒，维持竞争优势。发展自主品牌是企业提高盈利水平的需要，拥有自主品牌是企业培育持续竞争能力的需要。使用商标的地理标志在继承母体优良基因的基础上可以进一步彰显其个性化的品质，能够在市场上取得更大的辨识度和知名度。

专利（发明和实用新型）作用的发挥：技术创新和专利保护运用，能够缩小传统地理标志产业与现代工业产品在安全性、效率、标准化程度方面的差距。促使产业在保持传统地理标志特色品质的同时，向标准化、智能化、绿色化转型升级。技术创新和专利保护运用，能够丰富地理标志产业核心产品之外的衍生产品，满足市场多元化需求，提升产业附加值。企业在技术创新过程中，也能够提升企业核心竞争力，实现企业的可持续发展。

外观设计专利及版权作用的发挥：地理标志产业的高质量发展，需要通过市场知名度和美誉度的品牌打造，需要高质量的宣传与推广，需要通过视听作品、美术作品等多样化的版权形式赋能品牌建设。在外观设计和版权设计方面齐发力，实现品牌的高端化、年轻化、便利化转型。借助著作权的跨界营销，将概念进行融合渗透，可以寻找营销的新突破口，突破消费群体覆盖,增加新的消费场景。

3. 地理标志产业的高质量发展需要多类型知识产权发合力

提升地理标志产业竞争力、实现集约化、品牌化的高质量发展需要让不同类别的知识产权在各自发力的同时实现力量协同,发力方向一致,发力时序同频,从而唱出合奏曲,实现多力共振,将产品技术创新、表现形式、服务品质等转化为发展效益、市场品牌,引导产品附加值从生产环节向研发环节、营销环节攀升,实现高质量发展。例如,包装设备的改进可能会改变产品的营销模式,灌装技术、易碎包装运输技术的引进都将对产品的外观设计提出新的要求,为广告宣传创造新的创作空间。通过多类型知识产权形成合力,将商标、发明/实用新型专利、外观设计专利、版权紧密结合,产品层面有序改进、更迭,企业层面效益提升、品牌做大,产业层面结构升级、持续发展。知识产权真正做到支撑产业创新发展,不仅是量的变化,更是有技术和品牌保证的质的提升。

我国地理标志产业是从泥土堆里驶出,从历史长河中徐徐驶来的厚重列车,承载的是劳动人民的智慧与殷切希望。经过岁月的洗礼,在 21 世纪的今天,通过商标保护叫响"复兴号"、通过专利保护装上"新引擎"、通过版权与外观设计专利保护换上"新涂装",知识产权综合运用必将成为新时代地理标志这驾产业发展新列车在促进区域经济发展、助力乡村振兴的历史征程中,行稳致远、高质量发展的必然选择。

6 附 录

6.1 地理标志产业发展相关重要文件[1]

6.1.1 "十四五"国家知识产权保护和运用规划

国发〔2021〕20号

为贯彻落实党中央、国务院关于知识产权工作的决策部署，全面加强知识产权保护，高效促进知识产权运用，激发全社会创新活力，推动构建新发展格局，依据《中华人民共和国国民经济和社会发展第十四个五年规划和2035年远景目标纲要》和《知识产权强国建设纲要（2021—2035年）》，制定本规划。

一、规划背景

"十三五"时期，党中央、国务院把知识产权保护工作摆在更加突出的位置，加强顶层设计，部署推动一系列改革，出台一系列重大政策，建立健全国务院知识产权战略实施工作部际联席会议制度，重新组建国家知识产权局，完善知识产权法律法规体系，推进知识产权领域司法改革，有效提升了知识产权领域治理能力和治理水平。五年来，各地区、各有关部门深入实施《"十三五"国家知识产权保护和运用规划》，持续推进知识产权战略实施，知识产权创造能力稳步提高，国内每万人口发明专利拥有量从"十二五"末的6.3

---

[1] 附录中内容为相关文件的原文，格式体例尽量保留了原文件中层级，以下不一一说明。

件增加到15.8件，专利、商标、版权、植物新品种等知识产权数量位居世界前列，质量稳步提升。知识产权运用效益持续提高，交易运营更加活跃，转移转化水平不断提升，专利密集型产业增加值占国内生产总值（GDP）比重超过11.6%，版权产业增加值占GDP比重超过7.39%。知识产权保护力度明显加大，保护体系不断完善，保护能力持续提升，知识产权保护社会满意度提高到80.05分。知识产权公共服务体系进一步健全，知识产权服务业加快发展。知识产权人才队伍不断壮大，全社会尊重和保护知识产权意识明显提升。知识产权国际合作不断深化，与世界知识产权组织、共建"一带一路"国家和地区、金砖国家、亚太经合组织等的知识产权合作扎实推进，形成"四边联动、协调推进"的知识产权国际合作新局面。总的来看，"十三五"规划主要目标任务如期完成，知识产权事业实现了大发展、大跨越、大提升，知识产权保护工作取得了历史性成就，有效支撑了创新型国家建设和全面建成小康社会目标实现。

当今世界正经历百年未有之大变局，新一轮科技革命和产业变革深入发展，国际力量对比深刻调整，国际环境日趋复杂，不稳定性不确定性明显增加，新冠肺炎疫情影响广泛深远。我国正处于实现中华民族伟大复兴的关键时期，经济已由高速增长阶段转向高质量发展阶段，创新驱动发展战略深入实施，现代产业体系建设加快推进，高水平对外开放不断深化。创新是引领发展的第一动力，保护知识产权就是保护创新。知识产权保护工作关系国家治理体系和治理能力现代化，关系高质量发展，关系人民生活幸福，关系国家对外开放大局，关系国家安全。当前，知识产权对激励创新、打造品牌、规范市场秩序、扩大对外开放正发挥越来越重要的作用，但我国知识产权工作还面临不少问题和短板，主要表现为：关键核心技术领域高质量知识产权创造不足，行政执法和司法衔接机制不够完善，知识产权侵权易发多发和侵权易、维权难的现象仍然存在，知识产权转移转化成效有待提高，知识产权服务供给不够充分，海外知识产权纠纷应对能力不足，知识产权制度促进经济社会高质量发展的作用需要进一步发挥等。"十四五"时期，做好知识产权工作要统筹国内国际两个大局，增强机遇意识和风险意识，在危机中育先机、于变局中开新局，充分发挥知识产权制度在推动构建新发展格局中的重要作用，为全面建设社会主义现代化国家提供有力支撑。

二、总体要求

（一）指导思想

坚持以习近平新时代中国特色社会主义思想为指导，全面贯彻党的十九大和十九届二中、三中、四中、五中全会精神，统筹推进"五位一体"总体布局，协调推进"四个全面"战略布局，坚持稳中求进工作总基调，立足新发展阶段，完整、准确、全面贯彻新发展理念，构建新发展格局，坚持以推动高质量发展为主题，以全面加强知识产权保护为主线，以建设知识产权强国为目标，以改革创新为根本动力，深化知识产权保护工作体制机制改革，全面提升知识产权创造、运用、保护、管理和服务水平，深入推进知识产权国际合作，促进建设现代化经济体系，激发全社会创新活力，有力支撑经济社会高质量发展。

（二）基本原则

坚持质量优先。坚持高质量发展方向不动摇，加快推动知识产权工作由追求数量向提高质量转变，促进知识产权高质量创造、高效益运用、高标准保护、高水平服务，更好服务现代化经济体系建设。

坚持强化保护。加强知识产权全链条保护，统筹推进知识产权审查授权、行政执法、司法保护、仲裁调解、行业自律、公民诚信等工作，构建严保护、大保护、快保护、同保护的工作格局，全面提升保护能力，着力营造公平竞争的市场环境。

坚持开放合作。推动知识产权更大范围、更宽领域、更深层次对外开放，统筹推进知识产权国际合作，积极参与全球知识产权治理体系建设，加强知识产权领域多边合作，持续提升知识产权国际影响力和竞争力，服务开放型经济发展。

坚持系统协同。树立系统观念，健全知识产权工作协同推进机制，强化部门协同、上下联动、区域协作、社会共治，综合运用法律、行政、经济、技术、社会治理等手段，提高知识产权领域系统治理效能。

（三）主要目标

到2025年，知识产权强国建设阶段性目标任务如期完成，知识产权领域治理能力和治理水平显著提高，知识产权事业实现高质量发展，有效支撑创新驱动发展和高标准市场体系建设，有力促进经济社会高质量发展。

——知识产权保护迈上新台阶。知识产权保护法治化水平不断提高，知识产权保护衔接机制更加完善，知识产权侵权惩罚性赔偿制度有效实施，侵权易发多发现象得到有效遏制，知识产权保护社会满意度达到并保持较高水平，关键核心技术领域高质量知识产权更多涌现，有效提升产业链供应链现代化水平，知识产权制度激励创新的基本保障作用充分发挥。

——知识产权运用取得新成效。知识产权转移转化体制机制更加完善，知识产权归属制度更加健全，知识产权流转更加顺畅，知识产权转化效益显著提高，知识产权市场价值进一步凸显，专利密集型产业增加值和版权产业增加值占GDP比重稳步提升，推动产业转型升级和新兴产业创新发展。

——知识产权服务达到新水平。知识产权信息化、智能化基础设施建设取得显著成效，知识产权保护实现线上线下融合发展，知识产权公共服务体系进一步完善，知识产权服务业有序发展，服务机构专业化水平明显提升，进一步促进创新成果更好惠及人民。

——知识产权国际合作取得新突破。我国在全球知识产权治理体系中的作用更加凸显，知识产权国际协调更加有力，"一带一路"知识产权合作实现新进展，海外知识产权获权维权能力进一步提高，有力推进高水平对外开放。

"十四五"时期知识产权发展主要指标

指标	2020年	2025年	累计增加值	属性
1. 每万人口高价值发明专利拥有量① （件）	6.3	12	5.7	预期性
2. 海外发明专利授权量（万件）	4	9	5	预期性
3. 知识产权质押融资登记金额② （亿元）	2180	3200	1020	预期性
4. 知识产权使用费年进出口总额（亿元）	3194.4	3500	305.6	预期性
5. 专利密集型产业增加值占GDP比重（%）	11.6③	13.0	1.4	预期性
6. 版权产业增加值占GDP比重（%）	7.39④	7.5	0.11	预期性
7. 知识产权保护社会满意度（分）	80.05	82	1.95	预期性
8. 知识产权民事一审案件服判息诉率（%）	—	85	—	预期性

注：① "每万人口高价值发明专利拥有量"是指每万人口本国居民拥有的经国家知识产权局授权的符合下列任一条件的有效发明专利数量：1. 战略性新兴产业的发明专利；2. 在海外有同族专利权的发明专利；3. 维持年限超过10年的发明专利；4. 实现较高质押融资金额的发明

专利；5. 获得国家科学技术奖、中国专利奖的发明专利。

②"知识产权质押融资登记金额"是指经国家知识产权局登记的知识产权质押融资金额。

③④为 2019 年值。

三、全面加强知识产权保护，激发全社会创新活力

（四）完善知识产权法律政策体系

健全知识产权法律法规。开展知识产权基础性法律研究。统筹推进专利法、商标法、著作权法、反垄断法、科学技术进步法、电子商务法等相关法律法规的修改完善。加强地理标志、商业秘密等领域立法，出台商业秘密保护规定。完善集成电路布图设计法规。推进修订植物新品种保护条例。制定中医药传统知识保护条例。完善与国防建设相衔接的知识产权法律制度。全面建立并实施知识产权侵权惩罚性赔偿制度，加大损害赔偿力度。研究建立健全符合知识产权审判规律的特别程序法律制度。适应科技进步和经济社会发展需要，依法及时推动知识产权法律法规立改废释。（中央宣传部、最高人民法院、最高人民检察院、科技部、工业和信息化部、司法部、农业农村部、商务部、国家卫生健康委、市场监管总局、国家国防科工局、国家林草局、国家中医药局、国家知识产权局、中央军委装备发展部等按职责分工负责）

专栏 1　商业秘密保护工程

健全商业秘密保护政策。完善行政执法程序，细化处罚标准，完善刑事司法程序，加强商业秘密行政执法与民事、刑事司法审判的联动配合，合理划定举证责任。加强商业秘密司法鉴定能力建设，提升司法鉴定水平。

提升市场主体商业秘密保护能力。推动行业组织加强商业秘密保护自律，指导市场主体制定并严格执行全面的商业秘密管理制度，推动有条件的地方建设国家级商业秘密保护基地。建立健全跨境商业秘密保护援助体系。开展商业秘密保护及法律风险培训，强化市场主体特别是中小企业商业秘密保护意识。（市场监管总局牵头，最高人民法院、最高人民检察院、公安部等按职责分工负责）

完善知识产权保护政策。健全大数据、人工智能、基因技术等新领域新业态知识产权保护制度。研究构建数据知识产权保护规则。完善开源知识产权和法律体系。完善电子商务领域知识产权保护机制。健全遗传资源获取和惠益分享制度，建立跨部门生物遗传资源获取和惠益分享信息共享制度。制

定传统文化、民间文艺、传统知识等领域保护办法。建立与非物质文化遗产相关的知识产权保护制度。完善体育赛事节目、综艺节目、网络直播等领域著作权保护制度。完善红色经典等优秀舞台艺术作品的版权保护措施。完善服装设计等时尚产业知识产权保护政策。健全药品专利纠纷早期解决机制，制定相关配套措施。完善中医药领域发明专利审查和保护机制。健全绿色技术知识产权保护制度。完善高校知识产权保护管理规定。建立知识产权侵权损害评估制度。（中央宣传部、中央网信办、最高人民法院、教育部、财政部、生态环境部、文化和旅游部、市场监管总局、广电总局、国家林草局、国家中医药局、国家药监局、国家知识产权局等按职责分工负责）

专栏2　数据知识产权保护工程

构建数据知识产权保护规则。深入研究数据的产权属性，探索开展数据知识产权保护相关立法研究，推动完善涉及数据知识产权保护的法律法规。完善数据知识产权保护政策，探索建立分级分类的数据知识产权保护模式。推动建立数据知识产权保护行业规范，加强数据生产、流通、利用、共享过程中的知识产权保护。研究推动数据知识产权保护国际规则制定。

促进数据资源利用和安全保护。支持有条件的地区开展数据知识产权保护和运用试点。在保护个人信息安全和国家数据安全的基础上，促进数据要素合理流动、有效保护、充分利用。积极开展数据知识产权保护国际合作与交流。（中央宣传部、中央网信办、最高人民法院、外交部、工业和信息化部、公安部、司法部、商务部、市场监管总局、国家知识产权局等按职责分工负责）

完善维护国家安全的知识产权政策。研究制定事关国家安全的关键核心技术知识产权保护规则。依法管理涉及国家安全的知识产权对外转让行为，完善知识产权对外转让审查制度。完善知识产权反垄断、公平竞争相关法律法规和政策措施。推进我国知识产权有关法律规定域外适用。研究建立针对进口贸易的知识产权境内保护制度。完善跨境电商知识产权保护规则。（中央宣传部、中央网信办、国家发展改革委、科技部、工业和信息化部、商务部、市场监管总局、国家国防科工局、国家知识产权局等按职责分工负责）

（五）加强知识产权司法保护

完善知识产权司法保护体系。加强知识产权司法资源配置，加强知识产权审判体系建设。健全知识产权案件上诉机制，完善专门法院设置。深入推进知识产权民事、刑事、行政案件"三合一"审判机制改革。完善知识产权检察体制机制。建立健全与审判机制、检察机制相适应的案件管辖制度和协调机制。完善知识产权司法案件繁简分流机制，开展适应知识产权审判特点的简易程序试点，提高审判质量和效率。探索依当事人申请的知识产权纠纷行政调解协议司法确认制度。推动建立跨行政区域知识产权案件审理机制，充分发挥法院案件指定管辖机制作用，有效打破地方保护。（最高人民法院、最高人民检察院等按职责分工负责）

提升知识产权司法保护能力。加强司法保护与行政确权、行政执法、调解、仲裁、公证存证等环节的信息沟通和共享，促进行政执法标准和司法裁判标准统一，形成有机衔接、优势互补的运行机制。强化民事司法保护，研究制定符合知识产权案件规律的诉讼规范。完善刑事法律和司法解释，加大刑事打击力度，准确适用知识产权领域行政执法移送刑事司法标准和刑事案件立案追诉标准，规范刑罚适用。加强知识产权司法工作人员培养和选拔，加强技术调查官队伍建设。（最高人民法院、最高人民检察院、公安部等按职责分工负责）

（六）加强知识产权行政保护

健全知识产权行政保护机制。加强中央在知识产权保护的宏观管理、区域协调和涉外事宜统筹等方面事权。加强知识产权快保护机构建设。在条件成熟的地区建设国家知识产权保护试点示范区。加强知识产权行政执法指导制度建设。建立行政保护技术调查官制度。健全知识产权侵权纠纷行政裁决制度。健全跨区域、跨部门知识产权行政保护协作机制。加强商贸流通领域知识产权保护，制定商品交易市场知识产权保护国家规范，持续推进知识产权保护规范化市场建设，净化消费市场。（国家知识产权局牵头，中央宣传部、文化和旅游部、市场监管总局等按职责分工负责）

专栏3　知识产权保护机构建设工程

提升知识产权保护机构服务能力。 在优势产业集聚区布局建设一批知识产权保护中心，构建知识产权快速协同保护体系，提供集快速审查、快速确权、快速维权于一体的知识产权一站式综合服务，加快提升知识产权快速协同保护运行管理能力。加强人员配备和职业化专业化建设，优化人才选聘机制和管理激励机制，加大培训力度，打造知识产权保护高素质、复合型人才队伍。

加强维权援助统筹协调。 强化部门协同和区域协作。推动维权援助体系向基层延伸，完善中国知识产权维权援助线上服务平台，加强全国维权援助资源整合，实现维权援助服务全国一张网。（国家知识产权局负责）

提高知识产权行政保护效能。更好发挥全国打击侵犯知识产权和制售假冒伪劣商品工作领导小组作用，加强部门协同配合，开展关键领域、重点环节、重点区域行政执法专项行动，重点查处假冒专利、商标侵权、侵犯著作权、地理标志侵权假冒等违法行为。加大行政处罚力度，加强侵权纠纷行政裁决，有效遏制恶意侵权、重复侵权、群体侵权。完善专利、商标侵权判断标准。加强植物新品种保护体系建设。强化知识产权海关保护。加强特殊标志、官方标志、奥林匹克标志保护。加强知识产权行政执法和行政裁决队伍人员配备和能力建设，提升知识产权行政执法装备现代化、智能化水平，利用新技术手段畅通投诉举报渠道，提升打击侵权假冒行为的效率及精准度。依法规制知识产权滥用行为，不断完善防止知识产权滥用相关制度。（中央宣传部、农业农村部、文化和旅游部、海关总署、市场监管总局、国家林草局、国家知识产权局等按职责分工负责）

专栏 4　植物新品种保护体系建设工程

完善植物新品种保护体制机制。推动建立实质性派生品种制度，研究加入《国际植物新品种保护公约》（UPOV）1991 年文本，有效激励种业自主创新。加快国家植物品种测试徐州、三亚中心建设，探索建立品种权区域性审查协作中心和第三方测试机构。加快国家种质资源库、遗传物质保存库和无性繁殖植物保存圃等基础设施建设。加快建立国际测试报告互认机制，深度参与国际在线申请平台建设，鼓励向海外申请品种权。

提升植物新品种保护能力。大力开展维权打假专项行动，加大品种权行政执法案件查处力度，定期向全社会公布典型案例。探索建立品种保护专业审查员制度，建立国家品种保护培训基地，培养一批种业知识产权管理、新品种审查测试、行政执法、政策研究等领域的高素质专业人才。（农业农村部、国家林草局、国家知识产权局等按职责分工负责）

专栏 5　地理标志保护工程

实施地理标志保护提升行动。推进建立地理标志统一认定和立体化保护机制。深化地理标志专用标志使用核准改革试点，强化地理标志专用标志使用监管，推动市场主体使用地理标志专用标志覆盖率达到 80% 以上。构建新型地理标志保护标准体系，推进地理标志保护基础通用国家标准的制定。开展地域特色农产品资源普查，建立资源目录。建成 100 个国家地理标志产品保护示范区。完善地理标志保护监管年度报告制度。探索建立地理标志联动保护机制，推动形成生产地、流通地、销售地联动查处地理标志侵权违法行为的工作格局。（国家知识产权局牵头，市场监管总局、农业农村部等按职责分工负责）

续表

实施地理标志农产品保护工程。加强原生地种质资源和特色品种保护培育,强化特色品质保持技术集成和监测。加强生产环境保护和设施条件改善,完善地理标志农产品质量技术规程,推进全产业链标准化,打造一批地理标志农产品核心基地。推进地理标志农产品与绿色有机农产品、重要农业文化遗产等融合发展,打造区域农产品公用品牌。加强地理标志农产品质量安全监管,全面实施追溯管理。建立健全地理标志农产品培育、保护和发展机制。(农业农村部、国家知识产权局等按职责分工负责)

(七)加强知识产权协同保护

完善知识产权纠纷多元化解决机制。培育和发展知识产权调解组织、仲裁机构、公证机构。鼓励行业协会、商会建立知识产权保护自律和信息沟通机制。建立健全知识产权调解、仲裁、公证、社会监督等人才的选聘、培养、管理、激励制度。推动完善知识产权纠纷投诉受理处理、诉讼调解对接、调解仲裁对接、行政执法与调解仲裁对接等机制。探索维权援助社会共治模式,鼓励高校、社会组织等开展维权援助工作。建立完善知识产权侵权纠纷检验鉴定工作体系,加强知识产权鉴定机构专业化、规范化建设,推动建立知识产权鉴定技术标准。建立国防领域知识产权纠纷多元化处理机制。(国家知识产权局牵头,中央宣传部、最高人民法院、司法部、国家国防科工局、中央军委装备发展部、中国贸促会等按职责分工负责)

加强知识产权领域诚信体系建设。推进建立知识产权领域以信用为基础的分级分类监管模式,积极支持地方开展工作试点。制定覆盖专利、商标、版权等领域的信用信息基础目录。推进知识产权领域信用承诺制建设。规范知识产权领域严重失信主体名单认定标准和程序,依法依规对严重失信主体实施惩戒。推进知识产权信用修复制度建设。推动全国知识产权信用信息共享平台与全国信用信息共享平台实现数据共享。(中央宣传部、国家发展改革委、农业农村部、人民银行、市场监管总局、国家林草局、国家知识产权局等按职责分工负责)

(八)加强知识产权源头保护

促进知识产权高质量创造。健全高质量创造支持政策,加强人工智能、量子信息、集成电路、基础软件、生命健康、脑科学、生物育种、空天科技、深地深海探测等领域自主知识产权创造和储备。加强国家科技计划项目的知识产权管理，在立项和组织实施各环节强化重点项目科技成果的知识产权布局和质量管理。优化专利资助奖励等激励政策和考核评价机制，突出高质量发展导向。完善无形资产评估制度，形成激励与监管相协调的管理机制。（科技部、工业和信息化部、财政部、国家知识产权局等按职责分工负责）

提高知识产权审查质量和审查效率。完善适应创新发展需求的知识产权审查管理体系，优化专利、商标审查协作机制。提升专利商标审查机构能力水平，强化专利、商标、版权、地理标志、植物新品种全流程审查质量管控，提升知识产权授权确权质量。提高专利、商标审查业务精细化管理水平，优化审查资源配置，加强智能化技术运用，提升审查效能，缩短审查周期。完善专利、商标审查模式，加强审查与产业发展的政策协同和业务联动，满足产业绿色转型和新领域新业态创新发展等社会多样化需求。（中央宣传部、工业和信息化部、农业农村部、国家林草局、国家知识产权局等按职责分工负责）

专栏6　一流专利商标审查机构建设工程

建设高水平审查员队伍。对标国际先进水平，完善审查人才培养体系，优化队伍结构，健全保障和激励机制，增强审查人员职业荣誉感。

提高审查智能化便利化水平。以大数据、云计算、人工智能等技术为支撑，以智能审查和智能检索为核心，加强智能分类建设，推进专利、商标审查系统智能化建设。优化远程审查保障。完善数据资源保障，提高基础数据完整性、安全性、可靠性、适用性。

提升审查质量。适时修改专利审查指南，制定专利申请指南，完善商标审查审理标准。建立健全专利、商标审查质量保障和评价体系。加强审查业务指导体系协同。专利审查质量用户满意度指数保持在85以上，商标审查质量满意度保持在较高水平。

提高审查效率。发明专利审查周期压缩至15个月以内，专利无效结案周期控制在6个月以内。商标变更和续展首次审查周期压缩至15天以内，商标转让首次审查周期压缩至1个月以内，商标驳回复审案件平均审理周期压缩至5.5个月以内，商标异议审查周期进一步压缩。

（国家知识产权局负责）

强化知识产权申请注册质量监管。完善以质量和价值为导向的知识产权统计指标体系，健全知识产权质量统计监测和反馈机制。严格规范专利申请、商标注册和版权登记行为，严厉打击不以保护创新为目的的非正常专利申请和代理行为，以及不以使用为目的的恶意商标注册和代理行为，依法依规对

相关行为进行处置。加强信用监管和行业自律,严厉打击无资质专利代理等违法违规行为。(国家知识产权局牵头,中央宣传部、国家统计局等按职责分工负责)

四、提高知识产权转移转化成效,支撑实体经济创新发展

(九)完善知识产权转移转化体制机制

推进国有知识产权权益分配改革。强化国家战略科技力量,深化科技成果使用权、处置权、收益权改革,开展赋予科研人员职务科技成果所有权或长期使用权试点。充分赋予高校和科研院所知识产权处置自主权,推动建立权利义务对等的知识产权转化收益分配机制。有效落实国有企业知识产权转化奖励和报酬制度。完善国有企事业单位知识产权转移转化决策机制。(国家发展改革委、教育部、科技部、财政部、人力资源社会保障部、国务院国资委、中科院、国家国防科工局、国家知识产权局等按职责分工负责)

优化知识产权运营服务体系。推动在重点产业领域和产业集聚区建设知识产权运营中心。培育发展综合性知识产权运营服务平台,创新服务模式,促进知识产权转化。支持高校和科研院所加强市场化知识产权运营机构建设,提升知识产权转化能力。加强知识产权运营专业化人才队伍建设。建立完善专利开放许可制度和运行机制。拓宽专利技术供给渠道,推进专利技术供需对接,促进专利技术转化实施。指导规范知识产权交易,完善知识产权质押登记和转让许可备案管理制度,加强数据采集分析和披露利用。加强知识产权转移转化状况统计调查。(中央宣传部、教育部、科技部、财政部、国家统计局、国家知识产权局等按职责分工负责)

积极稳妥发展知识产权金融。优化知识产权质押融资体系,健全知识产权质押融资风险管理机制,完善质物处置机制,建设知识产权质押信息平台。支持银行创新内部考核管理模式,推动银行业金融机构用好单列信贷计划和优化不良率考核等监管政策,在风险可控的前提下扩大知识产权质押贷款规模。鼓励知识产权保险、信用担保等金融产品创新,充分发挥金融支持知识产权转化的作用。在自由贸易试验区和自由贸易港推进知识产权金融服务创新。健全知识产权价值评估体系,鼓励开发智能化知识产权评估工具。(国家知识产权局牵头,中央宣传部、国家发展改革委、财政部、人民银行、银保

监会、证监会等按职责分工负责）

促进产业知识产权协同运用。推动企业、高校、科研机构知识产权深度合作，引导开展订单式研发和投放式创新。围绕关键核心技术联合攻关加强专利布局和运用。引导建立产业专利导航决策机制，优化战略性新兴产业发展模式，增强产业集群创新引领力。推动在数字经济、智能制造、生命健康、新材料等领域组建产业知识产权联盟，构筑产业专利池。促进技术、专利与标准协同发展，研究制定标准必要专利许可指南，引导创新主体将自主知识产权转化为技术标准。健全知识产权军民双向转化工作机制。（教育部、科技部、工业和信息化部、市场监管总局、中科院、国家国防科工局、国家知识产权局、中央军委装备发展部等按职责分工负责）

专栏7　专利导航工程

完善专利导航工作体系。推动出台地方专利导航产业发展配套落实措施。引导企业、高校、科研机构、行业协会等推广实施专利导航指南国家标准，突出专利导航服务、评价、培训、组织实施标准化引领。加强专利导航理论研究、实务指导、技术支撑，推动建设专利导航业务指导中心，支持在重点区域、重点产业园区建设专利导航服务基地。开展专利导航示范项目建设，加强专利导航项目评价，引导规范专利导航市场化服务。

深化专利导航运用模式。完善以产业数据、专利数据为基础的专利导航决策机制，创新专利导航服务模式，打造专利导航深度应用场景。组织开发专利导航数据产品、分析工具、应用平台。推动实施重点领域、重点产业专利导航项目，引导关键核心技术攻关，加强产业专利布局，助力保障产业链供应链稳定和安全。（国家知识产权局牵头，教育部、科技部、工业和信息化部、中科院等按职责分工负责）

（十）提升知识产权转移转化效益

提升创新主体知识产权管理效能。推动创新主体加强知识产权管理标准化体系建设，推动实施创新过程知识产权管理国际标准。推动中央企业建立完善知识产权工作体系，打造一批具备国际竞争优势的知识产权强企。深化实施中小企业知识产权战略推进工程。分级分类开展企业、高校、科研院所知识产权优势培育和建设工作。引导创新主体建立健全知识产权资产管理制度，推动企业做好知识产权会计信息披露工作。建立健全财政资助科研项目形成知识产权的声明制度和监管机制。（教育部、科技部、工业和信息化部、财政部、国务院国资委、税务总局、市场监管总局、中科院、国家知识产权局等按职责分工负责）

专栏 8　中小企业知识产权战略推进工程

提升知识产权管理水平。 鼓励有条件的中小企业实施企业知识产权管理规范国家标准，加大中小企业知识产权托管服务力度。

提升知识产权运用能力。 开展工业企业知识产权运用试点工作，发挥知识产权运营平台和运营基金作用，促进中小企业知识产权转移转化，鼓励国有企业通过并购等方式支持中小企业知识产权转移转化，完善中小企业知识产权维权援助工作机制。

拓宽中小企业知识产权融资渠道。 鼓励各类金融机构创新知识产权金融服务，丰富金融产品供给，加大中小企业知识产权质押融资支持力度，完善风险分担补偿机制。（工业和信息化部牵头，中央宣传部、人民银行、国务院国资委、市场监管总局、银保监会、证监会、国家知识产权局等按职责分工负责）

推动知识产权融入产业创新发展。培育专利密集型产业，探索开展专利密集型产品认定工作，指导地方制定专利密集型产业培育目录，健全专利密集型产业增加值核算与发布机制，加强专利密集型产业培育监测评价。实施商标品牌战略，加强驰名商标保护，提升品牌国际影响力。实施版权创新发展工程，打造版权产业集群，强化版权发展技术支撑。推动地方建立地理标志产品产值统计制度，健全地理标志产业发展利益联结机制，发挥龙头企业带动作用，吸引更多市场主体参与地理标志产业融合发展。完善绿色知识产权统计监测，推动绿色专利技术产业化，支撑产业绿色转型。（中央宣传部、农业农村部、市场监管总局、国家统计局、国家知识产权局等按职责分工负责）

专栏 9　商标品牌建设工程

建立健全商标品牌推进工作体系。 完善产品质量监督体系，健全监督信息交流共享机制，提升商标品牌质量。引导行业协会、高校、科研机构等服务商标品牌发展，对品牌质量进行研究、评价、监测。发展区域品牌，推动新型农业、先进制造业、现代服务业等产业集群品牌商标化。推动设立商标品牌指导站，强化商标品牌培育帮扶指导。

推动企业实施商标品牌战略。 加强商标品牌资产管理，强化商标使用导向。支持开展商标海外布局，培育具有市场竞争力、国际影响力的知名商标品牌，支持开展中国国际商标品牌节等宣传活动，加强中国商标品牌的全球推广。（国家知识产权局牵头，工业和信息化部、农业农村部、市场监管总局等按职责分工负责）

> **专栏10　版权创新发展工程**
>
> **构筑版权产业发展新优势。** 面向省、市、县及园区持续推进版权示范工作。建设国家版权创新发展基地。建立全国版权展会授权交易体系。持续推进文化文物单位文化创意产品开发试点工作。完善版权登记体制机制。优化资源配置，打造一批符合国家战略、反映产业和区域特点的优质版权产业集群。
>
> **推进版权交易、保护、服务一体化发展。** 拓宽版权作品国际合作与宣传渠道。打造一批精品广播电视和网络视听版权资源。推动中国优秀作品走出去、外国优秀作品引进来。推进版权保护技术、标准的研究和应用，加强各类作品价值评估、登记认证、质押融资等服务。探索在版权确权、用权、维权中引入区块链技术。（中央宣传部牵头，文化和旅游部、广电总局等按职责分工负责）

助力区域经济协调发展。优化央地合作会商机制，持续推动知识产权强省强市建设，面向省、市、县及园区深入开展知识产权强国建设试点示范工作，探索支撑创新发展的知识产权运行机制。强化区域间合作互助，促进东、中、西部和东北地区知识产权工作共同发展。鼓励地方探索构建符合区域发展需求的知识产权政策体系。推动京津冀高端知识产权服务业集聚发展。强化长三角区域一体化知识产权保护。推动粤港澳大湾区打造知识产权国际合作高地。推动成渝地区双城经济圈建立知识产权金融生态区。支持深圳建设中国特色社会主义先行示范区，打造保护知识产权标杆城市。支持香港建设区域知识产权贸易中心。加强涉农知识产权运用，助力乡村振兴。（国家知识产权局牵头，国家发展改革委、农业农村部、人民银行、国家林草局等按职责分工负责）

> **专栏11　知识产权助力乡村振兴工程**
>
> **推进专利技术强农。** 开展专利信息帮扶，提升农业专利技术成果转化应用水平。
>
> **推进商标品牌富农。** 开展涉农产品商标品牌培育，遴选优质地理标志产品进行扶持，加强涉农品牌宣传。
>
> **推进地理标志兴农。** 开展地理标志助力乡村振兴行动，推动建设地理标志特色优势园区，实施农业生产"三品一标"提升行动，推进品种培优、品质提升、品牌打造和标准化生产，打造地理标志农产品引领乡村特色产业发展的县域样板。
>
> **推进新品种惠农。** 加强优秀植物新品种培育和产业化，促进农作物育种创新，加快培育具有自主知识产权的优良品种，培育和转化运用一批优质林草新品种。（农业农村部、市场监管总局、国家林草局、国家知识产权局等按职责分工负责）

五、构建便民利民知识产权服务体系，促进创新成果更好惠及人民

（十一）提高知识产权公共服务能力

加快知识产权新型基础设施建设。依托全国一体化大数据中心体系，完善国家知识产权大数据中心和公共服务平台，提升知识产权公共服务智能化水平。推进地方知识产权公共服务平台和专题数据库建设，优先支持战略性新兴产业集群所在地建设知识产权公共服务平台，推动知识产权公共服务平台与行业、产业信息服务平台互联互通，提高知识产权公共服务可及性和普惠性。加强知识产权网络安全建设，健全网络安全综合防控体系，持续增强网络安全综合保障能力。（国家知识产权局牵头，中央网信办、国家发展改革委、财政部等按职责分工负责）

专栏12　知识产权公共服务信息化智能化建设工程

建设国家知识产权大数据中心。汇聚全球专利、商标、地理标志、集成电路布图设计等知识产权数据，实现知识产权数据与经济、科技、产业等信息融合。利用机器学习、人工智能等技术，加强对知识产权注册登记、公布公告、纠纷调解、质押许可等信息的智能监测，进行创新态势分析等主题挖掘。提供智能数据服务，实现对各类知识产权数据的智能分析，为科学决策等提供数据支撑。

完善国家知识产权公共服务平台。对接全国一体化政务服务平台、国家"互联网+监管"系统，优化知识产权行政执法保护支撑、行政复议、知识产权注册簿登记簿应用、电子商务领域知识产权保护、知识产权代理监管、非正常申请监管、知识产权咨询等政务服务。面向社会公众提供专利、商标、地理标志、集成电路布图设计等一站式智能查询检索服务，实现知识产权公共服务便利化、集约化、高效化。（国家知识产权局牵头，中央网信办、国家发展改革委、财政部等按职责分工负责）

完善知识产权公共服务体系。完善知识产权公共服务网络，健全公共服务支持创新工作机制。推动公共服务骨干节点分级分类建设，省级公共服务机构实现全覆盖，地市级公共服务机构覆盖率力争达到50%，鼓励有条件的县（市、区）设立综合性公共服务机构。支持开展跨行政区域知识产权公共服务合作。优化知识产权公共服务网点布局，提升高校、科研机构、科技社团、公共图书馆、科技情报机构、产业园区生产力促进机构等知识产权信息公共服务能力。重点支持技术与创新支持中心、高校国家知识产权信息服务中心、国家知识产权信息公共服务网点有序发展。（国家知识产权局牵头，教育部、科技部、工业和信息化部、文化和旅游部、中科院、中国科协等按职

责分工负责）

提高知识产权公共服务供给水平。加强知识产权数据标准制定，提高数据质量，维护数据安全，完善知识产权基础数据资源管理和服务规范。加强知识产权信息传播利用，加大知识产权基础数据开放力度，促进数据资源共享。完善知识产权信息利用相关规范，开展知识产权信息利用研究分析和发布。积极参与国际知识产权数据标准制定，加强国际知识产权数据交换。加大政府购买服务力度，创新公共服务形式，丰富公共服务产品供给。加强知识产权公共服务规范化、标准化建设，明晰知识产权公共服务事项和范围，建立知识产权公共服务清单制度。（国家知识产权局负责）

（十二）促进知识产权服务业健康发展

培育发展知识产权服务业。引导知识产权代理、法律、信息、咨询、运营服务向专业化和高水平发展，拓展知识产权投融资、保险、资产评估等增值服务，促进知识产权服务业新业态新模式发展。加快制定实施知识产权服务业基础标准、支撑标准、产品标准、质量标准。深入实施专利代理机构执业许可审批告知承诺改革。引导国际高水平知识产权服务机构依规在华设立常驻代表机构。开展品牌价值提升行动，培育一批国际化、市场化、专业化知识产权服务机构。建设国家知识产权服务出口基地。全国执业专利代理师达到4万人。完善知识产权服务业统计制度。支持知识产权服务行业协会组织开展公益代理和维权援助。（国家知识产权局牵头，中央宣传部、司法部、商务部、国家统计局等按职责分工负责）

促进知识产权服务业与区域产业融合发展。聚焦重点区域、重点产业需求，优化知识产权服务业集聚区建设，引导知识产权服务链上下游优势互补、多业态协同发展。建立知识产权服务对接重点产业、重大项目工作机制，重点提供专利导航等高端服务。鼓励知识产权服务机构为创新主体提供全链条、专业化知识产权服务，支持企业创新发展和产业转型升级。（国家知识产权局牵头，工业和信息化部等按职责分工负责）

加强知识产权服务业监管。规范计划制定、名单抽取、结果公示、数据存档等各项抽查检查工作程序，实现"双随机、一公开"监管全覆盖。建立知识产权服务业监管长效机制。健全跨部门、跨区域协同监管机制。完善年度报告、经营异常名录、严重失信主体名单制度，开展信用评价并推广应用评价结果。建立知识产权服务业质量监测机制，利用新技术手段快速精准发现违法违规行为线索，提升监管效能。充分发挥知识产权服务行业协会作用，加大行业自律惩戒力度。建设知识产权服务业评价系统，及时公开服务机构和从业人员评价数据。（国家知识产权局负责）

六、推进知识产权国际合作，服务开放型经济发展

（十三）主动参与知识产权全球治理

积极参与完善知识产权国际规则体系。加强与世界知识产权组织的合作磋商，推动完善知识产权及相关国际贸易、国际投资等国际规则和标准。积极参与遗传资源、传统知识、民间文艺、非物质文化遗产、广播组织等方面的知识产权国际规则制定。积极研究和参与数字领域等新领域新业态知识产权国际规则和标准的制定。（中央宣传部、外交部、商务部、文化和旅游部、国家知识产权局等按职责分工负责）

积极推进与经贸相关的多双边知识产权谈判。妥善应对国际知识产权争端，加强与主要贸易伙伴的知识产权合作磋商。在相关谈判中合理设置知识产权议题。深入参与世界贸易组织有关知识产权谈判。积极推进同其他国家和地区自贸协定知识产权议题谈判。研究推动与更多国家和地区开展地理标志协定谈判。（中央宣传部、外交部、商务部、国家知识产权局等按职责分工负责）

（十四）提升知识产权国际合作水平

加强知识产权国际合作机制建设。巩固和完善"一带一路"知识产权合作，充分利用"一带一路"知识产权合作平台，扩大合作项目规模和储备。深度参与金砖国家、中美欧日韩、中日韩、中国—东盟等小多边知识产权合作，加强与各方政策和业务规则交流，支持产业界积极参与相关合作机制。完善跨境司法协作安排，加强防范打击侵犯知识产权犯罪国际合作。（中央宣传部、最高人民法院、最高人民检察院、外交部、公安部、商务部、海关总署、国家知识产权局等按职责分工负责）

> **专栏 13　"一带一路"知识产权合作工程**
>
> **加强"一带一路"知识产权合作机制建设。** 打造共建"一带一路"国家和地区知识产权高层次合作平台。将知识产权合作同"数字丝绸之路"、"创新丝绸之路"等建设协调推进。推进知识产权信息、数据资源等领域合作。
>
> **强化知识产权能力提升项目实施。** 向共建"一带一路"国家和地区提供专利检索、审查培训等多样化服务。开展面向共建"一带一路"国家和地区的知识产权培训。（国家知识产权局牵头，外交部、商务部、国际发展合作署等按职责分工负责）

优化知识产权国际合作环境。深化与国际和地区组织、重点国家和地区的知识产权合作，完善合作布局。加强面向周边和发展中国家的知识产权培训，支持发展中国家知识产权能力建设。加强药物及新冠病毒疫苗研发等重点领域的知识产权国际合作。与贸易对象国建立企业知识产权事务沟通协调机制。（中央宣传部、外交部、工业和信息化部、商务部、国家卫生健康委、市场监管总局、国际发展合作署、国家药监局、国家知识产权局、中国贸促会等按职责分工负责）

（十五）加强知识产权保护国际合作

便利知识产权海外获权。强化知识产权审查业务合作，拓展"专利审查高速路"国际合作网络，重点推动相关国家共享专利、植物新品种等审查结果。引导创新主体合理利用世界知识产权组织全球服务体系等渠道，提高海外知识产权布局效率。（国家知识产权局牵头，中央宣传部、农业农村部、国家林草局等按职责分工负责）

加强知识产权海外维权援助。建立国际知识产权风险预警和应急机制，建设知识产权涉外风险防控体系。建立国际趋势跟踪研究基地，加强对商业秘密保护、互联网企业走出去等重点前沿问题的研究。提升海外知识产权信息服务能力，建立健全国外展会知识产权服务站工作机制。鼓励保险机构开展知识产权海外侵权保险业务。积极发挥贸易投资促进机构作用，不断加强知识产权海外服务保障工作。（中央宣传部、商务部、市场监管总局、银保监会、国家知识产权局、中国贸促会等按职责分工负责）

专栏 14　对外贸易知识产权保护工程

加强海外知识产权纠纷应对指导体系建设。建立与知识产权有关的贸易对象国调查报告机制。拓展打击知识产权侵权犯罪国际执法协作渠道，开展重大案件跨国联合执法行动。建立海关跨境合作机制，加强知识产权海关执法信息情报交换共享。

提升海外知识产权风险防范能力。制定跨境电商知识产权保护指南，引导跨境电商平台防范进出口贸易中的知识产权风险，有效支持跨境电商平台企业国际化发展。加强对海外知识产权制度环境的研究，编制发布重点国家知识产权保护国别指南。（中央宣传部、中央网信办、最高人民检察院、公安部、商务部、海关总署、国家知识产权局等按职责分工负责）

七、推进知识产权人才和文化建设，夯实事业发展基础

（十六）加强知识产权人才队伍建设

优化知识产权人才发展环境。推进知识产权学科建设，支持学位授权自主审核单位依程序设置知识产权一级学科点，支持有关单位依程序设置知识产权二级学科点，研究设置知识产权硕士专业学位。推动知识产权相关专业升级和数字化改造，开发一批知识产权精品课程。鼓励支持有条件的理工科高校开设知识产权相关专业和课程。设立一批国家知识产权人才培养基地。做好知识产权职称制度改革实施工作，完善知识产权人才评价体系。（教育部、人力资源社会保障部、国家知识产权局等按职责分工负责）

提升知识产权人才能力水平。完善知识产权人才分类培训体系，健全人才保障机制。加强知识产权理论研究，完善知识产权研究管理机制，强化智库建设，鼓励地方开展政策研究。加强知识产权行政管理、行政执法、行政裁决人员培养，分层次分区域持续开展轮训。加强企事业单位知识产权人才培养，建设理论与实务联训基地。建立知识产权服务业人才培训体系，提高服务业人才专业能力。大力培养知识产权国际化人才。（国家知识产权局牵头，中央宣传部、市场监管总局等按职责分工负责）

（十七）加强知识产权文化建设

构建知识产权大宣传格局。围绕知识产权强国建设，统筹传统媒体与新兴媒体，用好融媒体，健全知识产权新闻发布制度。建立健全政府活动宣传、媒体传播报道、学界文章影响、国际文化交流相互促进的知识产权传播大矩阵。持续做好全国知识产权宣传周、中国知识产权年会等品牌宣传活动。讲好中国知识产权故事，展示文明大国、负责任大国形象。（国家知识产权局牵

头,中央宣传部、中央网信办、广电总局等按职责分工负责)

专栏 15　知识产权普及教育工程

推动知识产权普及教育进校园。支持大中小学开展知识产权基础性普及教育。鼓励知识产权专家进校园,促进知识产权教育与学校创新实践活动相融合,持续推进全国中小学知识产权教育工作和全国大学生版权征文活动。推动技工院校普及知识产权教育,将知识产权普及教育作为全国专业技术人员继续教育的重要内容。

推动知识产权进干部培训课堂。优化知识产权课程设置,加强对党政领导干部和国有企业负责人的知识产权宣传培训。(国家知识产权局牵头,中央组织部、中央宣传部、教育部、人力资源社会保障部、中国科协等按职责分工负责)

厚植知识产权文化理念。增强全社会尊重和保护知识产权的意识,推动知识产权文化与法治文化、传统文化、创新文化、诚信文化深度融合。大力宣传锐意创新和诚信经营的典型企业,引导企业自觉履行尊重和保护知识产权的社会责任。开展贴近时代、贴近百姓、贴近生活的知识产权文化惠民活动。加强知识产权文化基础设施建设。探索建立"互联网+"知识产权保护云博物馆。加大对中西部地区知识产权文化建设投入。开展知识产权文化建设理论和学术研究,以文化为媒,提升文化软实力。(国家知识产权局牵头,中央宣传部、司法部、文化和旅游部等按职责分工负责)

八、实施保障

(十八) 加强组织领导

坚持党对知识产权工作的全面领导,充分发挥国务院知识产权战略实施工作部际联席会议作用,完善工作机制,形成工作合力,确保党中央、国务院关于知识产权工作的各项决策部署落到实处。各地区、各有关部门要强化责任意识,密切协调配合,结合实际进一步明确工作重点,落实好本规划部署的各项任务措施。国家知识产权局要加强组织协调,明确责任分工,细化目标任务,加强宣传解读,制定年度推进计划,确保规划有序推进。相关社会组织和行业协会要积极参与规划实施,主动作为,发挥作用。(国家知识产权局牵头,有关部门与地方各级人民政府按职责分工负责)

(十九) 鼓励探索创新

各地要发扬基层首创精神,针对规划实施中的痛点、难点问题,主动作为、创新思路,积极探索积累务实管用、科学精准的具体举措,不断丰富完

善有关政策措施。各有关部门要营造有利环境，支持有条件的地区先行先试。（地方各级人民政府与有关部门按职责分工负责）

（二十）加大投入力度

完善多渠道投入机制，推进规划重大工程项目落地，促进规划有效实施。加强对知识产权工作的政策和资源支持。鼓励社会资本积极参与，创新投入模式和机制，充分发挥市场在资源配置中的决定性作用。（有关部门与地方各级人民政府按职责分工负责）

（二十一）狠抓工作落实

国家知识产权局会同有关部门加强对规划实施情况的跟踪监测，通过第三方评估等形式开展规划实施的中期评估、总结评估，总结推广典型经验做法，发现规划实施中存在的问题并研究解决对策。强化监督检查，确保任务落实，重要情况及时报告国务院。（国家知识产权局牵头，有关部门按职责分工负责）

6.1.2 地理标志产品保护规定

中华人民共和国国家质量监督检验检疫总局令

（第78号）

第一章 总则

第一条 为了有效保护我国的地理标志产品，规范地理标志产品名称和专用标志的使用，保证地理标志产品的质量和特色，根据《中华人民共和国产品质量法》、《中华人民共和国标准化法》、《中华人民共和国进出口商品检验法》等有关规定，制定本规定。

第二条 本规定所称地理标志产品，是指产自特定地域，所具有的质量、声誉或其他特性本质上取决于该产地的自然因素和人文因素，经审核批准以地理名称进行命名的产品。地理标志产品包括：

（一）来自本地区的种植、养殖产品。

（二）原材料全部来自本地区或部分来自其他地区，并在本地区按照特定工艺生产和加工的产品。

第三条 本规定适用于对地理标志产品的申请受理、审核批准、地理标志专用标志注册登记和监督管理工作。

第四条 国家质量监督检验检疫总局（以下简称国家质检总局）统一管理全国的地理标志产品保护工作。各地出入境检验检疫局和质量技术监督局（以下简称各地质检机构）依照职能开展地理标志产品保护工作。

第五条 申请地理标志产品保护，应依照本规定经审核批准。使用地理标志产品专用标志，必须依照本规定经注册登记，并接受监督管理。

第六条 地理标志产品保护遵循申请自愿，受理及批准公开的原则。

第七条 申请地理标志保护的产品应当符合安全、卫生、环保的要求，对环境、生态、资源可能产生危害的产品，不予受理和保护。

第二章 申请及受理

第八条 地理标志产品保护申请，由当地县级以上人民政府指定的地理标志产品保护申请机构或人民政府认定的协会和企业（以下简称申请人）提出，并征求相关部门意见。

第九条 申请保护的产品在县域范围内的，由县级人民政府提出产地范围的建议；跨县域范围的，由地市级人民政府提出产地范围的建议；跨地市范围的，由省级人民政府提出产地范围的建议。

第十条 申请人应提交以下资料：

（一）有关地方政府关于划定地理标志产品产地范围的建议。

（二）有关地方政府成立申请机构或认定协会、企业作为申请人的文件。

（三）地理标志产品的证明材料，包括：

1. 地理标志产品保护申请书；

2. 产品名称、类别、产地范围及地理特征的说明；

3. 产品的理化、感官等质量特色及其与产地的自然因素和人文因素之间关系的说明；

4. 产品生产技术规范（包括产品加工工艺、安全卫生要求、加工设备的技术要求等）；

5. 产品的知名度，产品生产、销售情况及历史渊源的说明；

（四）拟申请的地理标志产品的技术标准。

第十一条 出口企业的地理标志产品的保护申请向本辖区内出入境检验

检疫部门提出；按地域提出的地理标志产品的保护申请和其他地理标志产品的保护申请向当地（县级或县级以上）质量技术监督部门提出。

第十二条　省级质量技术监督局和直属出入境检验检疫局，按照分工，分别负责对拟申报的地理标志产品的保护申请提出初审意见，并将相关文件、资料上报国家质检总局。

第三章　审核及批准

第十三条　国家质检总局对收到的申请进行形式审查。审查合格的，由国家质检总局在国家质检总局公报、政府网站等媒体上向社会发布受理公告；审查不合格的，应书面告知申请人。

第十四条　有关单位和个人对申请有异议的，可在公告后的2个月内向国家质检总局提出。

第十五条　国家质检总局按照地理标志产品的特点设立相应的专家审查委员会，负责地理标志产品保护申请的技术审查工作。

第十六条　国家质检总局组织专家审查委员会对没有异议或者有异议但被驳回的申请进行技术审查，审查合格的，由国家质检总局发布批准该产品获得地理标志产品保护的公告。

第四章　标准制定及专用标志使用

第十七条　拟保护的地理标志产品，应根据产品的类别、范围、知名度、产品的生产销售等方面的因素，分别制定相应的国家标准、地方标准或管理规范。

第十八条　国家标准化行政主管部门组织草拟并发布地理标志保护产品的国家标准；省级地方人民政府标准化行政主管部门组织草拟并发布地理标志保护产品的地方标准。

第十九条　地理标志保护产品的质量检验由省级质量技术监督部门、直属出入境检验检疫部门指定的检验机构承担。必要时，国家质检总局将组织予以复检。

第二十条　地理标志产品产地范围内的生产者使用地理标志产品专用标志，应向当地质量技术监督局或出入境检验检疫局提出申请，并提交以下资料：

（一）地理标志产品专用标志使用申请书。

（二）由当地政府主管部门出具的产品产自特定地域的证明。

（三）有关产品质量检验机构出具的检验报告。

上述申请经省级质量技术监督局或直属出入境检验检疫局审核，并经国家质检总局审查合格注册登记后，发布公告，生产者即可在其产品上使用地理标志产品专用标志，获得地理标志产品保护。

第五章　保护和监督

第二十一条　各地质检机构依法对地理标志保护产品实施保护。对于擅自使用或伪造地理标志名称及专用标志的；不符合地理标志产品标准和管理规范要求而使用该地理标志产品的名称的；或者使用与专用标志相近、易产生误解的名称或标识及可能误导消费者的文字或图案标志，使消费者将该产品误认为地理标志保护产品的行为，质量技术监督部门和出入境检验检疫部门将依法进行查处。社会团体、企业和个人可监督、举报。

第二十二条　各地质检机构对地理标志产品的产地范围，产品名称，原材料，生产技术工艺，质量特色，质量等级、数量、包装、标识，产品专用标志的印刷、发放、数量、使用情况，产品生产环境、生产设备，产品的标准符合性等方面进行日常监督管理。

第二十三条　获准使用地理标志产品专用标志资格的生产者，未按相应标准和管理规范组织生产的，或者在 2 年内未在受保护的地理标志产品上使用专用标志的，国家质检总局将注销其地理标志产品专用标志使用注册登记，停止其使用地理标志产品专用标志并对外公告。

第二十四条　违反本规定的，由质量技术监督行政部门和出入境检验检疫部门依据《中华人民共和国产品质量法》《中华人民共和国标准化法》《中华人民共和国进出口商品检验法》等有关法律予以行政处罚。

第二十五条　从事地理标志产品保护工作的人员应忠于职守，秉公办事，不得滥用职权、以权谋私，不得泄露技术秘密。违反以上规定的，予以行政纪律处分；构成犯罪的依法追究刑事责任。

第六章　附则

第二十六条　国家质检总局接受国外地理标志产品在中华人民共和国的注册并实施保护。具体办法另外规定。

第二十七条　本规定由国家质检总局负责解释。

第二十八条 本规定自2005年7月15日起施行。原国家质量技术监督局公布的《原产地域产品保护规定》同时废止。原国家出入境检验检疫局公布的《原产地标记管理规定》《原产地标记管理规定实施办法》中关于地理标志的内容与本规定不一致的，以本规定为准。

6.1.3 地理标志保护和运用"十四五"规划

地理标志是重要的知识产权，是促进区域特色经济发展的有效载体，是推进乡村振兴的有力支撑，是推动外贸外交的重要领域，是保护和传承传统优秀文化的鲜活载体，也是企业参与市场竞争的重要资源。中国拥有悠久的历史和深厚的文化积淀，地理标志资源丰富。为贯彻落实《知识产权强国建设纲要（2021—2035年）》《"十四五"国家知识产权保护和运用规划》《关于强化知识产权保护的意见》，提升地理标志保护和运用水平，制定本规划。

一、规划背景

党中央、国务院高度重视地理标志保护工作，对地理标志保护工作作出一系列重要部署。"十三五"时期，我国地理标志保护和运用工作取得重要进展，按照党和国家机构改革方案，实现了原产地地理标志的集中统一管理。地理标志制度不断完善，修订《国外地理标志产品保护办法》《商标审查审理指南》，发布《地理标志专用标志使用管理办法（试行）》，有效发挥《商标法》《商标法实施条例》《集体商标、证明商标的注册和管理办法》作用，地理标志工作朝着有法可依、有章可循、严格保护的方向持续迈进。注册认定工作稳步推进，截至"十三五"末，我国累计保护地理标志产品2391个，地理标志专用标志使用市场主体达到9479家，以地理标志作为集体商标、证明商标注册达到6085件，专用标志使用市场主体年直接产值超过6000亿元。建成国家地理标志产品保护示范区16个。地理标志运用效益显著，地理标志运用促进工程落地生根。地理标志保护国际合作取得重要进展，中欧地理标志保护与合作协定签署生效。

同时，地理标志保护和运用工作也面临许多挑战。一是制度协调统一有待加强。二是保护能力水平与营造一流营商环境的要求仍有距离。三是审查认定体系尚待完善。四是产品特色质量管理与监督有待强化。五是地理标志品牌价值尚未充分显现。

"十四五"时期是我国全面建成小康社会、实现第一个百年奋斗目标之后,乘势而上开启全面建设社会主义现代化国家新征程、向第二个百年奋斗目标进军的重要阶段,也是知识产权强国建设的关键时期,经济社会高质量发展的需求更加迫切,我国地理标志工作面临重要发展机遇。要充分发挥我国超大规模市场优势和内需潜力,以满足国内需求为出发点和落脚点,加快构建完善的地理标志保护和运用体系,加快适应以国内大循环为主体、国内国际双循环相互促进的新发展格局,培育我国地理标志产品的竞争新优势。

二、总体要求

(一)指导思想

以习近平新时代中国特色社会主义思想为指导,全面贯彻党的十九大和十九届历次全会精神,紧紧围绕统筹推进"五位一体"总体布局和协调推进"四个全面"战略布局,贯彻落实新发展理念,全面落实《知识产权强国建设纲要(2021—2035年)》《"十四五"国家知识产权保护和运用规划》《关于强化知识产权保护的意见》要求,以高水平保护、高质量发展、高标准建设、高效益运用为主线,进一步完善地理标志保护和运用体系,强化地理标志保护,提升我国地理标志产品的价值内涵,推动地理标志与特色产业发展、生态文明建设、历史文化传承和乡村振兴有机融合,为推进供给侧结构性改革、培育经济发展新动能、实现可持续发展提供重要支撑。

(二)发展目标

地理标志制度进一步完善,保护水平显著提升,运用效益充分显现,我国地理标志产品市场竞争力和国际影响力不断增强,地理标志服务国内大循环为主体、国内国际双循环发展格局的重要作用进一步体现。

——地理标志保护基础更加坚实。地理标志审查认定效率和质量进一步提升,地理标志标准化体系进一步完善,地理标志保护资源统计分析制度初步建立,新建成一批特色显著、成效明显的地理标志产品保护示范区。

——地理标志运用效益更加凸显。地理标志品牌效应显著提高,地理标志产品的市场竞争力有效增强,以地理标志品牌为核心,企业商标和区域品牌相结合,共同发展的地理标志品牌体系更加完善,地理标志相关产业链更加健全。

——地理标志互认互保范围进一步扩大。地理标志保护国际交流合作的广度和深度进一步拓展，中国地理标志产品国际市场竞争力进一步提升。

到 2025 年，地理标志认定数量保持稳定合理增长，使用地理标志专用标志的市场主体达到 1.8 万家以上，年直接产值保持稳定增长，制修订一批地理标志领域国家标准、地方标准和团体标准，建成国家地理标志产品保护示范区 100 家，推动更多中国地理标志在海外获得保护（以上指标均为预期性指标）。

三、主要任务

（一）夯实地理标志保护和管理基础

1. 健全地理标志法律制度。积极推动地理标志专门立法工作，深入开展地理标志立法调研论证，加强国外地理标志法律制度比较研究，健全专门保护与商标保护相互协调的统一地理标志保护制度。明晰地理标志的权利内容和保护范围，明确行政保护的基本原则、管理机关的监管职责和相关市场主体的权利义务，优化地理标志保护程序，提高地理标志保护水平，构建中国特色地理标志保护法律制度。（条法司、保护司、商标局按职责分工负责）

2. 建立协调有序的地理标志统一认定制度。有序推进地理标志统一认定和立体保护机制。完善地理标志认定机制，统一规范不同保护渠道的地理标志名称、保护地域范围划定等认定要素，优化地理标志认定流程，制定发布地理标志认定产品分类标准。推动在地理标志保护机制下，强化初级农产品、加工食品、道地药材、传统手工艺品等的保护。（条法司、保护司、商标局按职责分工负责）

3. 优化地理标志审查工作机制。严格地理标志保护申请审核认定规则和审查流程，完善作为集体商标、证明商标注册的地理标志审查质量管理体系。强化信息化手段，推进审查智能化。加强审查认定人员能力建设，打造高水平的专业人才队伍。积极发挥产品技术、质量、标准、历史文化等领域专家作用，为地理标志审查工作提供有效智力支持。（条法司、保护司、商标局按职责分工负责）

4. 健全地理标志标准化体系。充分发挥全国知识管理标准化技术委员会地理标志分技术委员会作用，加快构建涵盖地理标志保护、运用、管理、服务的地理标志标准体系。加强地理标志保护关键技术标准研究，推进地理标志基础通用类和产品类国家标准制修订工作。强化地理标志产品原产地政府在地理标志标准实施中的作用，定期监测和评估标准实施效果。鼓励开展地理标志相关标准外文版研制，提升我国地理标志品牌的国际传播力。鼓励研制地理标志国家标准样品。支持各地建立健全以地方标准为基础的标准体系。（保护司负责，各地方知识产权管理部门参与）

5. 建立地理标志保护资源动态管理制度。规范地理标志相关数据指标体系、分析方法和数据报表。推进地理标志保护资源管理信息化建设，建立完善地理标志保护资源数据库和电子化应用平台。探索建立地理标志保护资源管理数据发布机制，探索研究发布地理标志年度公报。（保护司负责，各地方知识产权管理部门参与）

6. 加强地理标志保护基础理论研究。布局建设一批国家地理标志保护理论研究基地，开展地理标志保护理论与实践研究。鼓励开展地理标志产品产地溯源、假冒线索搜集等方面的技术研发，强化运用技术手段保护地理标志。发布地理标志行政保护典型案例和指导案例。（办公室、保护司按职责分工负责，各地方知识产权管理部门参与）

（二）提升地理标志保护和管理水平

7. 加强地理标志专用标志管理。深入推进地理标志专用标志使用核准改革，完善地理标志专用标志使用管理制度。提升地理标志专用标志使用管理智能化和便利化水平，强化监管效果。加大宣传推广力度，提高合法使用人规范使用地理标志专用标志的意识。优化地理标志专用标志使用信息查询服务，加大专用标志使用监管情况向社会公开的力度。建立健全举报投诉机制，完善调查处理程序。严格监督和查处地理标志专用标志使用人未按管理规范或集体商标、证明商标使用管理规则组织生产的违规违法行为。（保护司负责，各地方知识产权管理部门参与）

8. 强化地理标志产地质量管控。推动原产地政府加强应用标准、检验检测、认证等质量基础设施建设，构建政府监管、行业管理、生产者自律的质量保证体系。鼓励综合运用大数据、区块链、电子围栏等技术，建立来源可查、去向可追、责任可究的地理标志来源追溯机制。落实地理标志产品生产者主体责任，加大对生产经营主体的培训力度，加强地理标志相关产品标准的实施应用和示范推广，提高地理标志产品生产者质量管理水平。探索开展地理标志产区等级划分和产品特色质量品级划分，科学合理设定分级指标和

要求。(保护司负责,各地方知识产权管理部门参与)

9. 强化地理标志保护监管。健全"双随机、一公开"行政监管机制,聚焦重点地理标志产品加强行政保护。建立地理标志领域的信用监管机制。建立地理标志保护检查对象随机抽查名录,制定抽查事项清单、工作细则和抽查计划。结合地理标志产品的区域性、季节性等特点,加强重点地理标志执法保护。针对示范区地理标志产品、高价值产品、热销产品和互认互保产品等,加强对擅自使用地理标志的生产、销售等违法行为的执法保护力度,严格规范在营销宣传和产品外包装中使用地理标志的行为。加强对相同或近似产品上使用意译、音译、字译或标注"种类""品种""风格""仿制"等地理标志"搭便车"行为的规制和打击。(保护司负责,各地方知识产权管理部门参与)

10. 增强地理标志公共服务能力。支持引导各级各类知识产权公共服务机构开展地理标志信息查询检索、咨询、预警、公益讲座、专题培训等,积极推动高校、科研院所、图书情报等机构参与提供地理标志信息公共服务。依托知识产权保护信息平台、国家知识产权大数据中心和国家知识产权公共服务平台等,统筹开展地理标志信息化建设,实现平台数据共享、互联互通,推动实现面向公众的地理标志"一站式"信息服务。(保护司、公共服务司按职责分工负责,各地方知识产权管理部门参与)

专栏1　地理标志保护工程

(一)实施地理标志保护提升行动

1. 开展地理标志强基计划

提升地理标志审查能力。打造专业化的审查人才队伍,强化专业技术培训工作,提升审查人才队伍业务能力,促进审查标准一致。建设完善地理标志审查专家库,提升地理标志技术审查专业化水平。

完善地理标志信息化工作平台。完善地理标志产品保护申请电子受理平台,全面实现地理标志产品申报、受理、审查、认定、专用标志核准等全流程信息化服务。丰富地理标志保护数据管理系统功能实现地理标志保护数据资源、执法监督案例等线上报送与统计。

加强地理标志标准制定。以基础术语、产品分类与编码、产地关联性分析、特色质量控制、区域经济贡献评价为重点,推进基础通用类国家标准制定。依据产品的传统特色、知名度和出口量,分批次启动地理标志产品类国家标准制定工作。开展地理标志保护标准、保护要求外文版研制。支持各地制修订地理标志地方标准。

续表

2. 开展地理标志筑篱计划

开展地理标志专用标志"放管服"改革试点。深化地理标志专用标志使用核准改革工作，推动市场主体使用地理标志专用标志覆盖率达到80%以上。建立专用标志使用管理台账，完善常态化监督检查工作制度，将专用标志使用情况纳入年度监督抽查计划，定期组织开展专项抽查。协同推进专用标志使用监管方式创新，积极探索新型监管模式，落实地方知识产权管理部门监管责任。鼓励省级知识产权管理部门将地理标志专用标志相关信息向社会公开，推动相关服务纳入知识产权领域"好差评"政务事项，评估结果按相关规定纳入政府绩效评价。

建设地理标志产品保护示范区。统筹规划示范区建设布局，兼顾地区平衡，支持"一区一品""一区多品"等多类型、国家级与省级多层级示范区建设。重点支持建设200个体系完善、特色显著、效益突出、人文内涵丰富、辐射带动力强的示范区。加大示范区内地理标志日常管理和监督力度，加强地理标志专用标志使用监管，严厉查处地理标志侵权违法行为，推动示范区建立健全质量基础体系、信用体系、协同监管体系、执法维权体系、宣传推介体系，进一步推广示范经验，发挥引领作用。

加强地理标志保护维权援助。建立健全地理标志维权援助工作机制。发挥知识产权保护中心作用，对接各类知识产权快速协同保护维权援助公共服务平台，结合纠纷多元解决、诚信体系建设等工作，加强地理标志维权援助工作。加强农业展览会等商贸流通领域地理标志维权援助服务。探索建立海外知识产权维权援助机制，加强海外地理标志纠纷应对指导，强化海外地理标志纠纷预警防范。

3. 开展地理标志挖潜计划

建设地理标志保护资源分析机制。研究确定地理标志保护资源数据内容与格式，完善地理标志保护资源数据库，强化资源分析功能设计，实现基础数据报表及分析自动化。推动建立地理标志保护资源年报制度。

实施潜在地理标志保护资源摸底。开展全国潜在地理标志保护资源调研，以县域为基础，围绕当地具有独特品质的产品，采集特色质量、特殊工艺、人文历史、产地环境、地理范围、发展状况等基础信息数据及纸质、影像等代表性实物资料，建立潜在地理标志保护资源基础数据库，加强对初级农产品、加工食品、道地药材、传统手工艺品等的保护。

（二）实施地理标志农产品保护工程

强化特色产品保护管理。对符合要求的特色农产品采取地理标志产品保护等措施予以保护，实现生产加工布局合理、产品特色质量可控、生产记录可查、来源去向可溯、责任问题可追。

促进特色产品品质提升。针对符合地理标志保护的特色农产品，完善保护机制，建立健全特色质量保证体系、技术标准体系、检验检测体系，发挥地理标志品牌效应，加强与重要农业文化遗产等的融合发展，打造一批品质高、口碑好、影响大的地理标志农产品品牌。

（三）加强地理标志品牌建设

11. 强化地理标志品牌效应。加强品牌培育规划，打造一批品质优越、市场占有率高、经济效益好、有较高知名度的地理标志品牌。加强品牌培育指导，围绕地理标志产业建设一批商标品牌指导站，强化对市场主体商标品牌注册、运用、管理、保护与推广的指导和服务，建立健全商标品牌管理制度。宣传推广一批地理标志产品经典案例。健全地理标志新闻发布制度，拓展信息发布渠道。充分利用全国知识产权宣传周、知识产权服务万里行、中国国际商标品牌节等各种活动载体宣传地理标志，提高中国地理标志的影响力。开展地理标志知识进校园、进农村等活动。推动地理标志产品进驻社区市场，提升地理标志公众知晓率和认知度。（办公室、战略规划司、保护司、运用促进司、人事司、商标局等按职责分工负责，各地方知识产权管理部门参与）

12. 提升地理标志品牌价值和影响力。注重品牌建设与文化传承有机结合，突出地理标志品牌特色，强化品牌推广运用，提升地理标志品牌影响力和国际价值。结合地方特色和需求，建设地理标志展示推广中心，加强产品展示、品牌推介、文化传承，打造地理标志名片。用好新媒体，拓展营销渠道。在推动品牌运营中心建设中，强化地理标志品牌研究、品牌设计、品牌定位和品牌沟通，完善地理标志品牌经营管理体系，加强品牌推介和经营管理。（办公室、运用促进司、国际合作司等按职责分工负责，各地方知识产权管理部门参与）

13. 打造地理标志特色会展。充分利用大型展会举办地理标志品牌和产品推介活动，打响地理标志品牌，促进产销对接。鼓励资源丰富的地方打造地理标志特色展会，建设地理标志产品品牌展示馆和产品体验地，全方位开展品牌价值传递和文化传播。鼓励电子商务平台、展会服务平台等开设地理标志产品线上专区，拓展地理标志产品推介渠道。（运用促进司负责，各地方知识产权管理部门参与）

（四）发展地理标志特色产业

14. 建立健全地理标志相关产业发展推进体系。明确地理标志相关产业发展目标、规划产业布局，加强组织领导、确定责任主体。建立与市场监管、发展改革、财政、商务、文化旅游、农村农业、乡村振兴等多部门工作协同机制，推动形成以地理标志产品生产为主导，带动种植、储藏、加工、运输、销售、文化旅游等上下游产业联动的发展格局，推动形成具有规模效应和积聚效应的区域品牌和产业集群。开展地理标志产业集群区域经济贡献研究。

（联席办、运用促进司等按职责分工负责，各地方知识产权管理部门参与）

15. 强化地理标志市场主体惠益共享。培育地理标志产品生产龙头企业，鼓励支持发展产业联合体，通过信息互通、技术共享、品牌共建等方式加强惠益共享。建立协会、企业、生产者等各主体之间的利益分享机制，加强技术指导、创业孵化等服务，完善配套设施，延伸产业链条，提高市场主体的抗风险能力，加快实现地理标志产业化带动区域特色经济发展。（运用促进司负责，各地方知识产权管理部门参与）

16. 加强协同运用服务地理标志产业发展。综合发挥专利在助推技术攻关、前瞻布局，地理标志在助推品种保护、品质保障，商标在助推品牌打造、市场拓展等方面的独特优势，服务支撑地理标志相关产业的产品研发、生产、包装、销售等各环节，综合发挥知识产权运用效能，塑造地理标志产品相关生产企业品牌，促进地理标志产业高质量发展。（运用促进司负责，各地方知识产权管理部门参与）

17. 推动地理标志产业实现跨界融合发展。推动地理标志特色产业发展与生态文明建设、历史文化传承等有机融合，推进特色经济与生态文明协同发展。促进地理标志与互联网、电子商务、文化创意、生态旅游等产业深度融合，促进实现经济效益的多行业联动发展。支持开展地理标志产业发展相关研究，积极探索延伸产业链条、扩大产业参与群体、增强产业发展韧性。（运用促进司负责，各地方知识产权管理部门参与）

专栏 2　地理标志运用促进工程

（一）实施地理标志品牌价值提升行动

提升区域品牌内涵。 结合地区资源禀赋，立足传统优势和种养习惯，着力打造优质地理标志产品基地，打造特点鲜明、品质性状独特的地理标志产品。支持改善生产设施条件，保护特定产地环境，促进适度规模发展。完善区域品牌的生产标准、产品质量标准、包装标准体系。推行品牌基地标准化生产，突出技术标准和操作规范，实行从生产到市场的全过程标准化管理，保持区域内地理标志产品特色品质。

助力地理标志品牌推广。 充分发挥新媒体传播快、渠道广特性，综合短视频、直播平台等多种媒体渠道，开展地理标志品牌推广行动。鼓励各地开展"为家乡地理标志代言"等特色推广活动，扩大宣传受众面。

续表

提升地理标志品牌影响力。重点遴选一批优质地理标志，深挖产品价值和历史人文故事，打通市场调研、产品开发、商标注册、品牌策划推广等链条，强化品牌研究、品牌设计、品牌定位和品牌沟通，量身打造、精耕细作、集中力量塑造高端品牌形象。

加强地理标志文化知识传播。全面展示和推介地方特色产品，加强民众地理标志特色产品意识。以世界知识产权日集中宣传地理标志产品为主，以地理标志产品进驻综艺、纪录片展现、编写科普丛书等宣传推介活动为辅，让地理标志代表的文化故事、品牌价值以及质量优势深入人心。

（二）实施地理标志赋能行动

推动产业融合。促进地理标志与旅游、文化产业的协同，带动餐饮、住宿、交通等相关行业的多行业联动发展，提高地理标志区域经济增长贡献。围绕地理标志运用加强技术指导、创业孵化、金融扶持、带农惠农等服务配套，发展电子商务和冷链物流，促进产业集群化、复合化发展。以地理标志为纽带，带动当地产业链采购，引导地理标志产业链中加工、包装、运输、仓储等环节采购当地资源。

助力乡村振兴。发挥好农业适度规模经营的引领作用，增加地理标志产品有效供给，推动消费升级，促进农产品向高水平供需平衡跃升。以地理标志为纽带，凝聚各方力量，培育出一批地域特点鲜明、品质性状独特的地方特产，共同推动特色产业发展，发挥产业供给生态屏障、文化传承等功能，优化农村生产生活生态空间，激发乡村发展活力，吸纳农村人口就业，促进产业兴旺，实现兴农富农。

（五）扩大地理标志对外交流

18. 加强地理标志国际交流合作。积极落实中欧地理标志保护与合作协定、中法地理标志合作议定书、中泰地理标志保护协议等，推动与更多国家开展地理标志国际互认互保谈判磋商。加强与国外知识产权机构地理标志领域的交流合作，强化审查认定标准交流和信息共享。加强对共建"一带一路"等重点国家和地区的地理标志发展经验分享。在世界知识产权组织等多双边平台积极推介中国地理标志保护运用优秀案例。开展面向相关重点国家和地区的需求调研和对比研究，研判国际合作形势与政策，开展法律政策交流。加强对运用马德里渠道开展集体商标、证明商标海外注册的指导。（办公室、条法司、保护司、运用促进司、国际合作司、商标局按职责分工负责，各地方知识产权管理部门参与）

19. 服务地理标志产品"走出去"。支持举办面向海外的中国地理标志产品推介展示活动。鼓励在我国获得保护的国外地理标志产品在华经销商使用我国地理标志官方标志，指导中国相关企业在海外使用欧盟地理标志官方标志。开展国外地理标志保护法律政策信息收集,加强海外纠纷应对指导和信息推送,支持企业海外维权,推动地理标志产品在海外依法获得保护。(办公室、保护司、运用促进司、国际合作司按职责分工负责,各地方知识产权管理部门参与)

四、保障措施

(一)加强组织领导。各地区、局各有关部门单位要高度重视,加强组织领导,明确责任分工,密切协调配合,健全工作机制,结合实际细化落实本规划提出的目标任务,制定年度计划和配套政策,推动规划的有效落实。加强对规划实施情况的跟踪监测,通过第三方评估等形式开展规划实施的中期评估、总结评估,及时发现实施中存在的问题,并研究解决对策。(保护司、运用促进司牵头,局各部门单位、各地方知识产权管理部门按职责分工负责)

(二)加强政策支持。加强财政、投资、金融、科技等政策对地理标志保护和运用的保障。围绕地理标志保护管理、产业促进等方面出台支持政策措施,切实推动从注重注册申请向注重保护运用、从追求数量向提高质量的转变,切实保障规划的落实。(局各部门单位、各地方知识产权管理部门按职责分工负责)

(三)加强人才队伍建设。加大人才培养力度,扩大人才培养规模,建立健全人才使用与激励机制。建立多领域、多层次、高水平的地理标志智库。加强人才交流,加快培养一支精通地理标志政策研究、国际合作、品牌培育、行业管理、保护运用的高水平、高层次人才队伍。(局各部门单位、各地方知识产权管理部门按职责分工负责)

(四)加大宣传引导。加强地理标志政策解读,及时回应社会关切。加强典型宣传,提高消费者对地理标志产品的认知度。建立健全多层级的地理标志培训机制,加强公益性地理标志保护培训。创新宣传培训方式,通过新媒介宣传、成果展示展览、论坛研讨等宣传地理标志知识。注重地理标志蕴含深厚的历史和文化价值,发挥地理标志产品传承和创新中国传统文化的重要作用。(办公室牵头,局各部门单位、各地方知识产权管理部门按职责分工负责)

6.1.4 关于进一步加强地理标志保护的指导意见

国知发保字〔2021〕11号

各省、自治区、直辖市和新疆生产建设兵团知识产权局、市场监管局（厅、委），各有关单位：

地理标志是重要的知识产权类型，是促进区域特色经济发展的有效载体，是推进乡村振兴的有力支撑，是推动外贸外交的重要领域，是保护和传承传统优秀文化的鲜活载体，也是企业参与市场竞争的重要资源。为落实习近平总书记有关地理标志工作的指示要求和中共中央办公厅、国务院办公厅印发的《关于强化知识产权保护的意见》，进一步加强地理标志保护，严格地理标志管理，现提出以下指导意见。

一、指导思想和基本原则

（一）指导思想

坚持以习近平新时代中国特色社会主义思想为指导，深入贯彻落实党的十九大和十九届二中、三中、四中、五中全会精神，深入贯彻习近平总书记在中央政治局第二十五次集体学习时的重要讲话精神，全面落实党中央、国务院强化知识产权保护的决策部署，深化地理标志管理改革，强化地理标志保护，提升地理标志领域治理能力，有力支撑经济高质量发展，推动构建以国内大循环为主体、国内国际双循环相互促进的新发展格局。

（二）基本原则

坚持高水平保护。完善地理标志法律制度体系，提高地理标志保护法治化水平，严格地理标志审查认定，严厉打击地理标志侵权假冒行为，统筹推进地理标志保护国际合作，提升地理标志保护水平。

坚持高标准管理。加强地理标志保护顶层设计，强化规划引领，深化管理体制机制改革，建立健全特色质量保证体系、技术标准体系与检验检测体系。

坚持高质量发展。坚守中国特色，突出"原汁原味"，扩大地理标志专用标志使用覆盖面，提升地理标志产品市场竞争力，更好满足人民日益增长的美好生活需要。

二、夯实地理标志保护工作基础

（三）提高地理标志保护法治化水平。深入开展地理标志立法调研论证，推动加快地理标志立法步伐，明确主管部门行政职责和各方权利义务，做好地理标志保护产品认定与地理标志集体商标、证明商标注册的衔接，推动地理标志保护与动植物品种保护的有效衔接，确定违法行为、法律责任及保护途径，提出立法建议。完善地理标志保护政策、标准和制度。推动在地理标志保护机制下，强化初级农产品、加工食品、道地药材、传统手工艺品等的保护。

（四）强化地理标志保护申请质量监管。严格把控地理标志保护申请质量，加强地理标志保护申请质量监控和通报。规范地理标志保护申请行为，对申请材料弄虚作假等行为从严处置，驳回有关地理标志保护申请，加强信用监管，并与知识产权保护考核检查等形成联动约束，切实推动从追求数量向提高质量转变。

（五）严格地理标志审核认定。强化地理标志保护产品认定与地理标志集体商标、证明商标注册的程序衔接协调，加强地理标志保护产品认定与地理标志作为集体商标、证明商标注册的数据交换、信息通报与资源共享，在普通商标注册审查过程中依法考虑地理标志保护产品认定与地理标志作为集体商标、证明商标注册在先查结果。研究完善地理标志保护申请审核认定规则，统一规范地理标志名称、保护地域范围划定等认定要素，判断通用名称时综合考虑消费者理解认知等因素。研究建立有效反映地理标志特色的专门分类制度。

（六）优化地理标志保护扶持引导政策。清理和规范对地理标志保护申请的资助、奖励政策。着力优化资源投入方向，重点加大对强化地理标志行政保护、创新监管手段、核准专用标志使用、实施质量管控、建设地理标志产品保护示范区等方面的支持，切实改变"重申报、轻保护"的偏向，推动加强地理标志全链条保护，进一步提升地理标志知名度和市场竞争力。深化地理标志专用标志核准改革，探索进一步下放专用标志使用核准权和注销权，优化核准流程，压缩核准周期，进一步畅通合法使用人使用地理标志专用标志渠道。

三、健全地理标志保护业务体系

（七）完善特色质量保证体系。落实地理标志产品生产者主体责任，提高地理标志产品生产者质量管理水平。推动人工智能、大数据等新一代信息技术与地理标志特色质量管理融合，支持和鼓励地理标志专用标志合法使用人应用过程控制、产地溯源等先进管理方法和工具，加快建立以数字化、网络化、智能化为基础的地理标志特色质量保证体系，有效支撑地理标志高质量发展。

（八）建立健全技术标准体系。优化完善地理标志保护标准体系，推进地理标志保护基础通用国家标准制定，有效发挥全国知识管理标准化技术委员会地理标志分技术委员会作用，加快标准立改废释步伐，提升高质量地理标志保护产品标准的有效供给。鼓励研制地理标志国家标准样品。鼓励地理标志保护标准协调配套与协同发展，获得保护的地理标志可以根据保护地域范围、类别、知名度等方面的因素，制修订相应的国家标准、地方标准或团体标准，加强与地理标志保护要求的衔接。鼓励开展地理标志保护标准外文版研制，提升我国地理标志保护标准国际化水平。

（九）强化检验检测体系。鼓励有条件的地理标志产品产地建设专业化检验检测机构，畅通政府部门、行业协会等采信检验检测结果的信息渠道。完善专业化地理标志检验检测服务网点建设，不断满足消费市场需求，为消费者提供权威、可靠的专业技术服务。鼓励第三方检测机构为地理标志保护提供数据和技术支持。

四、加强地理标志行政保护

（十）严厉打击地理标志侵权假冒行为。加强执法检查和日常监管，严格依据《中华人民共和国产品质量法》等有关伪造产地的处罚规定和《中华人民共和国商标法》《中华人民共和国反不正当竞争法》相关规定，打击伪造或者擅自使用地理标志的生产、销售等违法行为，规范在营销宣传和产品外包装中使用地理标志的行为。加强对相同或近似产品上使用意译、音译、字译或标注"种类""品种""风格""仿制"等地理标志"搭便车"行为的规制和打击。严格监督和查处地理标志专用标志使用人未按管理规范或相关使用管理规则组织生产的违规违法行为。加强地理标志领域的行政执法与刑事司法衔接，全方位提高地理标志执法保护水平。

（十一）强化涉及地理标志的企业名称登记管理。建立地理标志保护和企业名称的信息互通机制，研究将地理标志有关字段依法纳入全国名称规范管理系统，在企业名称登记管理中加强对地理标志的保护。企业在名称中使用地理标志有关字段的,应与地理标志保护申请机构达成一致或经过地理标志保护申请机构依法依规授权,并符合企业名称登记管理有关规定。

(十二)加强地理标志专用标志使用日常监管。建立健全地理标志专用标志使用情况年报制度,及时有效掌握地理标志专用标志中介机构使用信息并对社会公开。采用"双随机、一公开"与专项检查相结合的方式,聚焦特色质量,实行重点地理标志清单式监管。依法推动将地理标志产品生产、地理标志专用标志使用纳入知识产权信用监管。探索建立地理标志专用标志使用异常名录。

五、构建地理标志协同保护工作格局

(十三)加强地理标志快速协同保护。加强地理标志产品生产集中地、销售集散地、网络平台企业总部所在地知识产权部门违法线索、监管标准、保护信息的互联互通。支持和鼓励区域知识产权保护协作机制中纳入地理标志保护措施,开展联合保护行动。充分发挥知识产权保护中心作用,加强舆情监测和地理标志侵权假冒线索搜集报送,有效支撑相关执法部门开展联动执法。

(十四)健全涉外地理标志保护机制。严格履行《中华人民共和国政府与欧洲联盟地理标志保护与合作协定》《中华人民共和国政府和美利坚合众国政府经济贸易协议》《区域全面经济伙伴关系协定》等国际协议义务。加强与国外地理标志审查认定机构的交流与合作。鼓励在我国获得保护的国外地理标志产品在华经销商使用我国地理标志官方标志,指导互认互保清单中方产品在海外市场使用外方地理标志官方标志。完善国外地理标志产品在华保护以及我国地理标志产品在外保护年度报告制度。

六、加强地理标志保护组织保障

(十五)加强组织领导和资源投入。各级市场监管部门和知识产权部门要高度重视地理标志保护工作,立足本地实际、更新工作理念、创新工作方式,加强规划引领,抓好工作落实。争取各级财政部门、人事部门政策支持,加大资源投入力度,加强地理标志保护队伍建设,充分利用现有奖励制度,对为地理标志保护作出突出贡献的集体和个人,按国家有关规定给予表彰奖励。加强地理标志保护申请电子受理平台建设,完善平台功能,提升综合服务能力。国家知识产权局知识产权保护司牵头加强制度机制建设,会同国家市场监督管理总局相关司局建立地理标志保护和监管协调机制,不断加强业务指导。

(十六)加强学术研究和宣传培训。推动加强地理标志学术研究工作,夯实地理标志工作理论基础。将地理标志保护培训纳入行政保护培训计划，积极组织开展业务和技能培训、案例研讨等活动。积极做好地理标志行政保护典型案例和指导案例的遴选和报送，加强对地理标志保护措施成效、先进经验的宣传报道。加大涉外宣传力度，助推我国地理标志产品走出国门，开拓国际市场，大力弘扬中华优秀传统文化。

各级知识产权管理部门、市场监管部门和各有关单位要履职尽责，结合实际，细化工作任务和政策措施，认真落实各项措施和要求，确保各项重点任务落地见效。工作进展及重大问题及时向国家知识产权局、国家市场监督管理总局反馈。

国家知识产权局国家市场监督管理总局
2021年5月21日

6.1.5 国家知识产权局办公室关于进一步加强地理标志运用促进重点联系指导工作的通知

国知办发运字〔2023〕14号

各省、自治区、直辖市和新疆生产建设兵团知识产权局，四川省知识产权服务促进中心，各地方有关中心：

按照《国家知识产权局关于组织开展地理标志助力乡村振兴行动的通知》（国知发运字〔2021〕20号）要求，2021年国家知识产权局遴选了160件地理标志纳入首批运用促进重点联系指导名录（以下简称"名录"）。一年多来，各省、自治区、直辖市和新疆生产建设兵团（以下统称省）知识产权管理部门以实施地理标志运用促进工程为抓手，深入推进地理标志助力乡村振兴行动，不断加强对纳入名录地理标志的工作联系、业务指导和政策扶持，有力带动了当地特色产业发展，为促进乡村振兴和区域特色经济发展发挥了积极作用。为深入贯彻落实党的二十大精神，全面推进乡村振兴和高质量发展，更大范围、更深层次、更高标准做好地理标志运用促进重点联系指导工作，进一步助力发展乡村特色产业和品牌经济，现将有关事项通知如下：

一、明确联系指导重点

有关地方知识产权管理部门要将纳入名录地理标志作为深入实施地理标

志运用促进工程、大力推进地理标志助力乡村振兴行动的主要抓手,着力加强在提质量、树品牌、强产业、促能力等方面的业务指导和服务保障,主动做好工作联系和上门服务,积极协调推动解决生产加工、品牌培育、产销对接等方面的困难问题。鼓励有条件的地方依法建立地理标志产业协会、促进会等行业组织,搭建信息交流与合作发展的服务平台。国家知识产权局将积极组织协调各方力量,指导开展地理标志运用促进专家库、服务机构库建设,协助提供包括技术工艺、质量标准、法律咨询、品牌建设、营销渠道、融资保险等多方面内容的公益性联系指导和服务资源对接。

二、加大政策扶持力度

有关地方知识产权管理部门要在项目分配、部门协作、政策落地等方面对纳入名录地理标志予以倾斜支持,加大在相关专利技术转化、品牌培育推广、线上线下营销、产业融合发展以及金融服务保障等方面的支持力度。国家知识产权局将面向纳入名录的地理标志重点组织全国性、行业性、跨区域的品牌推介、经验交流、培训讲座等活动,及时提供国内国际相关会展论坛信息,支持参与中国品牌日、中国知识产权年会、中国国际商标品牌节、"双品网购节"等重要活动。重点支持相关地理标志富集区域建设地理标志展示推广中心。在"一县一品"推进知识产权强县建设试点示范工作中,积极支持有条件的地方开展以地理标志为特色的国家知识产权强县建设。

三、发挥示范带动作用

有关地方知识产权管理部门要将纳入名录地理标志作为探索辐射带动产业发展有效路径的"试验田",积极创造条件支持相关地理标志涉及的协会、企业、产业园区等各类主体参与"地理标志品牌+"专项计划、"千企百城"商标品牌价值提升行动等专项工作,鼓励参与国家知识产权优势示范企业培育、国家知识产权强县建设、国家知识产权试点示范园区建设等重要工作,延伸地理标志产业上下游链条,辐射带动区域内其他地理标志产业发展,打造区域品牌和特色产业集群。

四、扩大联系指导范围

国家知识产权局将定期组织遴选工作基础好、具备进一步培育和推广潜力的地理标志列入名录,逐步扩大地理标志运用促进重点联系指导范围。

对于扎实开展地理标志助力乡村振兴行动，并对纳入名录地理标志支持有力的地方将在名额分配时予以倾斜。鼓励有条件的地方分级遴选确定地方地理标志运用促进重点联系指导名录，加强分级指导、分类施策、梯度培育，在更大范围探索地理标志助力乡村振兴和区域特色经济高质量发展的有效路径。

五、开展成效统计监测

有关地方知识产权管理部门要将纳入名录地理标志作为反映区域特色产业发展情况的"晴雨表"，重点对反映直接促进产业发展的地理标志产品产值、出口额、关联产业（加工、物流、旅游等）产值、从业人员数量、从业人员人均年收入等情况进行统计监测，探索对能够反映地理标志品牌价值的地理标志产品销售溢价等其他数据进行统计分析。鼓励有条件的地方知识产权管理部门在统计部门支持下，建立科学规范的地理标志产品产值统计制度。

六、做好经验复制推广

国家知识产权局将定期通过组织遴选、汇编发布地理标志助力乡村振兴和区域特色经济高质量发展典型案例等方式，加强对纳入名录地理标志典型经验和优秀案例的宣传推广。有关地方知识产权管理部门要密切关注相关创新做法，及时归纳、总结、推广开展地理标志助力乡村振兴提质强基、品牌建设、产业强链、能力提升等专项行动的成功经验，引导更多地理标志提升品牌影响力和产品附加值。

请各省级知识产权管理部门按照《国家知识产权局关于组织开展地理标志助力乡村振兴行动的通知》和本通知的有关要求，申报第二批拟纳入重点联系指导名录的地理标志（申报书和各省推荐名额分别见附件1、2），国家知识产权局将综合各地地理标志助力乡村振兴工作开展情况和对重点联系指导地理标志采取的支持措施情况，确定新一批重点联系指导名录。请于2023年5月8日前将申报书电子件（含加盖公章扫描件）以省为单位通过电子邮件形式报送国家知识产权局运用促进司。

国家知识产权局办公室

2023年3月23日

6.1.6 国家知识产权局关于组织开展地理标志助力乡村振兴行动的通知

国知发运字〔2021〕20号

各省、自治区、直辖市和新疆生产建设兵团知识产权局，四川省知识产权服务促进中心，广东省知识产权保护中心；国家知识产权局机关各部门，商标局：

习近平总书记强调，发展特色产业是地方做实做强做优实体经济的一大实招，要结合自身条件和优势，推动高质量发展。要弘扬伟大脱贫攻坚精神，加快推进乡村振兴，继续支持脱贫地区特色产业发展。近年来，全国知识产权系统落实决战决胜脱贫攻坚这一重大政治任务，以实施地理标志运用促进工程为抓手，充分发挥知识产权制度优势，大力发展特色产业，积极打造区域品牌，助力贫困地区打赢脱贫攻坚战。为深入学习贯彻习近平总书记在中央政治局第二十五次集体学习时的重要讲话精神，认真落实党中央、国务院关于全面推进乡村振兴的决策部署，按照2021年全国知识产权局局长会议工作安排，决定继续深入实施地理标志运用促进工程，组织开展地理标志助力乡村振兴行动。现将有关事项通知如下：

一、充分认识开展地理标志助力乡村振兴行动的重要意义

（一）开展地理标志助力乡村振兴行动是促进农业高质高效，推进农业供给侧结构性改革的关键举措。加强农业供给侧结构性改革，核心在于提高农业供给体系质量和效率。地理标志产品品质优良、特色鲜明、美誉度高，具有显著比较优势和市场竞争力。开展地理标志助力乡村振兴行动，增加地理标志产品有效供给，积极发展特色产业，有利于发挥好农业适度规模经营的引领作用，以重点突破带动整体提升，满足多元需求，推动消费升级，促进农产品向高水平供需平衡跃升。

（二）开展地理标志助力乡村振兴行动是促进乡村宜居宜业，充分激发乡村发展活力的重要途径。走中国特色社会主义乡村振兴道路，要求全面推进乡村产业、人才、文化、生态、组织振兴。地理标志是区域文化和形象的代表符号和传承载体，具有深厚的人文历史底蕴。开展地理标志助力乡村振兴行动，推动地理标志产业发展与生态旅游建设、历史文化传承等

有机融合，把发展方向转向推进当地自然资源的科学经营，有利于充分发挥农业产业供给、生态屏障、文化传承等功能，不断优化农村生产生活生态空间，激发乡村发展活力。

（三）开展地理标志助力乡村振兴行动是促进农民富裕富足，巩固拓展脱贫攻坚成果的重要抓手。因地制宜选择扶贫富民产业，是实现脱贫的根本之策，也是乡村振兴的关键之举。地理标志代表特定区域共同利益，更有利于建立更加稳定的利益联结，促进产业规模化、集约化和品牌化发展，吸纳更多农村人口就业。开展地理标志助力乡村振兴行动，以地理标志为纽带，凝聚各方力量共同推动特色产业发展，是促进农村产业兴旺的重要手段，也是持续增强脱贫地区造血功能、实现兴农富农的长远之计。

二、深入开展地理标志助力乡村振兴行动

（一）提质强基行动。一是不断加强地理标志规划政策引领。加强地理标志法律制度建设和地方立法指导，落实好"十四五"知识产权保护和运用规划部署，将地理标志助力乡村振兴作为地方相关立法和规划重要内容。结合实际，研究制定地理标志相关产业和区域发展规划。优化政策导向，围绕地理标志产品质量管理、品牌推广、产业促进等方面出台扶持政策措施，切实推动从注重申请注册到注重运用保护，从追求数量向提高质量转变。二是建立健全地理标志基层工作体系。加强地理标志基层工作力量和经费保障。建立知识产权、乡村振兴、市场监管、发展改革、财政、商务、农业、林业、文化旅游等多部门工作协调机制，实现政策协同、业务联动和信息共享。健全政府部门与地理标志行业协会、龙头企业等各类市场主体间的有效联动机制，形成行业协作合力。三是巩固强化地理标志产业化利益联结机制。支持发展各类地理标志产业化联合体，加强信息互通、技术共享、品牌共建，建立长期稳定利益共同体。鼓励培育以地理标志龙头企业为主的新型联合经营主体，支持发展符合乡情村情的"企业+地理标志+农户"等多种形式利益联结。鼓励银行、保险等金融机构研发适合地理标志产业发展特点的金融产品和融资模式。（条法司、战略规划司、保护司、运用促进司、各地方知识产权局负责）

（二）品牌建设行动。一是加强地理标志品牌培育指导。在符合相关法规基础上，畅通地理标志证明商标、集体商标注册申请的"绿色通道"，提高审查效率。围绕地理标志产业和区域建设一批商标品牌指导站，加强对市场主体商标品牌注册、运用、管理、保护与推广的指导和服务，增强商标注册意识，提升商标运用能力，建立健全商标品牌管理制度，强化商标维权保护。二是加快地理标志产品标准引领。加快完善地理标志产品标准体系建设，公开征集地理标志产品标准制修订计划项目需求，开展地理标志产品认定分类、基础术语等基础通用标准研制。结合实际，加快推进相关地理标志产品种植养殖、生产加工、经营管理等领域标准制修订，保障地理标志产品质量和品质。三是加强地理标志品牌宣传推广。积极拓展地理标志品牌营销渠道，用好互联网新媒体，通过网络直播、短视频等群众喜闻乐见方式，提高品牌国内外影响力。积极参与地理标志国际合作，用好各类国际交流合作平台，加快中国地理标志产品"走出去"。四是加速地理标志品牌价值提升。支持围绕服务地方经济开展产业和区域地理标志产品综合展示交易，举办商标品牌推介、产品产销对接等线上线下活动。支持研究探索地理标志品牌运营，强化品牌研究、品牌设计、品牌定位和品牌沟通，构建完善地理标志品牌经营管理体系。重点遴选一批优质地理标志，深挖产品价值和历史人文故事，打通市场调研、产品开发、商标注册、品牌策划推广等链条，集中力量、精耕细作、量身塑造品牌形象，彰显品牌价值。（保护司、运用促进司、国际合作司、商标局、各地方知识产权局负责）

（三）产业强链行动。一是加强地理标志产业技术创新支撑。围绕地理标志产业链开展关键核心技术专利导航，助力解决种源、种植及加工等技术难题，培育高价值专利。深入实施专利转化专项计划，引导相关专利技术向地理标志产业转移转化。遴选一批创新能力强、发展潜力大、市场前景好的地理标志龙头企业作为知识产权优势示范企业。二是综合运用知识产权服务地理标志产业发展。根据区域产业特点和实际需求，综合发挥专利在助推技术攻关、前瞻布局，地理标志在助推标准管理、品质升级，商标在助推品牌打造、市场拓展等方面的独特优势，服务支撑产品研发、生产、包装、销售等各环节，促进地理标志产业高质量发展。三是推动地理标志产业实现跨界融合发展。推进"地理标志+"发展模式，促进地理标志与旅游、文创等关联产业相融互促，与互联网、电子商务等领域跨界融合，积极开发高附加值产品和周边产品。支持开展地理标志产业发展相关研究，积极探索延伸产业链条、

培育产业群体、扩大产业覆盖、增强产业韧性的有效路径。（运用促进司、各地方知识产权局负责）

（四）能力提升行动。一是加大地理标志知识普及力度。充分利用全国知识产权宣传周、中国知识产权年会、中国国际商标品牌节等各种活动载体，普及地理标志基础知识，宣传地理标志社会、经济和生态效益，增强社会认知，提高社会意识，激发市场主体运用地理标志参与市场竞争的积极性和主动性。二是加强地理标志基础服务供给。深化"知识产权服务万里行"活动，走基层、办实事，深入县域乡村开展地理标志技术讲座、现场观摩、咨询培训等活动，向农村地区提供专利、商标、地理标志等一站式便利化服务。提升地理标志公共服务能力，聚焦地理标志相关产业完善便民利民的知识产权公共服务体系，汇聚地理标志信息资源和优质服务资源，主动搭建供需对接和服务共享平台。三是加强地理标志业务指导培训。做好知识产权行政人员能力提升轮训工作，开展地理标志政策解读和经验交流。组织专家深入基层传授地理标志专业知识，带动新技术、新人才、新理念等向农业农村流动。推动地方建立政府主导、校企联合、产业带动的地理标志人才培养机制，培训新型职业农民，提升从业人员技能。（办公室、保护司、运用促进司、公共服务司、人事司、商标局、各地方知识产权局负责）

三、加强组织领导，确保行动有序开展

（一）强化有效衔接。要注重做好巩固脱贫攻坚成果同乡村振兴有效衔接，逐步实现由集中资源支持脱贫攻坚向全面推进乡村振兴平稳过渡，在深入实施地理标志运用促进工程的基础上，在更大范围、更高水平接续开展地理标志助力乡村振兴行动。对已纳入地理标志运用促进工程的脱贫地区，要确保工作指导不断、支持力度不减。对于新组织实施的项目或试点，要优先支持脱贫地区申报开展。

（二）提升综合效能。各地方知识产权局要结合实际，抓紧研究制定具有针对性和可操作性的本地区行动方案，细化目标任务和推进计划，明确实施路径和责任分工。要认真贯彻落实《国家知识产权局国家市场监督管理总局关于进一步加强地理标志保护的指导意见》等政策文件要求，综合发挥专利、商标、版权、地理标志等不同类型知识产权的特色功能优势，提升知识产权综合管理效能。

（三）突出示范引领。深化知识产权局省合作会商机制，指导各省将地理标志助力乡村振兴行动作为重点任务大力推进，并鼓励在市县层面率先行动，争创标杆。获得专利转化专项计划奖补资金的省份和知识产权运营服务体系建设重点城市要统筹用好中央财政资金，围绕有关工作加大投入力度。

（四）加强重点联系。要突出工作重点，切实围绕用好一件地理标志，做强一个品牌，发展一个产业，造福一方百姓，以地理标志运用促进工程项目为抓手，开展地理标志助力乡村振兴工作。对于行动积极、成效突出、示范带动作用明显的地方项目，可推荐至我局予以重点指导联系。各省级知识产权局请于2021年9月15日前将推荐书电子件、纸件（加盖单位公章）统一报送至我局知识产权运用促进司。我局将遴选确定一批重点优势项目，加强工作联系、业务指导和政策扶持。

（五）做好宣传总结。各地方知识产权局要及时总结工作中的好经验好做法，宣传推广好地理标志助力乡村振兴的典型案例。各省级知识产权局要牵头抓好本地区工作落实，梳理行动进展、存在问题、工作成效和下一步打算，于每年12月10日前将工作总结报送我局知识产权运用促进司。我局将以适当形式及时总结梳理地方工作典型经验并向全国复制推广。

国家知识产权局

2021年7月19日

6.2 本书中收入的地理标志相关资料

6.2.1 六堡茶地理标志保护情况

6.2.1.1 国内保护

2011年3月16日，六堡茶地理标志产品经国家质量监督检验检疫总局正式批准。公告❶中规定了六堡茶的保护范围、质量技术要求和专用标志使用。

---

❶ 国家知识产权局. 原国家质量监督检验检疫总局公告2011年第33号关于批准对昌平草莓、富岗苹果、店子长红枣、从化荔枝蜜、六堡茶实施地理标志产品保护的公告［EB/OL］.（2011-03-16）［2023-06-01］. https://dlbzsl.hizhuanli.cn:8888/Product/Detail/166.

具体要求如下：

6.2.1.1.1 地理标志产品

1. 产地范围

六堡茶产地范围为广西壮族自治区梧州市现辖行政区域。

2. 专用标志使用

六堡茶产地范围内的生产者，可向梧州出入境检验检疫局提出使用"地理标志产品专用标志"的申请，经广西出入境检验检疫局审核，报原国家质检总局核准后予以公告。六堡茶的法定检测机构由广西出入境检验检疫局负责指定。

3. 质量技术要求

（1）品种

采用苍梧县群体种、广西大叶种及其分离、选育出来的品种、品系。

（2）立地条件

保护区域范围内海拔≥100m。丘陵地貌，土壤类型为红黄壤或赤红壤等，耕作层土壤pH值为4.2~6.5，土壤有机质含量≥1.5%。

（3）栽培管理

1）种苗繁育：采用无性繁殖或有性繁殖。

2）茶树栽植：时间在初冬或早春进行，密度每公顷45000至75000株。

3）施肥：采用沤熟有机质肥为主，配合适量的化肥，按每采收100kg干茶计算，有机质肥施用量≥500kg。

4）环境、安全要求：农药、化肥等的使用必须符合国家的相关规定，不得污染环境。

（4）采摘

1）采摘时间：鲜叶采摘一般从3月至11月。

2）采摘标准：一芽一叶至一芽三、四叶及同等嫩度对夹叶。

3）采摘方法：人工采摘或机械采摘。

（5）加工工艺

六堡茶的加工工艺包括初制和精制两个过程。

1）初制加工工艺流程：鲜叶→杀青→初揉→堆闷→复揉→干燥→毛茶。

2）初制加工技术要求：

①鲜叶：选用适制茶树品种芽叶为原料。

②杀青：要均匀，杀青以叶质柔软，叶色转为暗绿色，青草气味基本消失为适度。

③初揉：趁温揉捻至成条索。

④堆闷：初揉结束后进行筑堆堆闷，当堆温达到55℃时，及时进行翻堆散热，当堆温降到30℃时再收拢筑堆，继续堆闷直到适度为止。

⑤复揉：再次揉紧成条索。

⑥干燥：干燥至茶叶含水分不超过15%，成为毛茶。

3）精制加工工艺流程：毛茶→筛选→拼配→渥堆→汽蒸→压制成型→陈化→成品。

4）精制加工技术要求：

①筛选：将毛茶通过筛分、风选、拣梗。

②拼配：按品质和等级要求进行分级拼配。

③渥堆：根据茶叶等级和气候条件，进行渥堆发酵，适时翻堆散热，待叶色变褐，发出醇香即可。

④汽蒸：渥堆适度茶叶经蒸汽蒸软，形成散茶。

⑤压制成型：趁热将散茶压成篓、砖、饼、沱等形状。

⑥陈化：将茶叶置于清洁、阴凉、通风、无异杂味的环境内，待茶叶温度降至室温，茶叶含水量降至18%以下，先移至清洁、相对湿度在75%至90%、温度在23℃至28℃、无异杂味的环境（洞穴）中陈化，然后移至清洁、阴凉、干爽、无异杂味的仓库中陈化。陈化时间不少于180天。

（6）质量特色

1）感官特色：外形条索紧结、色泽黑褐，有光泽，汤色红浓明亮，香气纯陈，滋味浓醇甘爽，显槟榔香味，叶底红褐或黑褐色，简而言之具有"红、浓、醇、陈"等特点。

级别	外形				内质			
	条索	整碎	色泽	净度	香气	滋味	汤色	叶底
特级	紧细、圆直	匀整	黑褐，黑，油润	净	陈香纯正	陈，醇厚	深红，明亮	褐，黑褐，细嫩柔软，明亮
一级	紧结、尚圆直	匀整	黑褐，黑，油润	净	陈香纯正	陈，尚醇厚	深红，明亮	褐，黑褐，尚细嫩柔软，明亮
二级	尚紧结，尚圆	较匀整	黑褐，黑，尚油润	净，稍含嫩茎	陈香纯正	陈，浓醇	尚深红，明亮	褐，黑褐，柔软，明亮
三级	粗实、紧卷	较匀整	黑褐，黑，尚油润	净，有嫩茎	陈香纯正	陈，尚浓醇	红，明亮	褐，黑褐，尚柔软，明亮
四级	粗实	尚匀整	黑褐，黑，尚润	净，有茎	陈香纯正	陈，醇正	红，明亮	褐，黑褐，稍硬，明亮

2）理化指标：

①特级至一级，含梗≤3.0%，水浸出物（干态）≥33.5%。

②二级至三级，含梗≤6.5%，水浸出物（干态）≥30.0%。

③四级，含梗≤10.0%，水浸出物（干态）≥28.0%。

3）安全及其他质量技术要求：产品安全及其他质量技术要求必须符合国家相关规定。

6.2.1.1.2　地理标志证明商标

“梧州六堡茶”证明商标于2020年7月6日经国家知识产权局核准实施。梧州六堡茶地理标志证明商标由梧州市茶产业发展办公室申请，保护类别为30类下的黑茶，如图6-1所示。2022年7月13日，梧州市茶产业发展服务中心受让“梧州六堡茶”地理标志证明商标。

梧州六堡茶

WUZHOU LIUPAO TEA

图6-1　“梧州六堡茶”地理标志证明商标样式

6.2.1.2 海外保护

2021年3月1日正式生效的《中欧地理标志协定》中，我国第二批175个地理标志产品已被欧盟受理，梧州六堡茶位列其中。正式获得欧盟保护后，梧州六堡茶在欧盟市场上可享受原产地的法律保护。

6.2.2 贺兰山东麓葡萄酒地理标志保护情况

6.2.2.1 国内保护

6.2.2.1.1 地理标志产品

2011年1月10日，贺兰山东麓葡萄酒地理标志产品保护经原国家质量监督检验检疫总局正式批准。公告❶中规定了贺兰山东麓葡萄酒的保护产地范围、专用标志使用、质量技术要求，具体要求如下：

1. 产地范围

贺兰山东麓葡萄酒地理标志产品保护产地范围为宁夏回族自治区平罗县崇岗乡、下庙乡、前进农场；贺兰县金山乡、暖泉农场；银川市西夏区镇北堡镇、新泾镇，南梁农场、贺兰山农牧场、农垦科研所、平吉堡奶牛场；银川市金凤区兴源乡；永宁县望远镇、胜利乡、增岗乡、李俊镇、银川林场、黄羊滩农场、玉泉营农场；青铜峡市甘城子乡、立新镇、大坝镇、广武乡、树新林场、连湖农场分场；中宁县渠口农场、白马乡；吴忠市红寺堡区红寺堡镇、大河乡、南传乡30个乡镇、农场、林场、科研所现辖行政区域。2003年原国家质量监督检验检疫总局第32号公告废止。

2. 专用标志使用

贺兰山东麓葡萄酒地理标志产品保护产地范围内的生产者，可向宁夏回族自治区质量技术监督局提出使用"地理标志产品专用标志"的申请，经宁夏回族自治区质量技术监督局审核，由原国家质检总局公告批准。贺兰山东麓葡萄酒的法定检测机构由宁夏回族自治区质量技术监督局负责指定。

---

❶ 国家知识产权局. 原国家质量监督检验检疫总局公告2011年第14号关于批准对淮土茶油、诸城绿茶、虎嗷金针菜、简阳羊肉、贺兰山东麓葡萄酒实施地理标志产品保护的公告［EB/OL］.（2011-01-30）［2023-06-01］. https://dlbzsl.hizhuanli.cn:8888/Product/Detail/229.

3. 质量技术要求

（1）品种

1）红色品种：赤霞珠、梅鹿辄、蛇龙珠。

2）白色品种：霞多丽、雷司令、贵人香。

（2）立地条件

选择石灰质砂性土壤、砾石土壤，沙壤土、壤土亦可。土壤盐碱总含量≤0.4%，pH 值≤8.5。土层厚≥50cm，地下水位低于 1.5m，坡降≤5‰。

（3）栽培管理

1）苗木：要求无性繁殖苗木无检疫性病虫害。

2）栽培：株距 50cm，行距 300cm，6600~7000 株/公顷。1 年生苗在 4 月下旬至 5 月上旬定植，营养袋苗在 5 月下旬至 6 月上旬定植，定植后及时浇水，并覆盖农用薄膜以保证成活率。

3）整形修剪：采取扇形、龙干形整形方式。

4）施肥：在建园时每公顷施用有机肥 90 吨，作物秸秆 15 吨。以后每年秋天施用有机肥 60 吨/公顷。

5）灌水：按需灌水，每年灌 5~7 次水。沙质土每次灌水 $40m^3/667m^2$（亩），壤质土每次灌水 $50m^3/667m^2$（亩），越冬水灌水 $60~80m^3/667m^2$（亩）。在采收前 20 天内禁止灌水。

6）环境、安全要求：农药、化肥等的使用必须符合国家的相关规定，不得污染环境。

（4）葡萄产量及成熟度控制

每公顷葡萄产量≤15000kg。当白葡萄果实糖分含量达到 180g/L，红葡萄果实糖分含量达到 190g/L，并已表现出该品种特有品质、风味特征时即可采收。

（5）采收

在晴天早晨露水干后进行采收；采收后 24 小时内必须运达葡萄酒厂进行加工处理。

（6）加工

1）生产工艺基本流程：

①干白葡萄酒：原料→分选→除梗破碎→压榨→澄清→低温酒精发酵→

陈酿→稳定→灌装。

②干红葡萄酒：原料→分选→除梗破碎→酒精发酵→苹果酸-乳酸发酵→澄清→陈酿→稳定→灌装。

2）工艺要求：

①酒精发酵方式：

a. 红葡萄酒酒精发酵方式只允许使用传统浸提发酵法，即在葡萄破碎或除梗破碎后，为了更快地达到浸提的目的，可以使用各种机械手段：上下循环，冲洗皮渣的帽盖；使用自动浸提罐，在皮渣上进行再循环的装置。

b. 白葡萄酒发酵使用低温发酵，即葡萄汁经过澄清处理后，在14℃至18℃温度下进行发酵。

②苹果酸-乳酸发酵：红葡萄酒必须完成苹果酸-乳酸发酵。

③陈酿条件及时间：可经过罐陈酿、橡木桶陈酿和瓶内陈酿，要求陈酿环境温度低于18℃；白葡萄酒陈酿期，不低于6个月，红葡萄酒陈酿期不低于18个月。

（7）质量特色

1）感官特色：

①色泽：白葡萄酒呈近似无色、微黄带绿、浅禾杆黄、禾杆黄、金黄色泽。红葡萄酒呈深紫色、深红、深宝石红。

②香气：香气浓郁、纯正，具有品种典型特点。

③滋味：白葡萄酒口感圆润、协调；红葡萄酒醇厚、有较强的结构感、平衡协调。

2）理化指标：

项目		要求
挥发酸（以乙酸计），g/L		≤1.0
干浸出物 g/L	白葡萄酒	≥18.0
	红葡萄酒	≥20.0
酒精度（20℃）%（V/V）	白葡萄酒	≥11.0
	红葡萄酒	≥12.0

3）安全要求：产品安全指标必须达到国家对同类产品的相关规定。

6.2.2.1.2 地理标志证明商标

"贺兰山东麓葡萄酒"证明商标于 2014 年 3 月 28 日经原工商总局核准实施。贺兰山东麓葡萄酒地理标志证明商标由宁夏回族自治区葡萄花卉产业发展局申请,保护类别为 33 类下的葡萄酒,如图 6-2 所示。

图 6-2 "贺兰山东麓葡萄酒"地理标志证明商标样式

6.2.2.2 海外保护

2021 年 3 月 1 日正式生效的《中欧地理标志协定》中,我国首批 100 个地理标志正式获得欧盟保护,贺兰山东麓葡萄酒位列其中。贺兰山东麓葡萄酒已成为中国与欧盟互认的地理标志产品,在欧盟市场上享受原产地的法律保护。

6.2.3 浏阳花炮地理标志保护情况

6.2.3.1 国内保护

2003 年 3 月 6 日,浏阳花炮地理标志产品保护经原国家质量监督检验检疫总局公告❶正式批准。公告中规定了,浏阳花炮的保护范围,具体要求如下:

浏阳花炮原产地域范围为湖南省浏阳市人民政府《关于划定"浏阳花炮"原产地域范围的建议》(浏政函〔2002〕36 号)提出的浏阳市现辖行政区域。

6.2.3.2 海外保护

浏阳市烟花协会开展了商标国外注册工作,如图 6-3 所示,2008 年马德

---

❶ 中国法院网. 国家质量监督检验检疫总局公告 2003 年第 26 号［EB/OL］.（2003-03-06）［2023-06-01］. https://www.chinacourt.org/law/detail/2003/03/id/85871.shtml.

里国际商标组织认定"浏阳花炮"为"世界知名品牌"在全球79个国家和地区受到保护。

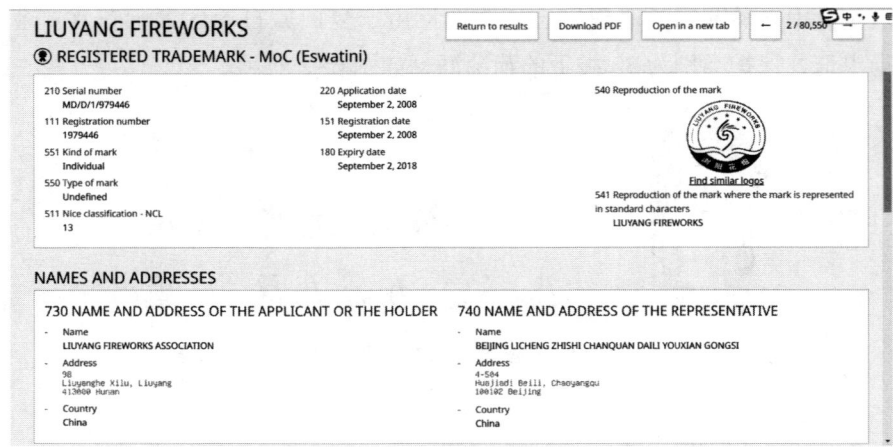

图6-3 浏阳花炮商标国外申请基本信息

6.2.4 新会陈皮地理标志保护情况

6.2.4.1 国内保护

6.2.4.1.1 地理标志产品

2006年10月25日，新会陈皮地理标志产品保护经原国家质检总局公告❶正式批准。公告中规定了新会陈皮的保护范围、质量技术要求和专用标志使用，具体要求如下：

1. 保护范围

新会陈皮地理标志产品保护范围以广东省江门市新会区人民政府《关于建议划定新会陈皮地理标志产品保护范围的请示》（新府报〔2006〕8号）提出的范围为准，为广东省江门市新会区会城街道办、大泽镇、司前镇、罗坑镇、双水镇、崖门镇、沙堆镇、古井镇、三江镇、睦洲镇、大鳌镇等11个街

---

❶ 中国法院网. 国家质量监督检验检疫总局公告2006年第159号关于批准对新会陈皮实施地理标志产品保护的公告［EB/OL］.（2006-10-25）［2023-06-01］. https://www.chinacourt.org/law/detail/2006/10/id/113573.shtml.

道办事处、镇和围垦指挥部现辖行政区域。

2. 质量技术要求

（1）品系和种苗

1）品系：茶枝柑的大种油身品系、细种油身品系；

2）砧木：红柠檬、江西红桔、软枝酸桔；

3）苗木繁殖：采用嫁接技术繁育苗木。

（2）立地条件

地下水位深度0.7 m以上、能利用潭江水灌溉的水田或坡地；土壤类型为潴育型水稻土、赤红壤；土壤有机质含量≥2.0g/kg；土壤pH值为5.0～7.0，活土层厚度宜在60cm以上。

（3）栽培管理

1）栽植时间：春植（立春至立夏）或秋植（白露至寒露）。受咸潮影响的围垦地区、春旱年份宜在5月至6月雨季来临前栽植。

2）栽植密度：每公顷栽植植株数不超过1200株。

3）园地建设：新建园前茬作物不能是柑橘。

水田种植要求深沟高畦、高墩种植，独立建园面积不超3公顷，独立排灌系统，每畦配宽0.6～1.2 m小沟，大、小沟相通，可灌可排；坡地种植要求起低畦，低墩种植。

4）土壤管理：以有机肥和客土改良土壤。每年在夏、秋梢老熟后，新芽萌动前或采果后，中耕1~2次，每年施用石灰1~2次。

5）施肥：每年农历的正月、5月和9月埋施有机质肥，每公顷年施用纯鸡屎量不少于1200 kg；产果100 kg的植株，年施纯氮0.8~1.0 kg。氮、磷、钾比例1：（0.3~0.4）：（0.8~1.0）。

6）整型修剪：采用自然开心树型。保持果园通风透光，叶果比不少于60：1。

（4）采收

按采收加工时间分为：柑青皮、微红皮和大红皮。

柑青皮：农历立秋至寒露采收；

微红皮：农历寒露至小雪采收；

大红皮：农历小雪至小寒采收。

（5）加工

1）开皮：用正三刀法或对称二刀法。

2）翻皮：选择晴朗天气，将已开好的鲜果皮置于当风、当阳处，使其自然失水萎蔫，质地变软后翻皮，使橘白向外；

3）干皮：

晒干法：选择晴朗、干燥天气，将已翻好的果皮置于专用晒皮容器或晒场内自然晾晒干。

烘干法：将翻好的果皮置于干皮专用容器，在低温烘房内（最高温度不超过45℃）烘干；

4）包装：用透气性好、无异味和污染的材料包装；

5）存放。在地势较高、自然通风、干燥的地方，离地、离墙、离顶存放。

（6）陈化

在保护范围内自然条件下陈放3年以上。

（7）质量特色

1）感官特色：

柑青皮：色泽青褐色至青黑色，质硬、皮薄、味辛苦、气芳香；

微红皮：色泽黄褐色至黄棕色，质较硬、皮较厚、味辛甜、气芳香；

大红皮：色泽棕红色至棕黑色，质软、皮厚、味微辛、甜香。

2）理化指标：

项目	柑青皮	微红皮	大红皮
橙皮甙/%	2.5~4.5	2.0~3.5	1.5~3.0
水分/%	≤13		

3. 专用标志使用

新会陈皮地理标志产品保护范围内的生产者，可向江门市新会区质量技术监督局提出使用"地理标志产品专用标志"的申请，由国家质检总局公告批准。

6.2.4.1.2 地理标志商标

"新会陈皮"证明商标于2008年6月28日经原国家工商总局商标局核准

注册，如图6-4所示。新会陈皮地理标志证明商标由江门市新会区农学会申请，为29类（第二十九类：肉，鱼，家禽和野味；肉汁；腌渍、冷冻、干制及煮熟的水果和蔬菜；果冻，果酱，蜜饯；蛋；奶，奶酪，黄油，酸奶和其他奶制品；食用油和油脂）。

图6-4　新会陈皮商标样式

6.2.4.2　海外保护

2021年3月1日正式生效的《中欧地理标志协定》中，我国第二批175个地理标志产品已被欧盟受理，新会陈皮位列其中。正式获得欧盟保护后，新会陈皮在欧盟市场上可享受原产地的法律保护。

6.2.5　德化白瓷地理标志保护情况

6.2.5.1　国内保护

6.2.5.1.1　地理标志产品

2006年12月27日，德化白瓷地理标志产品保护经原国家质量监督检验检疫总局❶正式批准。公告中规定了德化白瓷的保护范围、质量技术要求和专用标志使用，具体要求如下：

1. 保护范围

德化白瓷地理标志产品保护范围以福建省德化县人民政府《关于界定德

---

❶　国家知识产权局. 国家质量监督检验检疫总局公告2006年第201号关于批准即日起对德化白瓷实施地理标志产品保护的公告［EB/OL］．（2006-12-27）［2023-06-01］．https://dlbzsl.hizhuanli.cn:8888/Product/Detail/140.

化白瓷地理标志产品保护范围的请示》（德政〔2006〕167号）提出的范围为准，为福建省德化县现辖行政区域。

2. 质量技术要求

（1）产品种类

雕塑白瓷、日用白瓷。

（2）原料生产

1）原料组成：高岭土、瓷石、长石、石英等，主要特点是含Fe_2O_3、TiO_2低。化学组成范围见下表：

原料名称	化学组成范围								
	SiO_2	Al_2O_3	K_2O	Na_2O	CaO	MgO	Fe_2O_3	TiO_2	灼减
高岭土	≤68.0	≥18.0	≥1.5	≥0.5	≤0.4	≤0.2	≤0.5	≤0.1	≥11.0
瓷石	≤70.0	≥13.0	≥3.0	≥1.5	≤3.0	≤0.5	≤0.2	≤0.05	≤3.0
长石	≤66.0	≥16.0	≥11.0	≥2.0	≤1.5	≤0.5	≤0.4	≤0.05	≤0.5
石英	≥98.0	≤1.5						≤0.05	≤0.5

2）原料加工：软质料经碓打、淘洗；硬质料经粉碎，然后再经球磨、过筛、除铁、陈腐，制成坯泥。坯泥细度过250目筛余量小于0.5%，可塑性指标大于2.5。

（3）成型工艺

1）雕塑白瓷：采用手工成型、注浆成型等。

2）日用白瓷：根据不同产品器型，分别选用手工成型、机械成型、注浆成型、干压成型等。

（4）施釉

1）雕塑白瓷：分为釉瓷和素瓷两种，釉瓷产品选用浸釉、浇釉、喷釉、涂釉等施釉方法，釉层厚薄得当。

2）日用白瓷：根据不同产品器型，分别选用荡釉、浸釉、浇釉、喷釉等施釉方法，釉层厚薄均匀。

（5）烧成

1）一次烧成：1250～1400℃高温烧成。

2）二次烧成：800～900℃低温素烧或1250～1400℃高温素烧；1250～1400℃高温釉烧。

（6）质量特色

1）外观特征：

①釉瓷产品：洁白纯净温润、如脂似玉、细腻典雅、晶莹透亮，釉水莹厚，与瓷体密贴，光色如绢。雕塑白瓷线条修长流畅，深刻圆浑，衣袂转折经剔薄修饰，轻盈飘举。

②雕塑素瓷产品：洁白纯净、温润如玉、瓷质细腻、清雅透亮、线条清晰。

2）理化指标：

①吸水率：≤0.5%。

②热稳定性：日用瓷器从180℃至20℃热交换一次不裂。

③白度：≥80。

④显微结构：石英晶体含量7%～15%，莫来石含量20%～30%，玻璃相含量55%～65%。

3. 专用标志使用

德化白瓷地理标志产品保护范围内的生产者，可向福建省德化县质量技术监督局提出使用"地理标志产品专用标志"的申请，由原国家质检总局公告批准。

自本公告发布之日起，各地质检部门开始对德化白瓷实施地理标志产品保护措施。

6.2.5.1.2　地理标志证明商标

"德化白瓷"证明商标于2018年7月7日经原国家工商总局商标局核准实施。德化白瓷地理标志证明商标由德化县陶瓷同业公会申请，国际分类为21类，如图6-5所示。

图 6-5　德化白瓷证明商标

6.2.5.2　海外保护

2021年,德化县陶瓷同业公会申请的"德化白瓷"(1599476)通过马德里国际商标注册,如图6-6所示。

图 6-6　德化白瓷商标国外申请基本信息

6.2.6 蕲艾地理标志保护情况

2010 年 12 月 24 日，蕲艾地理标志产品保护经原国家质量监督检验检疫总局公告❶正式批准。公告中规定了蕲艾的保护产地范围、质量技术要求和专用标志使用，具体要求如下：

1. 产地范围

蕲艾地理标志产品保护产地范围为湖北省蕲春县现辖行政区域。

2. 专用标志使用

蕲艾地理标志产品保护产地范围内的生产者，可向湖北省蕲春县质量技术监督局提出使用"地理标志产品专用标志"的申请，经湖北省质量技术监督局审核，由原国家质检总局公告批准。蕲艾的法定检测机构由湖北省质量技术监督局负责指定。

3. 质量技术要求

（1）种源

菊科植物艾（artemisia argyi levl. et vant. cv）。

（2）立地条件

土壤为黄棕壤，耕层厚度≥25 cm，土壤 pH 值为 5.7~6.3，土壤有机质含量≥1.6%。

（3）栽培管理

1) 繁殖：采用分株繁殖。

2) 栽种：栽种时间 2~3 月，每公顷≤83250 穴，每穴 2~3 株。

3) 施肥：以有机肥为主，每年每公顷施有机肥≥45000kg。

4) 环境、安全要求：农药、化肥等的使用必须符合国家的相关规定，不得污染环境。

（4）采收

1) 采收期：端午节前后一周，在晴天中午 12~14 时采收。

---

❶ 国家知识产权局. 国家质量监督检验检疫总局公告 2010 年第 159 号关于批准即日起对蕲艾实施地理标志产品保护的公告［EB/OL］.（2010-12-24）［2023-06-01］. https://dlbzsl.hizhuanli.cn:8888/Product/Detail/108.

2) 采后处理：采收后用清水冲洗干净，晾至叶面无水，再脱取艾叶。

3) 干燥：自然阴干，水分≤14.0%。

（5）质量特色

1) 感官特色：叶片宽大肥厚，被毛密而长；淡青色或灰白色，色泽一致；香气浓郁。

2) 理化指标：挥发油≥0.8。

3) 安全要求：产品安全指标必须达到国家对同类产品的相关规定。

6.2.7 郫县豆瓣地理标志保护情况

6.2.7.1 国内保护

6.2.7.1.1 地理标志产品

2005年12月31日，郫县豆瓣地理标志产品保护经原国家质量监督检验检疫总局公告❶正式批准。公告中规定了郫县豆瓣的保护范围、质量技术要求和专用标志使用，具体要求如下：

1. 保护范围

郫县豆瓣地理标志产品保护范围以四川省郫县人民政府《关于界定郫县豆瓣地理标志产品保护范围的函》（郫府函〔2005〕55号）提出的范围为准，为四川省郫县现辖行政区域。

2. 质量技术要求

（1）原料

1) 优质红辣椒：主要采用郫县及郫县附近的双流、仁寿、中江、三台、盐亭等川东地区的二荆条红辣椒，采摘时间在每年的7月至立秋后15天，少数采用其他地区的优质红辣椒，要求其色泽红亮、肉头饱满、无霉变、无杂物。

2) 蚕豆：技术指标应符合GB/T 10459的规定，主要产自川东地区和云南省。

---

❶ 中国法院网. 国家质量监督检验检疫总局公告2005年第212号［EB/OL］.（2005-12-31）［2023-06-01］. https://www.chinacourt.org/law/detail/2005/12/id/106553.shtml.

3）工艺用水：水源取自郫县地区的地下水源，水质应符合 GB 5749 的规定。

(2) 工艺

1）工艺流程：

甜豆瓣：蚕豆—精选、脱壳—浸泡—拌小麦粉、米曲—制曲—发酵—甜豆瓣。

辣椒胚：红辣椒—去把、清洗、拌盐、轧碎—入池发酵。

郫县豆瓣：辣椒胚+甜豆瓣—入缸（池）—拌合—翻、晒、露—成品—包装。

2）工艺特点：

郫县豆瓣具有"色红褐、油润、酱酯香、味鲜辣"之特色，采用独特的传统的特殊工艺，以优质红辣椒为主要原料经过盐渍制成辣椒胚；蚕豆制曲、发酵6个月以上制成甜豆瓣；辣椒胚按比例拌合甜豆瓣入缸翻、晒、露，历时三个月以上酿造成熟。

(3) 质量特征

1）感官指标：

特级产品：红褐色，油润有光泽。酱酯香和辣香浓郁。味鲜辣醇厚，瓣粒香脆、化渣，回味深长。

一级产品：浅红褐色，略油润有光泽。有酱酯香和辣香。味鲜辣，瓣粒香脆、化渣，回味深长。

二级产品：红色或浅红褐色，有光泽。有酱酯香和辣香。味鲜辣，瓣脆，化渣。

产品黏稠适度，可见辣椒块和蚕豆瓣粒，无肉眼可见其他杂质。

2）理化指标

总酸（以乳酸计）（g/100g）≤2.0，食用盐（以氯化钠计）（g/100g）为 15~22。

3. 专用标志使用

郫县豆瓣地理标志产品保护范围内的生产者，可向郫县质量技术监督局提出使用"地理标志专用标志"的申请，由国家质检总局公告批准。

自本公告发布之日起,各地质检部门开始对郫县豆瓣实施地理标志产品保护措施。

6.2.7.1.2 地理标志证明商标

"郫县豆瓣"证明商标于 2000 年 4 月 21 日经原国家工商总局商标局核准注册,商标样式如图 6-7 所示。郫县豆瓣地理标志证明商标由成都市郫都区食品工业协会申请,均为 30 类[第三十类:咖啡、茶、可可、糖、米、食用淀粉、西米、咖啡代用品、面粉及谷类制品、面包、糕点及糖果、冰制食品、蜂蜜、糖浆、鲜酵母、发酵粉、食盐、芥末、醋、沙司(调味品)、调味用香料、饮用冰]。

图 6-7 "郫县豆瓣"地理标志证明商标样式

6.2.7.2 海外保护

6.2.7.2.1 中欧互认互保

2021 年 3 月 1 日正式生效的《中欧地理标志协定》中,我国首批 100 个地理标志正式获得欧盟保护,郫县豆瓣位列其中。郫县豆瓣已成为中国与欧盟互认的地理标志产品,在欧盟市场上享受原产地的法律保护。

6.2.7.2.2 商标国外注册

自 2008 年以来,成都市郫都区食品工业协会还开展了商标国外注册工作,协会以 1997 年 5 月 22 日申请的第 1388982 号商标为基础,2008 年 5 月 30 日申请第 977147 号商标,通过马德里体系在 71 个国家(含地区组织)申请保护,如图 6-8 所示。

977147

Full details
Current Status
English

151 Date of the registration
30.05.2008
180 Expected expiration date of the registration/renewal
30.05.2018
270 Language of the application
English
732 Name and address of the holder of the registration
Chengdu City Pixian County Food Industrial Association
Government Road, Pitong Town,
Pixian County,
Chengdu City
Sichuan (CN)
812 Contracting State or Contracting Organization in the territory of which the holder has a real and effective industrial or commercial establishment
CN
740 Name and address of the representative
Sichuan Chengdu Tiance Trademark & Patent Office
11F, Tower 3, Zhengcheng Caifu Lingdi,
No. 19 Beida Street,
Qingyang District,
Chengdu
610017 Sichuan (CN)
540 Mark

郫县豆瓣

531 International Classification of the Figurative Elements of Marks (Vienna Classification) - VCL(6)
28.03.00
561 Transliteration of the mark
Pi xian dou ban.

图 6-8　郫县豆瓣商标国外申请基本信息